JN303387

女性の就業と家族のゆくえ

格差社会のなかの変容

岩間暁子

東京大学出版会

Women's Employment and Family
Transformation in the Midst of Growing Inequality

Akiko IWAMA
University of Tokyo Press, 2008
ISBN 978-4-13-056103-7

目　次

序章　「標準家族」の揺らぎ　1

1. 格差社会のなかで揺らぐ日本の家族像——問題の所在　1
2. 社会階層論と家族社会学——研究アプローチの距離　6
3. 社会階層とは何か——本書における定義　9
4. 社会階層論と家族社会学の架橋を目指して——本書の構成　10

第 I 部　女性の就業と家族をめぐる分析視角

第 1 章　階層構造の変化と家族　17

1. はじめに　17
2. SSM 調査とテーマの変遷　19
   - 2.1　調査対象としての「女性の不在」——第 1-3 回調査　20
   - 2.2　調査対象としての「女性の可視化」——第 4 回調査　23
   - 2.3　日本社会の成熟とテーマの多様化——第 5 回調査　25
   - 2.4　労働市場の「流動化」への対応——第 6 回調査　29
   - 2.5　欧米の研究動向からの影響　30
3. 社会階層論から見た女性の就業　31
   - 3.1　欧米フェミニストによる問題提起——不可視性からの転換　31
   - 3.2　日本における研究の起点　34
   - 3.3　日本における研究の展開　37
   - 3.4　欧米の研究動向——1990 年代以降　39
   - 3.5　リスクへの対応策としての女性就業　41
4. 社会階層システムのなかの家族　43
   - 4.1　欧米の研究における家族の位置づけ　43
   - 4.2　日本の研究における家族の問題　48

i

5. 家族社会学における社会階層の位置づけ　52
    5.1　日本の家族社会学の特徴——個人の「選択」という文脈　53
    5.2　「標準家族」の規範性　57
6. おわりに——社会階層論と家族社会学における本書の意義　59

第2章　女性の就業と福祉レジーム　61

1. はじめに　61
2. 日本の女性の変化　62
    2.1　「M字型就業」と共働き世帯の増加　62
    2.2　少子化と晩婚化・未婚化　66
3. ジェンダーによる分断と家族主義——国際比較から見る日本の家族　71
    3.1　低い女性の就業率　71
    3.2　妻にのしかかる家事・育児負担／家計にのしかかる教育費負担　72
    3.3　少子化と労働力率の関係　74
4. 「福祉レジーム」論から見た日本の家族　76
    4.1　「福祉レジーム」という概念　76
    4.2　エスピン=アンデルセンによる「福祉レジーム」の3類型　79
    4.3　日本の「福祉レジーム」——「男性稼ぎ主」型モデル　82
    4.4　企業の福祉からの撤退　86
5. おわりに——「男性稼ぎ主」型モデルの限界　90

第3章　格差拡大と女性内の階層分化　95

1. はじめに　95
2. 所得格差の趨勢と世帯構造の変化——1990年代以降　97
3. 女性のなかの格差——階層分化の深化　99
4. おわりに——「選好理論」とその問題点　106

第II部　女性の就業と家族をめぐる問い

第4章　どのような女性が働いているのか　111

1. はじめに　111
2. 「ダグラス=有澤の法則」の検証　113

3. 既婚女性が働く理由　117
　3.1　データと分析方法　117
　3.2　分析に用いる変数　117
　3.3　分析結果①　夫の年収と住宅ローンの有無の影響　119
　3.4　分析結果②　年齢によって異なる子どもの数の影響　120
4. 社会階層と働くことの満足感　122
5. おわりに——「ケア役割」と「稼ぎ手役割」という二重負担　123

第5章　家事分担は変わるのか……127

1. はじめに——**家事分担をめぐる現状**　127
2. 家事分担を決める要因　129
　2.1　欧米の先行研究　129
　2.2　日本の先行研究　133
　2.3　仮説の提示　136
3. 妻が働くと夫は家事を分担するのか　137
　3.1　分析に用いるデータ　137
　3.2　分析に用いる変数と分析方法　137
　3.3　分析結果——社会階層による差異　139
4. なぜ社会階層は家事分担に影響を及ぼすのか　140
　4.1　文化的要因　140
　4.2　構造的要因　144
5. おわりに——**妻自身の社会階層の影響**　147

第6章　夫婦の意思決定は変化するのか……151

1. はじめに——**新たな意思決定パターンの可能性**　151
2. 夫婦の勢力関係をめぐる理論　152
　2.1　先行研究の検討　152
　2.2　仮説の提示　156
3. 夫婦の意思決定パターン　157
　3.1　分析に用いるデータ　157
　3.2　基本的特徴　157
　3.3　世帯類型別の特徴　159

- 4. 妻が働くと夫婦の意思決定は変わるのか　161
    - 4.1　分析方法　161
    - 4.2　妻が働くことで「2人で一緒に」　162
    - 4.3　妻の職業階層による影響　162
    - 4.4　仮説の検証　166
- 5. おわりに──「夫婦独立型」への胎動　167

第7章　子どもをもつことをどう考えるのか　169

- 1. はじめに──低下傾向にある夫婦の出生力　169
- 2. 子どもの数を決める要因は何か　171
    - 2.1　先行研究の検討　171
    - 2.2　仮説の提示　173
- 3. ジェンダーと出生意欲　174
    - 3.1　分析に用いるデータと変数　174
    - 3.2　男性よりも低い女性の出生意欲　176
- 4. 就業による意欲の変化　178
    - 4.1　第1子出生意欲に及ぼす影響──子育てイメージと年齢　178
    - 4.2　第2子出生意欲に及ぼす影響──男女で異なる女性就業の効果　180
    - 4.3　第3子出生意欲に及ぼす影響──女性は経済要因を重視　181
- 5. おわりに──女性のフルタイム就業のメリットを高めるために　182

終章　「標準家族」の解体を出発点として　187

- 1. 構造化される女性の就業，階層分化する家族　187
- 2. 女性の就業によるジェンダー構造の変容　190
- 3. 「男性稼ぎ主」型モデルからの脱却を目指して　193

初出一覧　199
あとがき　201
参照文献　207
索　引　227

序 章

「標準家族」の揺らぎ

1. 格差社会のなかで揺らぐ日本の家族像——問題の所在

　これから日本の家族はどのような変化を遂げていくのだろうか．1990 年代以降，日本の家族は日本社会の大きな構造変化にさらされてきた．バブル経済崩壊以降の経済停滞が続いたこの十数年の間に，中高年男性のリストラや賃金カット，再就職の難しさ，フリーターやニートの増大などが社会的関心を集めるようになった．また，1980 年代半ば以降，日本の所得格差が拡大していることを指摘した『日本の経済格差——所得と資産から考える』の出版をきっかけとして（橘木，1998），経済学者や社会学者を中心に「不平等」や「格差」をめぐる議論が展開されるようになり（佐藤，2000；太田，2005；大竹，2005a；2005b；白波瀬編，2006；橘木，2006；神野・宮本編，2006；後藤ほか，2007），社会的関心を集めている．

　高度経済成長期の労働力不足をきっかけに導入された終身雇用制や年功序列制によって，安定的で人生設計のたてやすい雇用条件が大半の日本人男性に与えられるようになり（女性を労働市場から閉め出すことによって可能だった面もある），男性が外で働き，女性が家事や育児，介護といったケアを担うという性別役割分業を支える基盤が生まれた．同時に，主な稼ぎ手である男性を通して家族にさまざまな社会保障を付与するしくみも導入されるようになり，性別役割分業型の家族が制度的にもより多くの支援を受けるようになった（大沢，2002；2007）．

しかし，経済のグローバル化による企業間の競争激化，労働の規制緩和，高齢化による社会保障費の負担増，労働力人口の減少に伴う国内市場の縮小などが進むなか，これまでのように男性一般に安定的な雇用を提供することはもはや難しくなっている．また，企業も既に企業福祉からの撤退を始めている（橘木，2005）．このような状況は性別役割分業型をとる，いわゆる「標準家族」のリスクが高まっていることを意味する[1]．

他方，景気の回復とともに労働力不足への懸念が改めて高まっている．日本が現在の人口規模を維持するためには年間60万人ずつ移民を受け入れる必要があるという推計が国連から出されており，少子高齢化による慢性的な労働力不足を解消するための方策として，高齢者の活用や移民（外国人労働者）の受け入れとともに，結婚や出産を機に労働市場から退出した女性の活用に関心が集まっている．

企業は少子高齢化への対応も迫られている．サービス業を中心として労働力の確保が重要課題となっている一方，国内市場の縮小や飽和，社会の成熟化に対応するために付加価値の高い商品やサービスの開発・提供がより一層求められている．消費者の購買意欲をそそる新しい商品やサービスを生みだすためには，家計を切りもりする女性をひきつけることが重要であり，量のみならず，質の面でも女性労働力の有効活用が企業の生き残りをかける重要な戦略になっている．

このように家族の側にとっても企業の側にとっても，女性の就業を必要とする状況が生まれているが，同時に，熱い視線を注がれる女性の側にも変化が見られる．1986年の「男女雇用機会均等法」の施行を契機として，結婚や出産を経ても就業を志向する女性が増加するとともに，実際に昇進や昇給の面で男性と同等の資源を手にする層が拡大している．全体として見れば依然として男女の賃金格差は大きく，採用や昇進などにおける男女格差も大きいものの，社

---

[1] 本書で用いる「標準家族」とは，夫婦と子ども2人から構成され，夫が外で働くことで「稼ぎ主」として家族を経済的に支え，妻が家事や育児，介護といった「ケア役割」を担うという性別役割分業型の家族を指す．税制度や社会保険料の計算などではこの「夫婦と子ども2人，妻は専業主婦」といった家族形態が「標準」として広く用いられてきた．なお，家族社会学者の山田昌弘は「夫は仕事，妻は家事・子育てを行って，豊かな家族生活を目指す」というモデルを戦後家族モデルの標準とみなしている（山田，2005b: 118）．

会的諸条件をうまく整備することによって女性の高い就業意欲を継続的な就業につなげていける可能性がある.

このような社会経済的変化のなかで生じている家族の変容を読み解くにあたっては，そもそもどのような女性が働いているのか，そして，女性が就業することによって家族のすがたはどのように変化するのかを検討する必要がある．検討にあたって本書が着目するのは社会階層である．社会階層論の観点から家族の変化をとらえる必要があると考える理由は3つある．まず，バブル経済崩壊後の10余年の経済不況によって，男性にそれまで与えられてきた雇用の安定性が大きく揺らいだことを受け，家計を維持するために働きに出る女性が増えていると考えられるからである．実際，結婚している女性の雇用者数は7年連続で増加している（厚生労働省雇用均等・児童家庭局編，2007）．近代社会では，家族が必要とする経済的資源の確保は家族内部で完結することが期待されているため，主たる稼ぎ手である夫が失業や収入の減少に見舞われた場合，まずは妻の就業によって対応しようとするのが一般的である．夫の雇用や収入の安定性は社会階層によって異なるため，当然のことながら，家計の補助を目的とした妻の就業の必要性は社会階層によって異なる．

第2の理由は，これまで相対的に厚いとみられてきた日本の中間層に解体の兆しが見られ，家族のありようも階層分化せざるをえない状況が生じているからである．OECD が2006 年7 月に発表した『対日経済審査報告書2006 年版』によると，日本のジニ係数は1980 年代半ばから2000 年まで上昇し続けており，同時期のOECD 諸国の平均上昇率7% に対して約2 倍の13% という高い伸び率を示している（OECD, 2006: 93-104）．このように所得格差が拡大してきた原因として，日本の「格差論」では高齢化が関心を集めてきたが（大竹，2005a；2005b），OECD の報告書では18 歳から65 歳のいずれの年齢層でもジニ係数が上昇しており，可処分所得でみた場合の二極分化も進んでいることが明らかにされている（OECD, 2006: 93-104）．また，2000 年時点で子どものいる世帯の相対的貧困率はOECD 平均の12.2% を上まわる14.3% に達しており，就業者が少ない世帯ほど相対的貧困に陥る割合が高い他の先進諸国とは異なり，世帯員のうち2 人以上が働いている世帯ほど相対的な貧困状態になる割合が高い点に日本の特徴があることも併せて指摘されている（OECD, 2006:

114）．このような経済格差は，高度経済成長期に定着した「標準家族」に揺らぎをもたらしている．

　高度経済成長期以降，「結婚したら仕事を辞め，家事と育児に専念する．子どもは2人で夫が稼ぎ主として家族を養う」といった画一的なライフ・コースが女性の理想とされ，実態としても多くの女性がこのようなライフ・コースをあゆんだ（落合，1994；山田，1994）．このような家族の「標準化」を支えたのが，好調な経済だった．

　1974年度には高校進学率が90％を超え，1973年の「国民生活に関する世論調査」では自分の生活程度を「中」と考える人が9割に達した．生活程度が「中」という回答の内実をめぐって1970年代後半から1980年代半ばにかけていわゆる「中流論争」が展開され，社会的にも大きな関心を集めた（岸本，1978；村上，1984；小沢，1985；今田，1989）．ここからうかがえるように，高度経済成長が終焉する頃には，「一億総中流社会」ということばが一般の人々の間で一定のリアリティをもって受けとめられていた[2]．

　1960年代からバブル経済崩壊に至るまでの約30年にわたって，日本社会では結婚して子どもを2人もつことは当たり前のこととされ，「マイホーム（住宅）」の取得や車の購入を目指すという家族像が理想をもって語られていた．それを支えていたのが好調な経済だったわけである．しかし，このような「標準家族」を基盤にした「中流意識」はバブル経済崩壊を境に薄まっていき，長引く不況は格差を前提としたうえでそれぞれが家族のありようを（結婚による家族形成そのものも含めて）考えざるをえない段階にきている．

　社会階層に着目して家族の変容をとらえる必要がある第3の理由は，女性のなかで階層分化が進んでいるからである．男性と同等の条件での雇用機会が女性には実質的に閉ざされてきたが，「男女雇用機会均等法」の施行を機に，主に4年制大学の新卒女性の就業機会が拡大した．依然として第1子出産時に約7割の女性が離職しているものの，就業を継続し，管理職につく女性も増えている．

---

[2] ただし，社会階層論が明らかにしてきたように，農業層の解体によって社会移動の機会は相対的に増加したものの，息子の職種と父親の職種には一定の関連が見られるという基本的な構造に変化は見られなかった．

同時に見逃せないのは，1999年12月1日の「労働者派遣法」の改正によって派遣業種が拡大されたことをきっかけとして，女性労働の非正規化（派遣社員など）が進んだことである．実際，就業女性の半数は非正規雇用者である．キャリア女性が増加している一方での非正規雇用の急激な拡大という，労働市場における女性内階層分化の深化は，現代女性の階層を考えるうえで重要な論点である．

　女性の就業がもたらす家族の変化を検討するにあたって，社会階層と並んで本書が重視するもう1つの視点はジェンダー（社会的文化的性差）である．なぜなら，日本ではジェンダーが女性の就業や家族のありようを規定する重要な基軸であると同時に，現在生じている「標準家族」の揺らぎとも直接関わっているからである．国際的にも広く知られているように，日本では家庭においても労働市場においてもジェンダーに基づく分業が非常に強固である．女性が家事や育児，介護といったケア役割を担う代わりに男性が長時間労働をすることが可能となっている状況が示すように，家庭と労働市場におけるジェンダー構造は独立して存在しているわけではなく，相互に関連しあう形で日本社会のなかに根づいている．また，このようなジェンダー構造は日本の福祉国家としてのありようを特徴づけるものでもあり，男性が「稼ぎ主」であることを前提としてさまざまな福祉が提供されている（大沢，2002；2007）．

　このように日本社会が大きな構造転換期にあり，女性の就業の重要性が家庭内外で相対的に高まっている現状を見据えたうえで，本書は社会階層とジェンダーに着目し，女性の就業が家族のすがたをどのように変化させているのかについて計量社会学的手法を用いて検討することを研究課題とする．

　現代の家族が女性の就業によってどのように変化しているかに関わって具体的に取り上げる分析テーマは，(1) 女性の就業はライフ・コース上の位置を含めた家族要因と社会階層の双方によってどのように規定されているのか，(2) 女性の就業は家事分担に変化をもたらしているのか，(3) 女性の就業によって夫婦の意思決定パターンに違いが生まれているのか，(4) 女性の就業は夫婦の出生意欲にどのような影響を及ぼしているのか，という4つである．それぞれのテーマについてデータや変数の特性を考慮しながら，ふさわしい統計モデルを適用することによって，さまざまな要因を同時にコントロールしつつ，女性

の就業と家族の変化を明らかにする．

　分析に先立って，社会階層論や家族社会学における「社会階層と家族」に関する主要な先行研究のレビューをおこない，研究史上における本書の意義を示す．さらに，統計データに基づいて女性の就業や家族の現状を確認するとともに，家族，市場，国家という3者がそれぞれどのように福祉の提供をおこなっているかに関して，エスピン＝アンデルセンが提示した「福祉レジーム」論の観点から，日本の家族や女性の就業がおかれた位置を考察する．これらの作業から浮かび上がるのは，ジェンダーに基づく分業が家庭内のみならず，労働市場でも構造化されているという日本社会の現状である．計量分析を進めるにあたっては，これらの点をふまえて問題設定や分析結果の考察をおこなう．

2. 社会階層論と家族社会学──研究アプローチの距離

　「社会階層によって家族のすがたはどのように異なるのか」を実証的に検討する本書は，社会階層論と家族社会学という社会学における2つの研究分野にまたがった問題関心をもつ．いずれの分野も社会学のなかで長い伝統をもつが，第1章で検討するように，両者を有機的に結びつけた研究は日本内外を問わず少ない．ここではこのような研究状況の概観を示しておく．

　日本では1955年から10年ごとに「社会階層と社会移動に関する全国調査」（英語名は Social Stratification and Social Mobility Survey である．以下では SSM 調査と略す）が実施されており，2005年までに合計6回のデータが収集されている．SSM 調査の主な目的は，日本の階層構造と社会移動の趨勢の解明であるが，日本の階層変動をとらえようとする内在的な研究関心のみならず，欧米の階層研究の影響も受けながら調査研究が積み重ねられてきた．

　社会階層論における伝統的な家族研究とは，「家族の階層的地位によって子どもの学歴達成や職業達成がどのように異なるのか」「結婚による階層結合はどの程度生じているのか」「階層帰属意識は家族の社会階層によってどの程度規定されているのか」などの問題を扱った研究であり，「家族成員は社会経済的地位を共有する単位である」という前提がおかれていたため，家族成員間の関係性といった家族内部に切り込んだ研究が手がけられる余地はほとんどなか

った.

　また，ガンゼボームらが整理しているように（Ganzeboom et al., 1991），分析手法が精緻化していった 1960 年代以降は，階層研究として扱う問題の範囲が狭くなり，親と子ども（父親と息子）の職業の関連を検討する世代間社会移動や地位達成の問題に研究者の関心が絞られていった．フェミニズムからの批判を受ける形で，1970 年代後半から女性の階層研究が手がけられるようになったものの，男性の地位達成や社会移動を説明するために構築された分析枠組みを女性にそのまま適用した研究が大半だった．

　その後，欧米先進諸国では女性の就業率が上昇したことを受け，労働市場における女性のキャリア形成の問題を女性自身の社会階層に着目して検討するという「個人主義的アプローチ」を新たに導入した研究が，1990 年代に登場した．しかし，これらの研究では，労働市場において人的資本を備えた労働者としてのすがたしかとらえておらず，女性の階層を検討するには不十分だった．なぜなら，女性の労働市場における地位達成を明らかにするためには，女性が家族のなかでケア役割を期待されていることを考慮し，ライフ・コース上の位置や家族構成などが及ぼす影響も分析に組み込む必要があったからである．

　このような「個人主義的アプローチ」の限界を踏まえ，女性がおかれている構造的文脈を考慮しつつ，就業と家庭生活の相互連関性を検討する新しいタイプの階層研究が，2000 年代になって登場している（Blossfeld and Drobnic eds., 2001 ; Crompton, 2006）．

　他方，家族社会学では，結婚による家族形成や家族構造，親子関係や夫婦関係などの家族関係，福祉機能など家族の内部に焦点をあてて研究が進められてきたが，家族のありようや家族の変化を，個々の家族がおかれている社会構造的位置と関連づけて考察するという視点は総じて弱かった．

　また，1970 年代までは，戦前の「家」制度との比較で近代家族をとらえるアプローチが主流であったため，近代家族は民主主義的であり，望ましい形態・関係性であるという見方が支配的であった．近代家族のなかに潜む権力関係に目が向けられるようになるのは 1980 年代半ば以降だった（牟田，1998）．また，同時期には家族の変化を「個人の選択」とみなし，「個人化」に着目して家族の変容をとらえるアプローチが関心を集めるようになった（野々山ほか

編著,1996).

　いずれにしても,第二次世界大戦後の日本の家族社会学では,家族のありようを家族がおかれている構造的文脈と関連づけてとらえようという視点はあまり見られなかった.日本の家族社会学におけるこのような構造論的視点の弱さは,第2章で後述する計量社会学的アプローチの導入の遅れともあいまって,家族の問題をより大きな社会的文脈のなかでとらえることを難しくさせていた.

　計量分析のなかで,家族の社会階層に関する変数がコントロール変数として含められることはあるものの,副次的な扱いにとどまる場合が一般的である.また,社会階層が家族に与える影響に関する理論や,仮説に基づいて計量分析をおこなうといった「仮説検証型」の分析は全体として乏しく(渡辺ほか,2004;目黒,2007:i),社会階層論の知見が参照されることも少ない.

　このような社会階層論と家族社会学が分断された状況は,欧米の社会学でも同様であり(Smith and Graham, 1995),けっして日本に特有の状況ではないが,家族の変化を構造論的観点からとらえるためには,それぞれの研究分野で得られた知見を有機的に結びつける必要がある.特に,格差社会における家族の変容を的確にとらえるために,社会階層論で培われてきた階層に関する理論的実証的知見をふまえる重要性がより一層高まっている.

　また,社会階層によって家族のありようが多様化している可能性について,より厳密な計量モデルを用いて検討するといった計量社会学的アプローチを導入する点にも本書の意義がある.最近では,家族社会学のなかでも家族が階層分化している可能性を指摘する研究も出現しているが(e.g. 山田,2005b),官庁統計などのマクロ・データに基づく考察にとどまる場合が大半である.しかし,複雑な要因が絡み合って進行している家族の階層分化のありようを的確にとらえるためには,さまざまな変数を同時に考慮できる多変量解析を用いて分析・考察をおこなう必要があり,それらに基づいて家族の階層分化についての見取り図を示すことが求められているのである.

　また,家族社会学会を母体として,1999年に「全国家族調査」(英語名はNational Family Research of Japanである.以下ではNFRJ98と略す)が実施された後[3],家族社会学のなかでも計量分析への関心が急速に高まり,多変量解析を用いた論文も急増しているが,理論や仮説との対応が不明瞭な分析が少な

くない．現状としては，仮説検証型の計量社会学的アプローチを用いた研究は，まだ緒についたばかりのように見受けられる．また，NFRJ98 データを用いた研究成果は，論文集として刊行されていることもあり（渡辺ほか編，2004），それぞれの分析で得られた知見をより体系的にとりまとめ，現代家族のありようを包括的に提示するといった形では，成果がとりまとめられていない．

　本書は，社会階層論や家族社会学における知見をふまえつつ，格差社会のなかで日本の家族がどのように変化しているかについて，計量社会学的アプローチを用いて実証的に検討するという，新たな課題に取り組む意義をもつ．

3. 社会階層とは何か──本書における定義

　本書で用いる「社会階層」の概念について，あらかじめ若干の説明をおこなっておきたい．「社会階層（social stratification あるいは social strata）」と類似した概念として「社会階級（social class あるいは単に class）」がある．いずれも社会経済的不平等に関わる概念であり，共通の社会経済的諸条件を共有する集団をあらわすが，両者はどのように異なるのか．

　日本の社会科学では，マルクス主義的な理論枠組みに立脚する場合，すなわち生産手段の所有の有無を重要な分類基準として社会経済集団を区分する場合には，「社会階級」という概念が一般的に用いられている．これに対して，職業や学歴，収入，威信，知識などの多様な資源を分類基準として用い，それらの保有量や保有する資源の違いなどによって序列づけられる集団を指すことばとして，「社会階層」が広く用いられている．日本の社会科学では，「社会階級」と「社会階層」はこのような意味で自覚的に区別されていることが一般的である．

　原・盛山によると，stratification または strata に対応する日本語は「層」であり，もともとは地層を意味する stratum の複数形である strata が社会階層の意味で使われるようになったのは比較的新しいうえ，欧米では学術研究に限って strata が使われている（原・盛山，1999: 1）．他方，欧米の社会科学では必

3）　標本抽出は 1998 年であるが，諸般の事情から調査の実施は 1999 年となった（渡辺ほか，2004）．

ずしもマルクス主義に依拠しない研究であっても social class（あるいは単に class）が広く用いられている．この背後には，社会経済的地位を表す際に日常用語として，social class あるいは class が人々の間でも広く用いられてきたという経緯があると考えられる．

　本書では，このような「社会階級」と「社会階層」の研究史上の区別をふまえつつ[4]，ポスト産業化時代における不平等に迫るため，より多元的に地位をとらえた「社会階層」概念を用いて，格差社会における家族の変容を検討する．第二次世界大戦後の社会階層研究では，通常，社会階層を職業で測定する方法が採用されてきた．この伝統をふまえて，社会経済的諸条件を共有する集団として職業（職種）を用いるほか，学歴（教育年数），収入，就労上の地位（フルタイム，パートタイム）といった複数の指標を用いて実証分析をおこなう．

4. 社会階層論と家族社会学の架橋を目指して──本書の構成

　本書の第 I 部ではまず，「社会階層と家族」に関する日本内外の主要な先行研究のレビューをおこない，社会階層論と家族社会学における本書の意義を示す．そのうえでマクロ・データを用いて女性の就業と家族の変化に関する趨勢と現状を確認するとともに，日本社会における女性の就業や家族を構造的に水路づけている「福祉レジーム」の特徴を検討する．そして，女性内分化も含めた格差の実態を確認する．第 II 部では，女性の就業と家族のありように関する 4 つのテーマを設定し，計量社会学的アプローチで検討する．具体的には以下のとおりである．

　第 1 章では社会階層論と家族社会学のそれぞれにおける「社会階層と家族」に関する先行研究のレビューをする．まずは SSM 調査データを用いた研究を中心として，日本の社会階層論で女性の就業と家族に与えられてきた位置を振り返る．先に指摘したように，日本の階層研究は欧米の階層研究の影響を受け

---

[4]　ここでは「社会階級」と「社会階層」の概念の基本的な違いに関する説明のみを示している．階級間の利害対立を重視する「社会階級」概念には，階級意識の覚醒や政治活動への主体的な関与など，そのほかの重要な基準も含まれている．これらについては Crompton（1998）や原・盛山（1999: 206-215）などを参照．

ながら展開してきたが，欧米では女性の就業が一般化するにつれて家族を単位とした階層研究の有効性に疑問が投げかけられるようになり，女性の社会階層をどのように測定すればよいのかをめぐって活発な議論がおこなわれた．1980年代までの主な論争の概略については既に日本でも紹介されているが（袖井，1987；直井道子，1990；盛山，1994；牛島，1995；白波瀬，2005），1990年代以降の動向についてはほとんど取り上げられていない．このような研究状況を鑑み，女性の就業と家族のありようを検討した1990年代以降の欧米における主要な階層研究も検討し，本書のテーマと関連づけながら論点整理をおこなう．

次に，日本の家族社会学の特徴を示しつつ，家族社会学における社会階層の位置づけを整理する．ヨーロッパにおける社会史の発展に刺激を受けて，日本でも近代家族の成立過程に関する歴史的研究が手がけられるようになり，日本の家族社会学も欧米の研究から一定の影響を受けている．しかし，欧米の家族社会学においても，社会階層との関連で家族のありようを検討した研究が少ないこともあり，社会階層によって異なる家族のありようを分析した家族社会学的研究は日本では少ない．このような状況を鑑み，欧米の家族社会学の研究動向については，必要最小限の範囲で参照するにとどめることをあらかじめ断っておきたい．

これらをふまえて，第1章の最後では，社会階層論と家族社会学のそれぞれの研究分野における本書の研究上の意義を示す．

社会階層によって女性の就業率は異なるのか，そして女性の就業が家庭内の家事分担や夫婦の意思決定，出生といったさまざまな家族生活の局面にどのような影響を与えているのかについて第II部で具体的な分析を進めるが，分析結果を体系的に整理するためには，日本社会で女性の就業や家族が占める位置に関する構造的理解が不可欠となる．そこで，第2章ではまず，女性の就業と家族に関するマクロ・データの検討をおこない，日本社会が性別役割分業を前提に運営されていることを確認する．

次に，このようなジェンダーによる分業を枠づけている日本の福祉国家としてのありようを明らかにするため，エスピン＝アンデルセンの「福祉レジーム」類型を概観したうえで（Esping-Andersen, 1990＝2001；1999＝2000），日本の特徴をより明示的にとらえるために，大沢によって提示された社会保障シス

テムの3類型を検討する（大沢，2002；2007）．最後に，日本では「男性稼ぎ主」型の社会保障システムが採用され続けていることによって，女性の就業と家庭生活との間に緊張関係が生み出されている現状をふまえつつ，日本社会の課題を整理する．

　第3章では，格差拡大の趨勢をデータで確認したうえで，1990年代後半以降，社会的関心を集めてきた「格差論」の論点の1つに世帯構成の問題があることを指摘する．続いて，社会全体の経済的格差が拡大するなかで，女性内の階層も二極分化している現状をマクロ・データで確認する．

　計量分析をおこなう第II部の冒頭に位置づく第4章では，どのような階層的，家族的背景をもつ既婚女性が働いているのかを検討する．社会階層要因としては夫の収入と住宅ローンの有無，家族要因としては3歳以下の子どもの有無や子ども数，親との同居を取り上げる．女性の就業行動の規定要因に関する分析は経済学で手がけられてきた研究テーマであるが，最近では同一の個人を追跡調査することによって得られたパネル・データを用いた分析も登場している（武内，2004；2006）．パネル・データを用いることによって，たとえば夫の収入の低下という状況の変化が妻の再就職を促すのか，という因果関係を直接検討することが可能になる．2004年という1時点で収集した横断調査データを用いる本書ではこのような意味で因果関係を直接検討することはできないという制約をもつが，経済学の先行研究でよく用いられている家計経済研究所の『消費生活に関するパネル調査』の調査対象者は1回目の調査時点（1993年）で24歳から34歳という比較的若い年齢層に限られている点などを鑑み，より幅広い年齢層の女性が含まれたデータを用いて年齢階層別の分析を試みる．

　第5章と第6章では，女性の就業が夫婦関係に及ぼす影響を検討する．第5章では，女性の就業が家事分担に変化をもたらすか否かに関して共働き夫婦に焦点をあて，社会階層の効果を構造的要因と文化的要因に分けて詳細に分析する．

　第6章では，女性の就業が夫婦間に新たな意思決定パターンを生み出している可能性を検討するが，本書では特に経済面に関する意思決定を取り上げる．専業主婦世帯，妻パートタイム世帯，妻フルタイム世帯という3つの世帯類型を用いて世帯類型と意思決定パターンの基本的な対応関係を確認したうえで，

共働き夫婦に焦点をあてて，妻の収入や職業階層が夫婦の意思決定パターンに及ぼす影響をより詳細に分析する．

少子化は，1990年以降の日本社会のなかでもっとも関心を集めた家族に関する社会現象である．少子化をもたらした直接的な要因として，晩婚化や非婚化の影響が大きいことが知られているが，近年では，夫婦出生率の低下がもたらす影響が増加していることも明らかになっている（岩澤，2002；金子，2004）．不妊症などの健康上の理由から子どもをもてない夫婦もいるが，結婚して間もない夫婦で出生率が急激に低下している状況は，子どもを望んだとしても社会経済的諸条件が整わないために，子どもをもてなくなっているという社会システムの問題が存在している可能性を強く示唆している．

第7章では，「男性稼ぎ主」型の福祉レジームのもとで，女性には出産や育児，子育ての負担感が強く，また，男性には稼ぎ主役割を担うことの負担感が強いことが子どもをもとうとする意欲（出生意欲）に影響を及ぼしている可能性について，女性の就業に着目して検討する．男女双方のデータを用いることにより，女性の就業が出産・子育てに及ぼす負担感がジェンダーによってどのように異なるのかを比較分析する．

第4章から第7章までの分析結果に基づきながら，終章では，格差が拡大するなかで女性の就業の重要性が高まる一方，女性の就業によって家族のありようが階層分化している現状を整理するとともに，「男性稼ぎ主」型モデルからの転換をどのようにはかっていけばよいのか，に関わる展望を示す．

第II部では，以下の2つの調査データを用いる．いずれの調査も現代家族の現状をとらえるために企画された全国調査であり，本書で取り上げる各研究テーマの分析に必要な社会階層に関する諸変数（教育年数，就業上の地位，職種，収入など）や夫婦関係，出生意欲などに関する質問項目が含まれている．

(1) 「結婚と家族に関する国際比較調査」
　○実施時期：2004年2月～3月
　○対象者：全国の満18歳～69歳の男女15,000名を多段確率比例抽出法で抽出
　○調査方法：留置調査法

〇調査主体：結婚と家族に関する国際比較研究会
　〇有効回収票：9,074 票（男性 4,265 名，女性 4,809 名）
　〇有効回収率：60.5％
　（詳細は西岡編，2005 を参照）

(2)「第 1 回人口・家族・世代世論調査」
　〇実施時期：2004 年 4 月
　〇対象者：全国の満 20〜49 歳の女性 4,000 人を多段確率比例抽出法で抽出
　〇調査方法：留置調査法
　〇調査主体：毎日新聞社人口問題調査会
　〇有効回収票：2,421 票
　〇有効回収率：60.5％
　（詳細は毎日新聞社人口問題調査会編，2005 を参照）

　第 4 章と第 7 章では (1)「結婚と家族に関する国際比較調査」，第 5 章と第 6 章では (2)「第 1 回人口・家族・世代世論調査」のデータを用いる．なお，データの利用にあたってはそれぞれの調査主体から許可を得ている．

第Ⅰ部　女性の就業と家族をめぐる分析視角

第 1 章

階層構造の変化と家族

1. はじめに

　「社会階層と家族」の問題は，社会階層論と家族社会学にまたがった研究テーマである．しかし，社会階層論で家族の問題が分析テーマとして設定されることはこれまで少なかったし，家族社会学においても社会階層との関連で家族のありようが考察されることはほとんどなかった．

　詳細は後述するが，このような傾向は日本のみならず，欧米の社会学でも同様に見られる．第二次世界大戦後の日本の社会学は，アメリカやイギリスを中心とした欧米の社会学の影響を受けながら発展してきたが，社会階層論と家族社会学のいずれにおいても，「社会階層によって家族のありようはどのように異なるのか」といった観点からおこなわれた研究が少ない状況は，欧米の研究動向の反映とも言える．

　家族の問題を社会階層の視点から検討する研究が世界的にみても少なかった背景の1つには，アメリカを中心として社会学が成熟しつつあった1950年代から1960年代にかけての第一世界の状況がある．この時期，先進各国では経済成長が長く続き，不平等が縮小していった．産業化の進行によって世代間の社会移動パターンが収斂していくという「産業化命題」が関心を集めたことからもうかがえるように，「不平等化」よりも，ブルー・カラーとホワイト・カラーの格差の縮小といった「平等化」に人々がよりリアリティを感じた時代だった．

先進国における持続的な経済成長によって男性には安定した雇用が提供されていく一方，女性には家事や育児，介護といった再生産労働やケア労働が割り当てられていった．再生産労働やケア労働に専念するため，結婚を機に労働市場から退出するというのが，女性の典型的なライフ・コースとなっていった．いわゆる性別役割分業の定着である．また，1950 年代，1960 年代は「家族の黄金時代（the golden age of family）」と称されていたこともあって，性別役割分業を問題視する視点や，家族のなかに権力構造が潜む可能性に目が向けられることはなかった（Blossfeld and Drobnic, 2001a : 4）．また，大陸ヨーロッパを中心とした多くの先進国で専業主婦型家族を「標準家族」とした社会保障モデルの構築が進んだ．
　このような階層構造の平等化と「標準家族」への収斂といった2つの現象はともに，家族関係や家族生活のありようが社会階層によってどのように異なるのか，といった問題への関心を減じていった．
　その後，1970 年代半ばから欧米の先進諸国は長い経済停滞の時期に突入したため，それまでのように男性1人の稼ぎで家計を支えるのが困難な階層が増え，家計に占める女性の収入の重要性は増していった（Sorensen and McLanahan, 1987）．また，1960 年代以降のフェミニズムの影響や高等教育を受ける女性の増加といったこととともあいまって，既婚女性の就業が促されていった（データは第2章で提示）．このような女性の就業の増加は，社会階層論で伝統的におかれてきた前提——女性の地位は世帯主である男性の地位（結婚前は父親，結婚後は夫）で代表される——に疑問を投げかけていった（Sorensen and McLanahan, 1987 ; Sorensen, 1994 ; Sorensen, 2005 : 109）．
　家族社会学では，既婚女性の就業の増加という事態を受けて，女性の就業が夫婦関係や子どもの心理にどのような影響を及ぼすのかといったテーマが関心を集めるようになっていった．しかし，家族社会学では夫婦関係や親子関係，情緒的充足などの家族内部の関係性に主たる関心が向けられており，女性の就業が家族にとってもつ意味が階層によって異なる可能性や，女性の就業が家族関係に及ぼす影響には階層差がある可能性はほとんど検討されなかった．
　このように，「社会階層と家族」の問題は社会階層論と家族社会学の両方にまたがる研究テーマであるにもかかわらず，いずれの分野においても中心的な

研究課題として取り上げられてこなかった．さらに，数少ない先行研究も社会階層論と家族社会学のそれぞれのなかだけで参照される場合が圧倒的に多く，一種の「断絶」とも言える状態が続いてきたように見受けられる．しかし，性別役割分業が根強く残っている日本においても，既に共稼ぎ世帯数が専業主婦世帯数を上回っており，「一億総中流社会」とも称されてきた日本の階層構造が不平等化の傾向を見せているなか，家族のありようを社会階層論の観点から検討する研究の重要性は高まっている．

また，格差の拡大や雇用の流動化とともに，家計に占める女性の収入の重みが増しているにもかかわらず，依然としてケア役割は女性にのしかかっている．このような状況において，社会階層とジェンダーが家族のありようにどのような影響を及ぼしているのかに関する実態分析は，今後の家族のゆくえや社会保障システムの展望を考えるうえでも重要な研究課題である．

本章では，このような問題意識をもとに，社会階層論と家族社会学の各々の研究分野で「社会階層と家族」の問題に関してどのような研究が積み重ねられてきたのかを概観したうえで，社会階層論と家族社会学のそれぞれにおける本書の意義を示すことを課題とする．

2 節で第二次世界大戦後の日本における社会階層論の研究動向を整理した後，3 節では社会階層論における女性の就業の位置，4 節では社会階層論における家族の位置に関する研究を取り上げ，欠けている視点は何なのかなどの課題を整理する．欧米の研究についても必要に応じて触れる．5 節では日本の家族社会学では社会階層にどのような位置が与えられてきたのかを振り返ることを通じて，家族社会学で見過ごされてきた課題を整理する．以上を踏まえて，6 節では本書の研究史上の意義を示す．

2. SSM 調査とテーマの変遷

日本では 1955 年から 10 年おきに社会階層と社会移動の趨勢を調べる目的で SSM 調査が実施されており，2007 年 12 月現在，2005 年から 2006 年にかけて実施された第 6 回目の調査データの分析が進められている．世界的に見ても 50 年という長期にわたって定期的に実施されている調査は極めて少なく，貴

重なデータとなっている．日本の階層研究は，ランダム・サンプリング（無作為抽出）によって収集された一連の SSM 調査データの分析を軸として発展してきた．まずは各回の SSM 調査で掲げられてきた主要研究テーマを振り返ることにより，日本の階層研究の動向を概観する．

2.1 調査対象としての「女性の不在」——第 1-3 回調査

SSM 調査は，同一の研究機関が定期的に実施する方式ではなく，調査のたびに階層研究者が自発的に研究組織をつくり，文部科学省の科学研究費を中心とした補助金を申請して実施するという方法がとられてきた．継続調査であるため調査項目の連続性が重視され，教育や職歴などの基幹となる質問項目については大幅な変更を加えずに毎回盛り込まれている．なお，調査票に含められる質問には量的制約があるため，それぞれの時代を反映するテーマに関する質問項目は適宜入れ替えられている．

以下では富永健一（1979a；1979b）と直井優（1990）の整理に基づきながら，まずは 1955 年から 1975 年までの各回の SSM 調査の主要研究テーマを概観する（1985 年の第 4 回調査については 2.2 項で取り上げる）．なお，富永は第 1 回調査，第 2 回調査の研究組織に参加した後，第 3 回調査で研究代表者をつとめた．直井優は第 3 回調査に参加した後，第 4 回調査の研究代表者をつとめた．

1955 年に実施された第 1 回調査は，身分階層の問題の解明を目的として企画・実施された．主たる中心テーマは階層構造に関する基礎的データの収集と，社会的地位や帰属階層を測定するための調査方法の開発であった．ただし，この時点では必ずしも継続調査が前提とされていたわけではなかった．

第二次世界大戦の敗戦からわずか 10 年後の時点で，ランダム・サンプリングによる全国調査の企画・実施を促したものは何だったのか．実は，この出発段階で既に欧米の階層研究に対する高い関心があった．1940 年代後半は社会階層や社会移動に関する国際比較研究への関心が世界的に高まった最初の時期であり，イギリスのグラスやアメリカのウェイナーなど，当時の著名な階層研究者による交流が始まったとされる（富永，1979a：iii）．他方，1950 年代にはアメリカを中心に「教育や職業の機会均等はどのくらい実現されているのか」「親の社会的地位が社会移動にどの程度影響を及ぼしているのか」といった問

題が実証的に検討されるようになり（富永, 1979b: 12），リプセットとベンディックスによってまとめられた『産業社会の構造』は国際的にも大きな反響を呼んだ（Lipset and Bendix, 1959＝1969）.

　これらの動きに呼応する形で 1952 年に「SSM 6 大都市調査」がまずおこなわれ，これを拡大する形で 1955 年に第 1 回調査が実施された．第 1 回調査は日本社会学会の公式事業とされ，国際社会学会の国際共同研究事業であった「社会階層と社会移動の国際比較研究計画」プロジェクトへの参加を目標としていた．調査が実施された翌年の 1956 年に開催された第 3 回世界社会学会議には英語の調査報告論文が提出されている．このような大がかりな調査を可能にしたのは，アメリカのロックフェラー財団からの研究費の助成に加えて，充実したメンバー構成――当時の日本社会学会の主要メンバーと文部省統計数理研究所の統計学者が集められた――であった（富永, 1979b: 12）．しかし，データ収集は社会学者，データ分析は統計数理研究所という形で分業されたため，社会学理論や社会学の仮説，階層理論に基づいた分析はほとんどおこなわれなかった（富永, 1979a: iii）.

　高度経済期の折り返し地点にあたる 1965 年に実施された第 2 回調査は，第 1 回調査のテーマを引き継ぐとともに，急激な産業化や経済成長によってひきおこされた社会移動の解明が主たる研究テーマとして設定された．この背後には農村から都市への急激な人口流出，ホワイト・カラーの増加，機械化による半熟練労働職の増加，高学歴化の進行などの大きな社会変動があった．社会移動の機会均等などを測定するために「安田の開放性係数」が考案されるなど，社会移動に関する基礎分析が多面的になされた（安田, 1971）．また，階級・階層帰属意識に関する詳細な質問もおこなわれた．ただし，第 2 回調査では第 1 回調査と比較して組織化が不十分であったうえ（第 1 回調査とは異なり，日本社会学会と統計数理研究所の機動的な参加がなかった），研究費不足とそれに由来する事務局体制の弱さから公的報告書は出せず，研究代表者をつとめた安田三郎が単著でその成果の一部を公開するといった形がとられた（安田, 1971）.

　欧米の階層研究からの影響は第 2 回調査にも見受けられる．調査代表者をつとめた安田の『社会移動の研究』には，リプセットとベンディックス（Lipset and Bendix, 1959＝1969) をはじめとして，当時関心を集めていた欧米の多様な先行研究が紹介され，それらとの比較を目指してさまざまな分析が試みられた（安田，1971）．

1971年のドル・ショック，1973年の第一次オイル・ショックを経て経済が停滞していた一方，脱産業化の徴候があらわれ始めていた1975年に第3回調査が実施された．このような時代状況を背景として第3回調査では，(1)（過去2回のデータも利用しながら）1955年からの20年間における階層構造の趨勢および社会移動の趨勢，(2) 地位の非一貫性などに代表される社会的地位の多元性，(3) 地位達成における教育の機能，(4) 階層意識（社会階層の平準化は意識の面にどのようにあらわれているのかなど）の解明とともに，(5) 職業威信スコアの作成，という5つの研究課題が掲げられた（富永編，1979）．

これらのテーマ設定にとどまらず，パス解析（path analysis）やクラスター分析などの高度な計量モデルを適用している点にも欧米の階層研究の影響が見られる．特に後者に関しては，計量社会学的アプローチを積極的に採用している現在の日本の社会階層研究に連なる分岐点となった．

第二次世界大戦後の日本の階層研究は，階層ごとの生活実態を質的調査で調べることよりも，欧米における社会階層研究の動向の影響を強く受ける形で，日本社会全体の階層構造や社会移動の見取り図を描くことに主たる関心を置いてきた．このようなマクロな視点から階層構造や社会移動の実態を解明するためには，社会全体の縮図となるデータが得られるようにランダム・サンプリングに基づく調査設計が不可欠となる．さらに，社会階層を職業で測定するためには，職種を一定の基準で分類あるいは数量化することによって妥当性のある尺度を作成しなければならない．第3回調査では「本調査（A調査）」とともに実施された「職業威信調査（B）」のデータを用いて，日本ではじめて「標準職業分類」すべてに職業威信スコアがつけられた．上記の(1)から(4)の研究テーマを分析するためには高度な計量モデルが必要となるが，それを可能にしたのは国際的な研究動向を参考にしながら作成された職業威信スコアであり，第3回調査の大きな成果であった．

また，研究テーマ(2)と(3)についても欧米の影響が見られる．研究テーマ(2)については，チェコスロヴァキアのマホニンを中心とした研究グルー

プによる地位の非一貫性に関する研究に触発され（Machonin, 1970），地位の非一貫性が日本社会の安定性に寄与しているのか，という観点から分析がおこなわれた（今田・原，1979）．1960年代後半から1970年代前半にかけて欧米の階層研究では，ブラウとダンカンの研究を契機として，パス解析を用いて父親の教育年数や職業威信スコアが息子の教育年数や初職の職業威信スコアにどの程度影響を及ぼしているのかを検討する，いわゆる「地位達成モデル」の研究が大きな関心を集めていた（Blau and Duncan, 1967）．このような欧米の研究動向が日本での検証を促し，(3) の研究テーマの設定につながった．

第1回調査，第2回調査においても欧米の階層研究の影響が見られたが，その動きがより加速したのは第3回調査からである．富永の整理によると（富永，1979b: 14），ブラウとダンカンによる「地位達成モデル」をきっかけとして，世界の階層研究は電算機の使用を前提とした多変量解析の導入に大きく移行した．国際学会でSSM調査データを用いた報告をするためには，それまでクロス表分析にほぼ限定されていた分析レベルを大幅に高めなければならなかったという．これは過去2回の調査とは大きく異なる変化であった．

また，1955年から1975年までの20年間は，日本の産業構造が第一次産業から第二次産業に移行した時期であり，労働力不足ともあいまって，年齢とともに昇進・昇級していく「年功序列制度」や定年までの雇用を前提とした「終身雇用制度」の導入などによって（あくまでも日本人の男性一般に限定されていたが），目に見える形で人々の暮らしぶりが向上していった時期だった．1970年代初めには高校進学率が90％に達し，親の学歴よりも子どもの学歴が高くなっていった．また，この時期は農村から都市への人口移動も多く見られ，地域移動と社会移動を同時に体験する人が少なくなかった．

2.2　調査対象としての「女性の可視化」——第4回調査

第4回調査は，1979年の第二次オイル・ショックを乗り越え，製造業を中心とした輸出産業の好調に支えられる形で「経済大国」としての地位を固めた時期である1985年に実施された．この時期は経済のサービス化や情報化，グローバル化の波に本格的にさらされる前でもあった．

第4回調査では「産業化と階層構造の変動」「社会意識（階層帰属意識や不

公平感など)」「教育と社会移動」という3つの主要テーマが掲げられた．不公平感は新たに取り入れられた分析課題だが，いずれも基本的には第3回調査の研究テーマを受け継いでいる．

　第3回調査で職業威信スコアが作成されたこともあり，全体としてみると，第4回調査の主眼は前回までに出されていた主要な研究テーマをより高度な手法で分析することに置かれていたように見受けられる．出身階層と到達階層の世代間移動を調べるためにログリニア分析（対数線形モデル）が用いられたり（今田，1989；近藤，1990；盛山ほか，1990），職歴の分析のためにイベント・ヒストリー分析（盛山ほか，1990）や共分散構造分析が適用されるなど（白倉・岩本，1990），新しい計量モデルが，欧米の社会学で開発されてからそれほど間をおかずに適用された．

　第4回調査の最大の特徴は，はじめて女性を調査対象として含めた点にある．その成果は『現代日本の階層構造』という題名の4巻シリーズとして刊行されているが，第1巻から第3巻の副題は，先に紹介した3つの主要研究テーマと対応しており，副題は順に「社会階層の構造と過程」（直井・盛山編，1990），「階層意識の動態」（原編，1990），「教育と社会移動」（菊池編，1990）となっている．女性の社会階層の問題を単独で取り上げた第4巻の副題は「女性と社会階層」（岡本・直井編，1990）であった．第4巻の詳細については後述する．

　欧米の階層研究においても1970年代初頭までは，男性の不平等を分析することが社会全体の不平等の解明になるという暗黙の前提がおかれていた．先進諸国では産業化とともに性別役割分業が労働者階層にも定着していき，男性は仕事に専念することによって家族を経済的に支え，女性は家事や子育てといった再生産労働やケアに専念するというジェンダーに基づく役割分業が一般的になっていたことも関係していると考えられる．つまり，生産関係における不平等に着目し，職業によって社会階層を測定するというアプローチを採用する以上，職業をもたない女性の社会階層の問題は社会階層論が想定した分析枠組みの外におかれるしかなかったのである．実際には女性単身世帯や母子世帯のように，女性自身が就業することによって生計をたてている世帯もあったわけだが，大多数の人々が結婚し，性別役割分業にのっとった形態の家族生活を営んでいるなかでは，こういった世帯は「例外」とみなされ，分析の対象外とされ

てきた[1]．

　しかし，このような家父長制的な家族モデルを前提としてきた階層研究に対して，フェミニズムの影響を受けた研究者らが批判の声を上げた．3.1 項でより詳細に検討するように，「男性の階層を研究することが普遍的な階層研究になる」という前提が批判され，女性も含めた階層研究が必要であるという主張が出されるようになった．このように女性の階層問題も取り上げるべきであるという見方が欧米の階層研究で提示されたことが 1 つのきっかけとなって，1985 年の SSM 調査ではじめて女性も調査対象とされるようになったのである[2]．

2.3　日本社会の成熟とテーマの多様化──第 5 回調査

　1995 年に実施された第 5 回調査は，日本社会の成熟化を反映する形でテーマが多様化した．その成果は『日本の階層システム』という 6 巻シリーズで刊行されているが，研究テーマをあらわす副題を第 1 巻から順に紹介すると，「近代化と社会階層」（原編，2000），「公平感と政治意識」（海野編，2000），「戦後日本の教育社会」（近藤編，2000），「ジェンダー・市場・家族」（盛山編，2000），「社会階層のポストモダン」（今田編，2000），「階層社会から新しい市民社会へ」（高坂編，2000）であり，幅広いテーマが取り上げられていることが確認できる．第 1 巻から第 3 巻までは 1985 年で掲げられていた 3 つの主要テーマと基本的に一致しているのに対し，第 4 巻から第 6 巻まではそれまでの SSM 調査では明示的に検討されてこなかった新しいテーマである．換言するならば，第 5 回調査では労働を中心とした生産関係における不平等という従来のテーマに加えて，文化資本やボランティア活動などのよりソフトな次元における不平等も取り上げられるようになった．なお，第 5 回調査では SSM 調査の成果である刊行物の題名のなかにはじめて「家族」が副題の 1 つとして用い

---

[1]　また，ここには第二次世界大戦後の欧米の社会階層研究が，社会全体の階層構造の把握を主たる目的として発展してきたため，「例外」とみなされる少数派集団は分析の対象外とされやすかったことも関係しているように思われる．
[2]　第 3 回調査の代表をつとめた富永は，1970 年代以降の欧米の研究動向に言及しつつ，女性の階層研究の必要性を第 3 回調査の研究成果のなかで述べている（富永，1979c：485-486）．

られたが，具体的に取り上げられた問題については 4.2 項で後述する．

このように第 5 回調査の特徴として研究テーマの多様性が指摘できるが，その理由の 1 つとして，研究会の編成が従来とは大きく変化したことが関係していると考えられる．既述したように，SSM 調査では調査の企画・実施のたびに自発的に研究者組織を編成する形がとられてきたため，組織を束ねる代表者の考えによって組織化の方針や調査の実施方法などにある程度の違いが見られる．第 5 回調査ははじめて複数の研究者によって組織された幹事会が運営を担う方式が採用され，また，文部省科学研究費補助金「特別推進研究（1）」（当時）という金額のかなり大きな研究助成を受けたこともあって，SSM 調査研究会に参加するメンバーの数が過去最大となったことが，テーマの多様化につながった面もあると考えられる．『日本の階層システム』シリーズに先立って刊行された全 21 巻本の報告書には，延べ 181 名の研究者が執筆している．

しかし，このような組織面での変更による影響だけではなく，ここには日本社会の成熟化も反映されている．この点については，たとえば，全巻の冒頭におかれた編者 7 名による「刊行のことば」からもうかがえる．そこでは「なぜいまさら階層なのか」という問いを設定したうえで，その問いに自らがこたえる形をとりながら，階層研究の意義が次のように述べられている（盛山ほか，2000: ii-iii）．

> 「第 1 に，「階層」という言葉を用いなくても，今日の日本で「社会の問題だ」とみなされている事柄の多くが，実は階層的現象といえる．すなわち，受験競争，学歴，2 世現象，リストラ，若年失業者，ジェンダー差別，部落差別，外国人労働者，ホームレス，環境問題などがそうである．
> 　第 2 に，それと関連して，人文科学や社会科学の学問において，多くの研究者の関心を集めている新しく登場したさまざまな理論やパラダイムの多くが，やはり階層・階級にかかわっている．女性研究・ジェンダー研究はいうにおよばず，文化的再生産，従属理論，世界システム論，エスニシティ，エスノメソドロジー，カルチュラル・スタディー，フーコー権力論，オリエンタリズム，などである．これらは真っ正面から階級や権力支配について語らない場合でも，その存在を暗黙の前提として議論していることが少なくない．
> 　第 3 に，右のような形での階級・階層論的研究は，そもそもの 2 つの大きな物語の正しさと間違いとが学問のレベルでいまだ十分に議論されていないことの現われであ

るように思われる＊．いわば社会科学はなしくずし的にその２つの巨大理論から撤退し，忘れてしまいたい青春の過ちでもあるかのように黙殺してしまったのである．
　こうした問題状況あるいは研究状況から考えて，「階層」は今日でも依然として現実的課題であるといえよう．」
　（＊筆者注：ここでの２つの大きな物語とは，マルクス主義と産業主義的近代化論を指す）

　引用した最後の文章に端的にあらわれているように，全体として，現代社会においても階層研究が依然として有効であることを繰り返し読者に訴えかける内容となっている[3]．
　「刊行のことば」と同趣旨の文章は，価値観の脱階層志向性やライフスタイル，文化資本などの問題を取り上げた第５巻（副題は「社会階層のポストモダン」）の編者をつとめた今田高俊による「はしがき」にも見られる（今田，2000a：vii）．

　「脱工業化，脱物質主義，高度情報化の潮流は社会階層のリアリティを大きく変容させてきた．本書のねらいは，従来の所得や職業的地位や学歴の獲得意欲が弛緩するなか，生活様式，心の豊かさ，文化的価値など「生き方」の問題を焦点とした，ポストモダン的な社会的地位のメカニズムを解明することにある．」

　当時は既にバブル経済の崩壊に伴って企業のリストラによる失業が増加し，所得や資産の格差が拡大している状況が生じていた．この点に今田は言及しつつも，「従来と同じやり方で格差是正を叫ぶだけでは社会階層のリアリティを

---

3)　ここでは階層研究の重要性が３つの観点から指摘されているが，いくつか問題が見られる．まず，第１の点に関わってはジェンダーに基づく不平等や部落差別，外国人労働者のおかれた状況をまとめて階層問題として取り上げることの妥当性は何なのか，また，環境問題はいかなる意味で階層問題なのかといった点についての説明は不十分である．また，第２の点に関しても，社会が階層によって構造化されている以上，権力や不平等の問題を扱う理論やパラダイムが社会階層と接点をもつ側面があるとはいえ，それぞれの理論やパラダイムが取り上げる対象や問題関心の違いを捨象してひとまとめに扱うことは，そもそも異なる射程を有する理論やパラダイムの間にある，ある種の「緊張関係」を軽視しているという問題がある．

第１章　階層構造の変化と家族

反映しているとはいい難い」と続ける（今田，2000a: vii）．

　これら2つの文章から確認できるのは，2000年当時には「社会階層に関する問題は依然として重要な社会問題であり，研究上も重要な課題である」とあえて繰り返し述べる必要性を研究代表者らが感じていたことである．換言するならば，「階層問題や階層研究への社会的関心は必ずしも高くはないだろう」という認識が示されている．社会の成熟化とともに階層問題への関心が低下しているのではないか，という研究代表者らのある種の危機感が，文化資本やライフスタイルなどの新たな研究テーマの発掘につながっていった面があると考えられる．

　なお，文化的再生産の問題が取り上げられたことは社会学理論の実証的検証という点でも興味深いが，フランスの社会学者ピエール・ブルデューが1960年代から1980年代にかけて執筆した階層と文化の関係に関する一連の著作の日本語訳が1990年代初頭に数多く出版された影響もあって（e.g. Bourdieu, 1979=1990），新たに文化資本の問題が取り上げられた面もあるだろう．

　また，この時期はそれまでと比較して，欧米の階層研究においても新たな計量モデルの開発がそれほど進まなかった時期であったことも，手法面での新しさよりも研究テーマの新しさに，より一層目が向けられていった背景としてあったと思われる．

　6巻の成果が刊行された同じ2000年には，1995年SSM調査研究会メンバーでもある佐藤俊樹が，SSM調査の男性データを用いておこなった分析結果をもとに，機会均等型の社会移動が若い世代で相対的に崩れてきていることを指摘する『不平等社会日本——さよなら総中流』を出版し（佐藤，2000），大きな反響を呼んだ．同書はその後の「格差論」への関心を引き起こす1つのきっかけにもなった．佐藤は実績主義や自由競争の導入，市場型社会への転換が声高に叫ばれるなか，これらの主張のなかで肯定的に評価されている「実績」とは本当に本人の力によるものか，あるいは親から受け継いだ資産にすぎないのかという疑問を示したうえで，専門職や企業の管理職では階層再生産の傾向が強まっていることを指摘した．

　同じSSM調査データを用いて分析をしているにもかかわらず，『日本の階層システム』シリーズは階層の重要性を繰り返し述べるところから始めているの

に対し[4]，『不平等社会日本』では格差が拡大しつつあるという認識を前提に問題が設定されている．換言するならば，『日本の階層システム』シリーズの編者らが，もはや階層のリアリティが消失しているという認識のもとに，消費や文化，アイデンティティといった「新しい」階層次元に目を向ける必要性を主張するのとは対照的に，佐藤は，高階層で再生産や閉鎖性の傾向が強まっている可能性に目を向けている．

両者の見解は両極に位置するかのように見えるが，ここには，日本の階層構造が大きな転換期を迎えていた当時の状況が如実に反映されているように思われる．すなわち，両者はともに高度経済成長期からほぼ直線的に続いていた経済的繁栄がひとまず終焉を迎え，低成長時代に入った日本社会の階層構造が新たな局面を見せるようになったという認識をもっている点で一致しているのである．

2.4 労働市場の「流動化」への対応——第6回調査

2005年から2006年にかけて実施された第6回調査では，バブル経済崩壊後の格差拡大や雇用の流動化，フリーターやニートの増加などに対する高い社会的関心にこたえる形で問題が設定されている．調査報告書は2007年度末までに刊行される予定であるが，2007年12月現在，「基礎分析」「階層構造」「世代間・世代内移動」「職業・産業」「教育達成」「教育現象」「公共性と格差」「階層意識」「ライフ・コース/ライフスタイル」「階層と生活格差」「若年層」「方法論」「東アジア」「後発産業社会」「格差・流動化」という15のキーワードで編集される方針が掲げられ，分析が進められている．前回調査の主要研究テーマと比較して，階層構造あるいは社会移動そのものを取り上げる傾向が強く，伝統的な階層研究のテーマに回帰しているように見受けられる[5]．なお，新しい取り組みの1つとして，韓国や台湾との国際比較が挙げられる．共通の質問項目を含んだ調査票を用いて調査を実施することにより，グローバリゼー

---

4) 第5回SSM調査の代表研究者である盛山和夫と分担研究者である原純輔の共著として出版された『社会階層——豊かさの中の不平等』の「はしがき」でも同様の見解が示されている（原・盛山，1999: i-iii）．

5) これらの情報は，筆者が2005年度SSM調査研究会（研究代表者：佐藤嘉倫）のメンバーとして活動しているなかで得ている．

ションが進むなかで資本主義体制をとる国や地域の階層構造がどのように変化しているのかを，より幅広い視点からとらえようとする試みである．

2.5 欧米の研究動向からの影響

以上の検討で明らかになったように，各回の SSM 調査における主要研究テーマの設定には調査時の社会状況が色濃く反映されており，日本の産業化やポスト産業化のあゆみと，それに伴う社会の変化に対する研究者の関心の推移が読み取れる．同時に，欧米の社会階層研究の動向や計量モデルの開発などの影響も受ける形で，日本の階層研究が発展してきたことも確認できる．

社会移動は「世代間移動（親の社会的地位と子どもの社会的地位の関連．通常は社会的地位を職業によって代表させる）」と「世代内移動（1 世代のなかでの職歴の変化）」の 2 つに分けられるが，階層研究では階層再生産の問題を扱う世代間移動により焦点があてられてきた．ガンゼボームらは世代間移動に関する先行研究のレビューに基づき，第二次世界大戦後の階層研究を 3 つの世代に分けている（Ganzeboom et al., 1991）．第 1 世代はクロス表や指数などの基礎的な統計テクニックを用い，階層に関する幅広い現象を研究対象としていた．リプセットやベンディックスの研究がその典型であるように，この第 1 世代の階層研究においては職業移動の問題は数ある研究テーマの 1 つにすぎなかった．第 2 世代ではブラウとダンカンが提示したパス解析によって，教育達成や職業達成といった「地位達成」を分析することに主眼がおかれていた．第 3 世代ではゴールドソープらによって提唱された，ログリニア分析を用いて職業移動をより精緻に分析するアプローチが主流だった．これらの 3 世代に関して（a）データの収集方法，（b）測定方法，（c）データ分析の手法，（d）研究課題の設定，（e）主要な仮説の特定といった 5 点を中心に比較検討したガンゼボームらは，（a）（b）（c）といった手法面については精緻化が進んだ一方，（d）や（e）といった内容に関わっては研究の射程が狭くなってきた傾向を指摘している．

このような欧米の階層研究の展開プロセスは，日本の SSM 調査のあゆみとも基本的に対応している．具体的には，第 1 世代の特徴は第 2 回調査（1965年），第 2 世代の特徴は第 3 回調査（1975 年），第 3 世代の特徴は第 4 回調査

(1985年）で見られる．

　要するに，日本の階層研究は産業構造の変化やそれに付随して生じる階層構造の変動や社会移動パターンの変化をいかに的確にとらえるかという内在的な問題関心に基づく一方，欧米の社会学の研究動向という，いわば外在的な影響も受けながら展開してきた．

　このような日本と欧米における階層研究の展開過程を踏まえたうえで，3節では女性の就業を取り上げた主要な階層研究を，4節では家族に関する主要な階層研究を検討する．いずれにおいても日本のみならず，重要と考えられる欧米の先行研究も取り上げる．

3. 社会階層論から見た女性の就業

3.1　欧米フェミニストによる問題提起――不可視性からの転換

　社会階層論では伝統的に「家族の階層的地位は世帯主である男性の職業によって代表される」という前提がおかれてきた．欧米の階層研究において女性の社会階層を独自に研究する必要性が指摘されるようになったのは1970年代初頭である．これらの事実は欧米の階層研究においても長い間，女性の階層は「不可視」の状況におかれていたことを示している．日本では欧米の研究動向の影響を受けつつ，1980年代半ばから女性の社会階層の研究に着手されるようになった．

　欧米で女性の社会階層に関する計量分析が手がけられるようになった1970年代半ば以降も，男性を対象に構築された分析枠組みをそのまま女性に適用するアプローチがしばらく続いた．性別役割分業といったジェンダー構造を視野に入れつつ女性独自の階層問題に切り込むといった視点は総じて乏しかった．ケア役割を期待される女性に特有の状況を考慮した計量社会学的アプローチを用いた階層研究が本格的におこなわれるようになったのは，2000年代以降のように見受けられる（e.g. Wright et al., 1992；Blossfeld and Drobnic, 2001b）．

　このように女性の社会階層に関する先行研究の蓄積は，欧米においても必ずしも厚くない．以下では欧米でおこなわれてきた女性の社会階層に関する主要

な先行研究を紹介したうえで，それを受けて日本でどのような研究がなされてきたのか，という順で女性の社会階層に関する先行研究を概観する．日本内外の先行研究のレビューをおこなうことによって社会階層論における女性の階層研究の軌跡を確認するとともに，現代女性の社会階層の問題に迫るために必要な視点を提示する．

　アッカーによると，機能主義的な階層研究にかぎらず，機能主義以外の階層研究や，マルクス主義的階級論においても次のような一連の仮定をおくことによって，女性の社会階層は不可視の状態におかれてきた（Acker, 1973: 937）．

(1) 家族は階層システムにおける1つの単位である．
(2) 家族の社会的位置は，男性世帯主の地位によって決定されている．
(3) 女性の地位は同じ世帯で暮らす男性によって決定される．
(4) 家族は等価の評価を受ける単位であるため，少なくとも階層構造において女性自身が占める地位は，女性が付随している男性の地位と同等である．
(5) 女性が男性に付属していない場合のみ，自分自身の社会的地位をもつ．
(6) 女性は多くの点で男性と同等ではなく，性別に基づいて異なった評価を受けているが，階層システムの構造にとっては不適切である（筆者意訳：女性は多くの点で男性と同等ではなく，性別に基づいて異なった評価を受けているが，この評価を反映させて男女を異なる形で階層システムの構造に位置づけるのは不適切である）．

　1960年のアメリカの国勢調査では，全世帯の5分の2は男性世帯主が不在あるいは夫が無職またはパートであるなどの根拠を挙げながら，アッカーは女性の地位を夫や父親に帰属させるという伝統的に階層研究がおいてきた前提を批判し（Acker, 1973），大きな反響を呼んだ．

　アッカーの問題提起をきっかけとして，女性の社会階層の単位に関する理論的検討が始まり，(1) 女性個人の職業や学歴などを用いるべきだという「個人的アプローチ」，(2) 家族を単位とし，男性世帯主の職業によって他の家族成員の地位を代表させるという従来の社会階層論の前提を擁護する「伝統的アプローチ」，(3) 家族を単位としつつも，男性世帯主に限らず，家族のなかでよ

り高い地位をもつ成員の地位によって他の家族成員の地位を代表させるという「優位者選択アプローチ」の3つを中心に議論が展開された（白波瀬，2000；2005：36）．

このような理論的検討と並行しておこなわれた実証分析では，次の2つの問題を中心として検討が積み重ねられてきた[6]．1つは「女性の階層帰属意識は何によって規定されるのか」という問題であり（e.g. Felson and Knoke, 1974；Velsor and Beeghley, 1979），もう1つは「女性の地位を測定するにはどのような指標を用いるのが適切か」という問題であり（e.g. Erikson, 1984），後者のアプローチは前者に比べて，女性の社会階層の測定の問題をより直接的に取り上げている．

前者の階層帰属意識を用いた代表的な研究として，既婚女性の地位の測定に関わり，「地位借用モデル」「地位独立モデル」「地位分有モデル」という3つのモデルを提出したフェルソンとノークの研究が知られている（Felson and Knoke, 1974）．フェルソンらは既婚女性の階層帰属意識の規定要因を検討するにあたって，各モデルの有効性を検討している．「地位借用モデル」は夫，父，または両者の社会的地位を借りて自己評価をおこなうと仮定するのに対し，「地位独立モデル」は自己の属性によって自己評価をおこなうとみなす[7]．夫，父，自分の属性の組み合わせによって自己評価をおこなうと想定するのが「地位分有モデル」である．どのモデルがもっとも現実を反映しているのかという実証的妥当性を検討するために，フェルソンらは1972年に実施された「総合社会調査（General Social Survey）」のデータを用いて階層帰属意識を被説明変数としたパス解析をおこなった．分析の結果，(1) 世帯収入は無関係である，(2) 妻が有職でも父親の職業は有意な効果をもつ，(3) 父親の職業をコントロールした場合には夫の職業の規定力が大きいが，この傾向は特に無職の妻で強く見られる，(4) 妻が職業をもつ場合であっても妻自身の職業や収入はほとんど影響を与えない，ということが明らかとなり，これらの分析結果をもとにフ

---

6) このほかには，女性が独自の階層を形成するというフェミニズムの観点から女性の階層問題を論じたデルフィーなどの研究がある（Delphy, 1981）．

7) 「地位独立モデル」の流れをくんだ研究としては，主婦を1つの職業とみなして，主婦の職業威信スコアを作成する研究がある（Nilson, 1978；Dworkin, 1981；原・肥和野，1990）．女性の就業率の高まりとともに，このような研究は下火となっていった．

ェルソンらは「地位借用モデル」が有効であるという見解を示している．

これに対して，ヴェルソーとビーリーは「総合社会調査」のデータのうち，フェルソンとノークが用いたデータよりも新しい1974年から76年までのデータを用い，女性の階層帰属意識を被説明変数とする重回帰分析をおこない，フェルソンとノークとは異なる分析結果を得た（Velsor and Beeghley, 1979）．具体的な分析結果は，(1) 世帯収入は階層帰属意識に有意な効果をもたない，(2) 職業の有無にかかわらず，両親の職業からの影響は小さい，(3) 父親の職業よりも夫の職業の方が効果は大きい，(4) 女性自身の職業や学歴の効果は夫や父親の属性の効果よりも小さいが，特に無職の女性でその傾向が強い，(5) 有職女性のうち，雇用労働者では夫の職業と学歴の効果が相対的に小さい，というものであった．これらの分析結果は女性が就業しているか否かによってモデルの説明力が異なる可能性——無職の女性では「地位借用モデル」がより有効性をもつのに対し，有職女性では「地位分有モデル」がより適切である——を示している．

女性の地位指標の問題をより直接的に扱った代表的な研究として，エリクソンの研究がある（Erikson, 1984）．夫と妻の職業の組み合わせによって7つの地位指標をつくり，どの指標が所得などの階層変数ともっともよく関連しているかを検討した．分析結果によると，全体として家族を単位とした指標の方が個人を単位とした指標よりも説明力が高いこと，常に夫の指標で代表させたり，夫と妻の両方の指標を同等に代表させる方法よりも，より高い地位についている方の指標で代表させる方法の説明力がより高い．

このような女性の階層の測定問題を扱った研究に続き，男性の分析枠組みを女性にも適用した研究が着手されるようになった（e.g. Erikson and Goldthorpe, 1993）．ケア役割を割り振られている女性の独自性に着目し，労働市場からの退出や再参入が結婚や出産，子育てなどの影響を受けることを考慮した実証研究が登場するのは近年のことである（e.g. Blossfeld and Drobnic, 2001b）．

3.2 日本における研究の起点

これら欧米の一連の研究は，日本にも大きな影響を及ぼした．階層帰属意識を用いたアプローチで女性の階層の測定を日本ではじめて手がけたのは袖井で

ある（袖井，1987）．袖井は1980年に東京都で実施された女性を対象とした調査データを用いて，妻の階層帰属意識は妻自身の地位変数，夫の地位変数，世帯の地位変数のどれによって規定されているかを検討した．階層帰属意識については「あなた個人の社会的地位はどの程度の水準だとお思いになりますか．世の中一般を5段階に分けて，自分が含まれると思われるところに丸をつけて下さい」という質問をし，回答の選択肢として「上位」「どちらかといえば上位」「中位」「どちらかといえば下位」「下位」の5つが示された．この変数と妻，夫，世帯の各々の階層変数との関連を調べたところ，(1) 世帯収入と階層帰属意識の間には有意な関連が見られる，(2) 本人の学歴や収入よりも夫の職業や学歴，収入との関連が強い，(3) 本人の就業形態は階層帰属意識と無関係である，という分析結果が得られた．結論として，日本でもっとも有効であるのは「地位分有モデル」という見解が示されている．

既述したように，女性がSSM調査の対象とされるようになったのは1985年実施の第4回調査からであるが，第4回調査のデータを用いて直井道子は同様の分析を試みている（直井道子，1990）．分析の結果，既婚女性全体では「地位分有モデル」が「地位借用モデル」よりもやや説明力が高いこと，フルタイムで働く女性では「地位独立モデル」が有効であるものの，無職や自営業の場合には「地位借用モデル」が有効であることが明らかになった．

階層帰属意識を用いて各地位モデルの有効性を検討する研究は，第5回SSM調査でも引き続きおこなわれている．赤川は第4回調査データを用いて直井が検討した上記の3つの地位モデル（「地位借用モデル」「地位独立モデル」「地位分有モデル」）にエリクソンの「地位優越モデル」を加えた4つのモデルを取り上げ，夫婦収入に対する妻の収入の貢献度によって説明力の高いモデルが異なるという分析結果を得ている（赤川，2000）．

他方，エリクソンの手法に依拠した研究は，第5回SSM調査の分析ではじめて登場した．白波瀬による分析の結果，1995年時点では「伝統的アプローチ」と「優位者選択アプローチ」でほとんど差が見られないことが明らかになっている（白波瀬，2000）．

1985年に実施された第4回SSM調査で女性の階層を取り上げた論文は『現代日本の階層構造』シリーズの第4巻（副題は「女性と社会階層」）にまとめ

られている（岡本・直井編，1990）．各論文のタイトルは，編者の1人である岡本による「序論」に続いて（岡本，1990），「社会的地位の構造」（直井ほか，1990），「地位達成過程」（今田幸子，1990），「ライフコースとキャリア」（岡本ほか，1990），「アスピレーションとその実現」（岩永，1990），「結婚と階層結合」（渡辺・近藤，1990），「階層意識」（直井道子，1990），「性別役割意識と主婦の地位評価」（原・肥和野，1990）である．

　直井ほか（1990）はエリクソン流の研究の1つとしてとらえることができる．また，既述したように直井道子（1990）はフェルソンとノークの分析を日本で検証する試みをおこなっている．今田幸子（1990）や岩永（1990），渡辺・近藤（1990）は，男性の階層研究で伝統的な分析テーマを設定したうえで，従来の社会階層論で用いられてきた分析枠組みを基本的にはそのまま適用している．女性に特有の階層の問題を取り上げているのは岡本ほか（1990）や原・肥和野（1990）にとどまっており，全体として見ると，男性を対象に構築されてきた分析枠組みを踏襲している．

　同様の傾向は，その他の巻におさめられている女性の階層を取り上げた論文でも確認できる．第1巻には「社会階層と通婚圏」（小林ほか，1990），第3巻には「教育機会の趨勢分析」（尾嶋，1990），「女性における学校利用層の分析」（濱名，1990），「学歴・結婚・階層再生産」（志水，1990），「女性のライフコースと学歴」（岩井，1990）という4本の論文が所収されているが，岩井（1990）をのぞいては，第4巻と同様に，基本的には従来の階層研究の枠組みをそのまま女性に適用している．

　女性の社会階層の研究が始まった初期の段階では，まずは男性と同じ分析枠組みを用いて，地位達成や社会移動のパターンが性別によって異なるのか，それとも性別に関わりなく共通した構造をもっているのかなどの解明が優先されるのは当然とも言える．それらが明らかにされることによって，女性に特有の階層問題を検討するための新たな分析枠組みを構築していく基盤ができるからである．欧米の先行研究の影響を受ける形で始まった日本における女性の階層研究では，欧米と同様に，女性の地位の測定問題とともに，伝統的な研究テーマに男性と同じ分析枠組みを適用するという戦略が用いられた．

　第5回SSM調査の準備が進んでいた1994年に第5回SSM調査の研究代表

者をつとめた盛山和夫は，第4回SSM調査の女性の分析で脱落している分析課題として（1）余暇活動，自由時間などの生活様式状況の解明，（2）女性内部における層の分化を常勤，パート，自営，無職といったカテゴリーでとらえたうえで，生活様式や意識，あるいは夫や家族の階級ないし生活様式状況との関係の解明，（3）歴史的展開，出生コーホート，年齢的あるいは家族周期的変化とあわせた動態的分析，（4）マクロの日本の経済システムや家族の変化と関連させた考察，という4点を挙げている（盛山，1994：122-123）．これらの課題は第5回SSM調査の分析でどの程度実際に検討されたのだろうか．この点を以下で確認する．

3.3　日本における研究の展開

第5回SSM調査の成果として刊行された6巻シリーズのなかで，女性の階層を明示的に取り上げた論文の大半は『日本の階層システム4　ジェンダー・市場・家族』という題名のつけられた第4巻におさめられている（盛山編，2000）．11本の論文を収録した第4巻は3部構成をとり，第I部〈ジェンダーと社会階層〉には，「ジェンダーと階層の歴史と論理」（盛山，2000），「教育達成のジェンダー構造」（尾嶋・近藤，2000），「女性の階層的地位はどのように決まるか？」（赤川，2000）の3本の論文がおさめられている．〈ジェンダーと市場〉と冠された第II部には，「M字型就業パターンの定着とその意味――女性のライフコースの日米比較を中心に」（岩井・真鍋，2000），「性別役割分業を維持してきたもの――郊外型ライフスタイル仮説の検討」（田中，2000），「市場参加/社会参加――キャリア・パターンの多様性とその背景」（中井・赤池，2000），「女性の就業と階級構造」（白波瀬，2000）という4本の論文，そして，第III部〈結婚・家族・階層〉には，「結婚市場の変容」（志田ほか，2000），「労働市場の構造と有配偶女性の意識」（木村，2000），「家事に参加する夫，しない夫」（岩井・稲葉，2000），「「理念」から「日常」へ――変容する性別役割分業意識」（尾嶋，2000）という4本の論文がおさめられている．

編者である盛山が同書の「はしがき」で「ジェンダーと階層との関係は，市場と家族の構造および両者の関連構造に条件づけられており，基底にあるのは性別役割分業である」（盛山編，2000：iv）と述べていることからも確認できる

ように，前回調査と比較して，女性のケア役割も視野に入れつつ，女性に特有の社会階層の問題に切り込もうという新たな視点が見られる．

女性の社会階層を扱った論文は他の巻にもおさめられている．第1巻の「専業主婦層の形成と変容」（杉野・米村，2000）のほか，男女を比較しながら，あるいは性別を変数として加えた分析をおこなった論文として第3巻には「教育機会の格差は縮小したか――教育環境の変化と出身階層間格差」（荒牧，2000），「高学歴志向の趨勢――世代の変化に注目して」（中村，2000），「大衆教育社会のなかの階層意識」（吉川，2000），「近代階層理論の浸透――高度成長期以降のライフコースと教育」（岩井，2000）の4本，第5巻では「ポストモダン時代の社会階層」（今田，2000b），「脱―階層志向の状況と構造」（井上，2000），「ライフスタイルと生活満足」（白倉，2000），「文化的寛容性と象徴的境界――現代の文化資本と階層再生産」（片岡，2000），「市場に立脚する正統文化――クラシック・コンサートに集う人々」（米澤，2000）の5本，第6巻には「新しい市民社会の高等教育――市民による市民のための大学」（岩本，2000）の1本がある．

このように，第5回調査の分析では女性に特有のケア役割を考慮し，ジェンダーの視点を導入した研究課題が設定されるようになった．ただし，欧米の階層研究のレビューに基づいた論文は全体として少なく，過去のSSM調査における研究テーマと比較して欧米の研究動向への関心は相対的に低い．つまり，日本的状況に対する内在的な問題関心に基づいて女性の社会階層をめぐる問題を設定する傾向がより強く見られる．

ここには，欧米では1980年代以降に既婚女性の就業率が上昇したことを受けて女性の就業を組み込んだ階層研究が手がけられるようになっていったこととは対照的に（e.g. Payne and Abbott, 1990），日本では依然として強固な性別役割分業が続いていたため，欧米の研究動向を踏まえた問題設定が難しかったという事情も関係していると考えられる．

また，第4回調査で脱落していた分析課題として盛山が示したライフスタイル（生活様式）を取り上げた分析や，動態的変化の把握を試みた分析もいくつか見られるが，盛山の整理した2つ目の課題である，女性内部の階層分化を就業に着目しながら多角的に分析するという研究はほとんど手がけられていない．

なお，1970年代，1980年代の女性の社会階層に関する欧米の主要な研究については袖井（1987），盛山（1994），牛島（1995），白波瀬（2000；2005：9-12, 35-38）などで紹介されているものの，1990年代以降の研究を取り上げたレビューはほとんど見あたらない．このような状況を鑑み，以下では1990年代以降の欧米における女性の社会階層に関する研究，特に女性の就業に関する研究を中心にレビューをおこなう．

3.4 欧米の研究動向―― 1990年代以降

1990年代以降の欧米における社会階層研究の特徴の1つとして，就業する既婚女性の増加を受け，女性の就業を組み込んだ研究が増加したことが挙げられる．ブロスフェルドとドロブニックによると，女性の就業が拡大したことによって，階層研究は（1）伝統的な社会階層研究から労働市場研究への移行，（2）（分析単位として）世帯主から，男性と女性それぞれの労働市場における地位を採用する研究の登場，という2つの方向で変化を遂げた（Blossfeld and Drobnic, 2001a : 4）．（1）と（2）は相互に関連している．

労働市場における女性の階層問題を取り上げた計量分析によって，昇進や賃金などの面での男女格差が維持され続けていることが明らかになっていった（e.g. Blossfeld, 1987）．「ジェンダーに基づく不平等がなぜ維持され続けるのか」という疑問は，やがて仕事と家庭の関連を検討する研究につながっていった．

労働市場に着目した代表的な階層研究として，1996年に出版された論文集 *Generating Social Stratification : Toward a New Research Agenda* がある（Kerckhoff ed., 1996）[8]．同書におさめられた各論文は，社会階層論や隣接する研究分野の著名な研究者によって執筆されている．本の題名からもうかがえるように，この論文集は社会階層が形成されていくプロセスに着目している．

編者のカーコッフは，ガンゼボームらのレビューに基づき（Ganzeboom et al., 1991），同書が第2世代の地位達成研究として位置づけられる可能性があることに言及しつつ，第2世代の研究と比べて理論がより精緻化されており，ま

---

[8] ブロスフェルドとドロブニックのレビューではアメリカの主要な研究がやや手薄になっているように見受けられる（Blossfeld and Drobnic, 2001b）．実際，カーコッフ編の論文集は一定の関心を集めたにもかかわらず，取り上げられていない．

た，用いるデータの質や分析手法の向上といった面を積極的に活かすことにより，第4世代研究としてとらえられることを目指したいと述べる（Kerckhoff ed., 1996: vi）．カーコッフの言うところの第4世代の階層研究とは，（出身家庭が教育達成に及ぼす影響についての分析の蓄積が厚いことと比較して）それまであまり検討されてこなかった教育から初職，および初職から現職といった2つの段階の地位達成過程を取り上げるとともに，それぞれの段階の分析にあたっては，制度的文脈と社会心理変数の両方を取り入れて多角的な分析をおこなうという，2つの点で新しさをもった研究を指す．

4部構成をとる同書の第1部〈キャリアの概念化と階層過程〉では，階層化のプロセスを分析するに先だって，ライフ・コース研究，社会心理学，学校と労働市場の関係に関する研究という3分野におけるレビュー論文3本がおさめられており，各論文で新たなアプローチが提示されている．〈教育の文脈と過程〉と題された第2部では，トラッキングに関するレビュー論文や教育改革を解説した論文のほかに，実証分析をおこなった3本の論文が含まれている（テーマはそれぞれトラッキング，ネットワーク，学校選択）．第3部〈教育と労働市場のつながり〉には，学校と労働市場との関係を分析する4本の実証論文——学歴資格に関する分析，旧西ドイツとアメリカにおける教育と賃金に関する比較分析，保健関連専門職を取り上げて二重構造システムを検討した分析，ポーランドにおける資本家階級の社会的背景の分析——がおさめられている．〈社会システムの文脈〉と題された第4部には，特に高等教育に焦点をあてながら社会政策の役割を検討した論文，日本企業における昇進の実証論文，労働市場の構造に関するレビュー論文といった3本の論文がおさめられている．

同書では労働市場に着目することによって階層研究に新たな視点を導入しようとする試みがなされているものの，基本的な問題関心は職業達成や教育達成に限定されている．また，ジェンダーや家族構造といった問題が取り上げられていないといった批判もある（Xie, 1997）．

ブロスフェルドとドロブニックは，労働市場に着目したアプローチが従来の男性世帯主のみを対象とした分析枠組みに新たに女性も加えた点を評価しつつも，その限界を次のように指摘する（Blossfeld and Drobnic, 2001a: 4-5）．すなわち，学歴や職業経験といった人的資本の男女差の縮小が結果として男女間の

階層差を減少させる可能性を検討した労働力の供給サイドの研究であれ，第1次労働市場や第2次労働市場といった労働市場の構造や，雇用主による統計的差別（就業希望者それぞれの能力や就業志向性などを性や学歴などのカテゴリーごとの平均値に基づいて推測するため，結果的に女性の雇用や昇進・教育機会などが低く抑えられてしまうこと）などを取り上げた需要サイドの研究であれ，どちらも労働市場における労働者のすがたしか見ていないという限界である．労働市場における女性のキャリアを分析するにあたっては，仕事と家庭の状況が相互に密接に関わり合っていることを考慮する必要があるにもかかわらず，仕事と家庭の相互連関性が見逃されているために，女性の階層研究としては不十分であるというのである．

このような「個人主義的アプローチ」の限界を指摘するブロスフェルドとドロブニックは，(1) 家族が収入や福利厚生などを共有する単位であること，(2) 家族と労働市場はともにジェンダーのありようを規定する，より広い社会的文化的システムから影響を受けていること，という2つの視点を組み込んだ研究の必要性を主張する（Blossfeld and Drobnic, 2001a：4-6）．そして，これらの視点と対応させる形で次のような分析をおこなっている．(1) に関しては，夫婦（事実婚を含む）を単位として，夫と妻の社会経済的資源がそれぞれのキャリア形成にどのような影響を及ぼしているのかという分析課題を設定し，(2) に関してはエスピン゠アンデルセンが提示した「福祉レジーム」類型（Esping-Andersen, 1990＝2001．福祉レジームについては第2章で詳述する）を微修正した類型に基づいて（西）ドイツ，オランダ，ベルギーとフランスにまたがったフランドル地方，イタリア，スペイン，イギリス，アメリカ，スウェーデン，デンマーク，ポーランド，ハンガリー，中国という12カ国・地域の比較分析を試みている（Blossfeld and Drobnic eds., 2001）．国によって分析結果は必ずしも一貫していないものの，「福祉レジーム」によって夫の社会階層が妻のフルタイム就業を促すか否かは異なる傾向が明らかにされている．

3.5 リスクへの対応策としての女性就業

このように欧米では，1970年代初頭のフェミニズムからの問題提起をきっかけとして，女性の社会階層をどのように測定するかをめぐる議論が活発にな

った．日本でもその影響を受ける形で1980年代半ば以降，女性の社会階層の問題が研究されるようになった．直井道子（1990）や赤川（2000），白波瀬（2000）の分析結果は，女性の就業状況や収入などによって女性の階層を測るうえで適切な指標は異なることを示している．

第2章で確認するように，日本でも既に共働き世帯数が専業主婦世帯数を上まわる現状がある．また，バブル経済崩壊を1つの大きなきっかけとして雇用が流動化したため，男性1人で家計を支えることのリスクが高まり，家計にとって女性の就業のもつ重要性は相対的に増している．

アメリカでは既に，1980年代にこのような状況が顕著となった．雇用の流動化や離婚の増加といった社会的変化を受け，専業主婦型家族は共働き家族よりも経済的リスクがより高いものに変化していった（Oppenheimer, 1994；1997）．また，女性が専業主婦として家庭のケア役割に専念することは男性への依存を高めるため（Sorensen and McLanahan, 1987），女性個人にとってもリスクの高いものへと変質した．つまり，家族を単位とした場合にも，また，女性個人でみた場合にもリスクへの対応策として女性の就業の有効性が高まったのである．

また，日本では高学歴化や「男女雇用機会均等法」の施行などによって管理職につく女性の数が増える一方，1990年代後半以降は非正規雇用で働く女性が大幅に増えるなど，女性内格差が拡大している現状がある（第3章を参照のこと）．

このような状況を総合的に考えるならば，女性の就業を社会階層研究の枠組みに取り入れる必要性は日本でも高まっていることが明らかである．ただし，このことは，女性の労働市場における地位のみを分析すればよいということを意味しない．家族は社会経済的資源を共有する単位として階層構造に位置づけられており，人生のさまざまな局面において与えられる選択の幅は，家族が保有する社会経済的資源の種類や量によって異なるからである．次節ではこの点について考察を進める．

4. 社会階層システムのなかの家族

4.1 欧米の研究における家族の位置づけ

　欧米の社会階層研究において家族はどのような位置を与えられてきたのか．ここでは1990年代と2000年代の2つの主要な研究に基づいて確認する．まずは，エリクソンとゴールドソープの見解を紹介しよう（Erikson and Goldthorpe, 1993：233）．なお，以下の引用部分の括弧は原文のままである．

> 「第1に，家族成員が一緒に住む限り，あるいは，1つの世帯を構成する限り，ある1時点における物的条件だけではなく，将来的なライフ・チャンスに関しても家族の間には同質性が広く見られるだろう．換言するならば，家族とは階層的「運命」の単位である．第2に，消費と「生産」（特に就業）の両方に関する家族成員の経済的な意思決定は，家族を1つの単位としておこなわれている，あるいは，相互に影響しあっている．家族は「ミクロ」なレベルで階層構造における戦略的行為の主要な単位である．」

　エリクソンとゴールドソープが指摘しているように，社会階層の問題は個人の人生において与えられるさまざまな機会（ライフ・チャンス）の問題としてとらえることができるが（Dahrendorf, 1979＝1987），選択の機会はそれぞれが保有する社会経済的資源の多寡によって大きく制約を受けている．たとえ本人が社会経済的資源を保有していなくとも，他の家族成員が社会経済的資源を保有している場合には，その資源を利用することによって実質的にライフ・チャンスの拡大をはかることが可能である．

　このような見方に基づき，社会階層研究においては「家族は社会的地位を共有する単位である」という前提が伝統的におかれてきた．アッカーが批判したように，このような前提は，時には男性の社会移動や社会階層の分析によって得られた知見が社会移動や社会階層に関する普遍的な知見であると受け取られかねない問題をはらんでいる（Acker, 1973）．しかし，他方で，近代家族には家族が所有する社会経済的資源をもとに再生産機能を遂行することが期待されており，制度上もそのように位置づけられている以上，家族を1つの単位とし

て階層をとらえるアプローチは依然として有効である．実際，白波瀬は家族が社会経済的資源を共有する単位であるという観点から，第4回 SSM 調査や第5回 SSM 調査のデータなどを用いて世帯と階層の問題に関する分析をおこない，不平等の問題を検討するにあたって世帯に着目することの有効性を実証的に示している（白波瀬, 2005）．

社会経済的資源を共有する単位として家族を位置づける見方は，近年にいたっても踏襲されている．ソレンセンは家族が社会階層システムのなかで果たす役割を次の3点で整理している（Sorensen, 2005 : 108）．

(1) 家族は世代間のみならず世代内においても，家族成員同士で資源をかなりの程度，共同で分け合うという意味で再分配の単位である．
(2) 家族は個々の家族成員の達成を阻止あるいは促進するといった形で，家族成員を支配するとともに，影響を及ぼしてもいる．
(3) 家族は不平等を維持する重要な源であり，世代を超えて有利な条件や不利な条件を伝えていく．

社会階層研究における家族の位置づけを体系的に論じた研究は少ないが，ソレンセンの整理は，欧米における1990年代以降の階層研究の基本的な流れを踏まえたうえで提示されていると考えられる．そこで，以下ではこれら3点を準拠点としながら，1990年代以降の欧米の社会階層論において家族に関する研究はどのようなテーマを中心に進められてきたのかを概観する．

ソレンセン自身は(1)から(3)の相互連関性に関して明示的な説明をしていないが，これらは次のような関係にあると考えられる．(2)と(3)はともに家族が不平等をもたらす単位として機能する可能性を指摘しているが，(2)は主に世代内の不平等[9]，(3)は世代間の不平等再生産の問題に着目する点で違いが見られる．また，(2)および(3)が成立する前提条件として，家族成

---

[9] 世代間移動に関する「地位達成」モデルを提示したブラウとダンカンは，「家族生活は職業生活に重要な影響を及ぼしている．破綻した家族は子どもの職業達成と夫の職業達成の両方を阻害するだろう．ただし，夫のキャリア上の失敗は原因が結婚の破綻なのか，それとも破綻が一因であるのかははっきりしないが」と述べ（Blau and Duncan, 1967 : 410），世代内移動に対しても関心を寄せている．

員は互いに同じ階層的地位を共有しあうという（1）が必要となる．

以下では（3）の世代間の不平等に関する研究動向を確認した後，（2）の世代内の不平等の研究動向を検討する．

既述したようにブラウとダンカンによって地位達成モデルが提示された後，日本も含めて多くの国々でその実証的有効性が検討されてきたが，1990年代半ば以降には新たに，家族構造の影響も組み込んだ研究がアメリカを中心に精力的におこなわれている（岩間，2004a）[10]．そこでの主たる問題設定は，「子ども期のどの段階の貧困や家族構造がどの程度その後の子どもの人生に影響を及ぼすのか」というものであり，パネル・データを用いて因果関係をより精緻な方法で検討する研究も多い．

代表的な研究として，10個の縦断的データを用いて計量分析をおこなったダンカンらの研究がある（Duncan and Brooks-Gunn eds., 1997）．計量分析に基づく12本の論文で取り上げられた被説明変数は多数あるが，(1) テストの得点，(2) 教育達成，(3) 問題行動，(4) 心理的問題，(5) 職業・収入，(6) 健康という6領域に分類される（McLanahan, 1997: 38-41）．

用いるデータや被説明変数，説明変数の種類や操作化の違いによっても分析結果は異なるため結果は必ずしも一致せず，分析結果の厳密な整理は難しいものの，世帯年収と家族構造のどちらがより有意な効果をもつかに関しては，全体として次のような2つの結論が得られている（McLanahan, 1997）．まず，家族構造は世帯年収をコントロールしてもなお有意な効果をもっている．ただし，世帯年収は家族構造よりも相対的に大きな影響を及ぼしており，特に (1) テストの得点，(2) 教育達成に及ぼす影響が大きい．これとは対照的に，(3) 問題行動，(4) 心理的問題，(6) 健康には，家族構造の影響がより大きい．

また，世帯年収や家族構造をコントロールしてもなお，母親の教育年数は一貫して有意な効果をもつことも明らかにされている．

その後，ダンカンらは「収入動態のパネル調査（The Panel Study of Income

---

10) エスピン＝アンデルセンによる類型では，アメリカは国家が福祉サービスをほとんど提供しない「自由主義」レジームに相当する．したがって，ジニ係数などで見た経済格差は国際的に見ても大きい．同時にアメリカは高い離婚率にも表れているように家族が相対的に不安定である．このような社会状況が，家族構造と不平等の関連を扱う研究がアメリカで多い理由として考えられる．

Dynamics: PSID)」のデータを用いて，高校中退や未婚出産を被説明変数とした分析をおこなっている（Duncan et al., 1998）．分析の結果，子ども期の早い段階で世帯年収の低い家庭で育つことは高校中退や未婚出産の可能性を有意に高めること，特に高校中退に与える影響が大きいといった知見も得られている．

また，ビブラーズとラフトリーは1960年代から1990年代までの「地位達成」メカニズム（被説明変数は教育年数と職業的地位）の変化を4種類のデータを用いて検討している（Biblarz and Raftery, 1999）．具体的には，家族構造を実の両親がそろっている世帯，母子世帯，父子世帯（父親とその再婚相手である継母からなる世帯を含む），母親とその再婚相手の継父からなる世帯という4カテゴリーに分け，これらを主要な説明変数としたうえで，人種，兄弟姉妹数，子ども期の世帯主の社会経済的地位をコントロールした分析をおこなっている．

分析の結果，実の両親がそろった世帯は子どもの地位達成にもっとも有利であるものの，世帯の社会経済的地位などの条件が同じであれば母子世帯であることは有意な影響を与えないことが明らかになった．つまり，母子世帯であっても経済的資源があれば子どもの達成は阻害されないのである．なお，母子世帯の子どもは，父子世帯や母親再婚世帯の子どもよりも高い地位に到達していることも併せて明らかになっている．なお，母親の学歴は子どもの地位達成に対して一貫して正の有意な効果を有している．

このように世代間の不平等を家族との関連で検討した研究では，家族構造が子どもの地位達成に及ぼす影響を取り上げた分析が1990年代以降関心を集めている一方，世代内の不平等については3.4項で指摘したとおり，基本的には女性の就業を軸に研究が進められてきた．まずは女性のキャリアを単独で研究するという意味での「個人主義的アプローチ」に基づく研究がおこなわれたが，そのアプローチの限界が認識されるようになったことを受け，2000年代には女性の就業が家庭内のケア役割と密接に関わっていることを考慮し，女性のキャリア形成をライフ・コース上の位置と関連づけて検討する研究がおこなわれるようになっている（Blossfeld and Drobnic eds., 2001）．

詳細は第2章で取り上げるが，北欧諸国に代表されるような家族のケア負担が軽減された「社会民主主義」レジームの国をのぞいては，女性の就業はケア

役割と競合する可能性が高いため，仕事を通じた女性の地位達成の問題を分析するにあたっても，家庭内のケア役割を誰が担うかを考慮する必要がある．たとえば，ブロスフェルドとドロブニックが編集した論文集におさめられた各論文によると，（国によって分析結果は必ずしも一貫していないが）福祉レジームの類型によって夫の社会階層が妻のフルタイム就業に与える影響は異なる．たとえば家族が果たす福祉機能が相対的に大きく，男性が主な稼ぎ手として想定されている「保守主義」レジームのドイツでは，夫の社会階層が高ければ妻のフルタイム就業は抑制されるのに対し，脱家族主義的な「社会民主主義」レジームのスウェーデンやデンマークでは，逆に夫の社会階層が高いほど妻の就業は促される．他方，国家がほとんど福祉の提供を担わず，その代わりに市場に委ね，かつ，家族が福祉機能を遂行することへの期待もそれほど高くない「自由主義」レジームのイギリスでは，夫の社会階層は有意な効果を持たない[11]．

このように労働市場と家庭生活の関連を社会階層論の観点から整理・検討する研究が最近になって登場し，欧米の社会学でも関心を集めるようになっているが（Breen, 2003 ; Crompton, 2003），全体として見れば発展の途上にある．また，ブロスフェルドらの意欲的な論文集も，家族のありようが労働市場におけるキャリア形成にどのような影響を及ぼしているのかという観点からの研究であり，労働市場における女性の階層的地位が家族のありようにどのような違いをもたらしているのか，という逆方向の因果関係を取り上げた研究はさらに少ない．もともと社会階層と性別役割分業の関連に関しては，マルクス主義フェミニズムを中心に主に理論的研究としておこなわれてきたため，計量社会学的アプローチを用いた実証研究は極めて少ない状況にある（Wright et al., 1992 ; Blossfeld and Drobnic, 2001b : 34-37）．社会階層によって性別役割分業のパターンが異なる可能性を検討した代表的な研究として 1950 年代，1960 年代にはボットやウィルモットとヤングの研究が（Bott, 1957 ; Willmott and Young, 1960），1970 年代にはオークレーの研究が日本でも広く知られているが（Oakley, 1974），いずれも質的調査に基づく実証研究であり，調査対象の偏りなどから

---

11) アメリカについても検討されているが，この論文集のなかで唯一，全国データではないデータが用いられているなどの制約があるため，他の国との厳密な比較はできない．

知見の一般化可能性については疑問が出されている（Hakim, 2004：55）．

以上から明らかなように，社会階層によって家族のありようが異なる可能性についてはこれまでほとんど検討されてこなかったが，この背景には家族は1つの単位であるという前提が伝統的におかれてきたことがある．家族は1つの単位として階層構造上に位置づけられるという見方は，フェミニズムを中心とした先行研究が指摘してきたように，次の2点において家族の多様性の検討を難しくさせてきた（Blossfeld and Drobnic, 2001b）．

第1に，家族を単位としたアプローチは家族成員間の関係性が平等であるという前提をおくため，家族内部の権力関係に目が向けられることはほとんどなかったからである．

関連して第2に，権力関係のありようは各人が所有する社会経済的資源の種類や多寡に基づくだけではなく，ジェンダーにも依拠している点が見逃されてきたという限界がある．「社会民主主義」レジームの国をのぞく国々においては，女性にケア役割が割り当てられている以上，社会階層と家族のありようの関連を検討するにあたっては，ジェンダーの視点を導入することが必要である．しかし，階層研究では家族成員は同一の地位を共有するという前提がおかれてきたために，労働者階層であれば男性であれ女性であれ，ともに同じ社会経済的資源を共有しているとみなされてきたし，中流階層の男性と女性についても同様の関係がなりたっていると考えられてきた．しかし，フェミニズムが指摘したように，家族内部での社会経済的資源の配分はジェンダーによって異なり，家族内部にも権力関係が存在している．

社会階層によって家族のありようがどのように異なるのかを明らかにするためには，家族が社会経済的資源を共有する単位であるという面を考慮しつつも，個人が保有する社会経済済的資源の違いやジェンダーが，家族成員間の関係性に及ぼす影響にも目を向ける必要がある．

4.2 日本の研究における家族の問題

SSM調査の成果をとりまとめる形で出版された一連の本のなかで「家族」ということばがはじめて題名のなかで用いられたのは，前述の通り第5回調査の成果の1つである『日本の階層システム4　ジェンダー・市場・家族』であ

る（盛山編，2000）．3.3 項で紹介したように，同書の第 III 部におさめられた 4 本の論文（志田ほか，2000；木村，2000；岩井・稲葉，2000；尾嶋，2000）が家族に関するテーマを扱った論文として位置づけられている．このなかには結婚による階層結合という伝統的に扱われてきた研究テーマに加えて，性別役割分業意識や家事参加といった，従来は主に家族社会学で取り上げられてきたテーマも見られる．

1985 年実施の第 4 回調査で女性の階層を分析した諸論文と比較すると（家族を対象とした研究はけっして女性に限定されるものではないが），ジェンダーに基づく分業を視野に入れ，性別役割分業との関連を検討した研究が登場しつつあることが見てとれる．ただし，社会階層によって家族のありようが具体的にどのように異なるのか，といった観点に基づく問題設定は依然として少ない．

ジェンダー，世代，階層に着目し，計量分析によって少子高齢社会としての日本のありようを総合的に分析した研究として，白波瀬の『少子高齢社会のみえない格差——ジェンダー・世代・階層のゆくえ』がある（白波瀬，2005）．同書では社会階層論において世帯内の異質性の問題に迫るためにはジェンダー視点の導入が必要であるという立場から，第 5 回 SSM 調査データを用いた分析が試みられている（白波瀬，2005：9-12）．白波瀬は第 5 回 SSM 調査を用いた分析結果に基づき，既婚女性の就業の増加は女性の世帯からの経済的独立を促したというよりも，世帯内における不均等なジェンダー関係を維持する形で進行していると結論づける（白波瀬，2005：35-46）．この知見はブロスフェルドらが提案した，個人と世帯（家族）の階層的地位をともに分析に組み込むアプローチが，日本の社会的文脈においても実証的な有効性をもつ可能性を示している．

1960 年代から産業化が終焉を迎えつつあった 1980 年代初頭にかけて実施した一連の調査に基づいて，マルクス主義的観点から家族のありようを把握しようという試みもあった．代表的な研究成果としては鎌田とし子・鎌田哲宏による『社会諸階層と現代家族——重化学工業都市における労働者階級の状態』（鎌田・鎌田，1983）と，布施鉄治を中心とした研究グループによる『地域産業変動と階級・階層——炭都・夕張／労働者の生産・労働——生活史・誌』（布

施編，1982）という2つの大著がある．

いずれの研究も，日本の資本主義社会の解明を目指す研究の一環として家族の問題を取り上げている．問題設定や考察にあたってはマルクス主義的観点が強く打ち出されているが，実際の分析では職種に基づく階級分類——階層分類に相当——が用いられているため，ここでは鎌田・鎌田（1983），布施編（1982）に共通して見られるアプローチを検討し，SSM型調査研究との相違点を整理するとともに，マルクス主義に基づく階級論的研究においても，家族内部の関係性を分析した家族研究がほとんどなかったことを確認する．

鎌田らは，家族を「生活の共同」の単位と位置づけたうえで，家族のみならず，職場，労働組合，地域社会も含めて，階級論的観点から労働者の生活を包括的に考察することによって，日本の資本主義社会の解明を試みている．具体的には，(1) 戦後日本における階級の具体的存在形態を明らかにすること，(2) 階級・階層の社会的形成過程を具体的にとらえること，(3)（社会学と経済学の接点を見いだすため）階級理論と家族理論の関係を問うこと，(4)（企業内部にとどまらず地域社会での支配・対抗の力関係のなかで，階級・階層的地位を異にする人々の地域生活がいかに展開されていくかを追究するために）労働者の生活にとって地域社会がいかなる意味をもつかを問うこと，(5) 以上の実態調査を通してえられた変革主体形成に関して，今日の段階での到達点を総括すること，という5つの研究課題が設定されている．

鎌田・鎌田（1983）では，新日本製鐵などの工場が立地していた北海道の室蘭市で1964年から1982年まで毎年実施した調査のうち，1975年頃までのデータを用いて，「生産労働者」「不生産労働者」「都市自営業者」といった職業階層別に家族のありようが考察されている．具体的に取り上げられているのは家族構成の変化（離婚や死別，再婚など）や，家族員の職業や所得の変化である．つまり，SSM型調査研究と同様に，家族を1つの単位とみなしたうえで，家族の外的な枠組みを中心とした考察にとどまっている．

布施らは1973年から9年間にわたって，産炭都市である北海道の夕張市で継続的に調査をおこなって収集したデータに基づいて資本主義社会の解明を試みている．鎌田らの研究では家族が中心的なテーマであったのに対し，「産炭都市・夕張という特殊事例であるが，日本資本主義の発展と共にその地域社会

形成をなしてきた本事例は，日本の産業都市の発展を貫く本質，つまりその資本—賃労働関係の日本資本主義の発展諸階梯にそうた変質を示しているだろう」という趣旨の記述からうかがえるように（布施編，1982: 17），布施らの研究の力点はあくまでも産業都市において資本主義的な力がどのように作用しているのか，におかれている．

14 章からなる 800 頁を超える大編著書のなかで家族をテーマとした分析を中心的に手がけているのは第 10 章「労働者の家庭生活における諸問題——生産・労働——生活史・誌と家族」である（布施晶子，1982）．そこでは炭鉱労働者 3 層（職員層，鉱員層，組夫層）とその他の地域諸階層（市役所職員，誘致企業労働者，失業対策事業従事者，生活保護受給者）を区別したうえで，子どもの養育と親の扶養，世帯構成，ライフ・コース上の位置，妻の生活時間，妻の就業やそれに関する意思や理由，生命保険，貯金額，近隣関係など，幅広いテーマを取り上げているものの，家族を 1 つの単位とみなした考察をしている．

これらの研究によって代表されるマルクス主義的調査研究と，SSM 型調査研究の主な相違点を整理すると以下のようになる（相互に関連しあっている面もあるが，ここでは説明の都合上，個別に述べる）．

第 1 に，マルクス主義的調査研究では労働者階層により焦点をあてた考察がなされているのに対し，SSM 型調査研究では（職業をもたない階層を除く）すべての職業階層を対象とし，社会全体の階層構造の把握を目指しているという違いが見られる．

この点に関連して，第 2 に，マルクス主義的調査研究では階級ごとの質的差異に着目するため，SSM 型調査研究のように，共通の指標を用いて各層の特徴を連続的尺度のなかで位置づける方法をとらないことが一般的である．実際，布施は「各階層ごとの対象のもつ属性に応じて，また執筆者の個性に応じて各章の分析は同一のフォームでは統一されていない」と述べている（布施編，1982: vi）．

第 3 に，調査対象者の抽出方法や，調査地域，調査の方法に関しても両者の間には対照的な違いが見られる．マルクス主義的調査研究では企業などを介した有意抽出法によって調査対象者が選ばれるのに対し，SSM 型調査研究では

ランダム・サンプリングが用いられる．また，前者は特定の地域社会を対象とした質的調査法によってデータを収集するのに対し，後者は調査票を用いた全国調査がおこなわれることが一般的である．このような調査方法の違いは，知見の一般化可能性にも違いを生み出している．

ただし，いずれの研究においても「家族は階層構造（階級構造）における1つの単位である」「世帯主である男性の職業によってその他の家族成員の地位は代表される」といった見方が支配的であり，家族内部に潜むジェンダー構造への関心は総じて低かった．

以上から明らかなように，ジェンダーと階層が交差する問題として家族の問題をとらえる必要があるにもかかわらず，このような観点から計量社会学的アプローチを用いた研究は日本内外を問わずまだ蓄積が少なく，日本では特にその傾向が強い．

女性の就業が一般化し，夫と同等または夫よりも高い職業的評価や収入を手にする女性が増えることにより，家族のありように変化が生じている可能性が考えられる．このような変化を的確にとらえるためには，世帯主である男性の職業で妻の階層地位を代替させるといった，家族を1つの単位としてとらえる従来の階層研究の分析枠組みだけでは不十分である．このような問題意識をもとに，本書は第II部での実証分析にあたって，第4章では就業行動，第5章では家事分担，第6章では夫婦の経済面に関する意思決定，第7章では出生意欲といった個別のテーマに関して，夫と妻のそれぞれの社会階層と夫婦が共有する社会経済的資源の両面を考慮した分析を進める．

5. 家族社会学における社会階層の位置づけ

本節では家族社会学において社会階層がどのような位置を与えられてきたかを検討するが，ここでは階層研究との相違点を軸としながら考察する．特に着目するのは（1）実証研究で用いられる調査データの種類や分析手法の違い，（2）構造的視点をどの程度導入しているのか，という2点である．これらは日本の家族社会学に社会階層の視点が導入されてこなかった背景を探るうえで重要な論点である．

5.1 日本の家族社会学の特徴——個人の「選択」という文脈

日本の家族社会学会が企画・実施した NFRJ98 の成果をとりまとめた論文集の冒頭で，編者である渡辺らは日本の家族社会学における研究動向を次のように整理している（渡辺ほか，2004）．まず，戦前から 1960 年前後までは「家」および親族組織に関する制度的・理論的研究が主流であったが，それ以降，アメリカ社会学の影響を受け，家族集団内の関係性に焦点をあてた集団論的研究がこれにとって代わった．1980 年代半ば以降になると，この「集団論的アプローチ」に批判が加えられるようになり，1990 年代以降は個人に焦点をあて，個人から見た家族，あるいは個人がもつさまざまなネットワークの一部として家族をとらえるという意味での「個人主義的アプローチ」がより重視されてきた．

ここからは，社会階層論と同様，日本の社会的文脈を前提としたうえで家族の変化をとらえようとする内在的な問題意識に基づく一方，アメリカを中心とした欧米の研究動向の影響を受ける形で日本の家族社会学が展開してきたことが確認できる．しかし，社会階層論と家族社会学では以下の 2 点において大きな違いが見られる．

まず，実証研究で用いられるデータと分析手法の違いである．2 節で確認したように日本の社会階層研究は戦後すぐの段階からランダム・サンプリングで収集したデータに計量的手法を適用した，いわゆる計量社会学的アプローチを用いた実証研究への関心が高かった．これに対し，家族社会学では 1950 年代まで農村社会学や民俗学，文化人類学などの影響を受けた質的調査に基づく研究あるいは歴史資料を活用した歴史学の手法を用いた研究が一般的であり（渡辺ほか，2004），計量社会学的アプローチを用いた研究はそれ以降も全体として乏しかった（目黒，2007 : i）

高度経済成長期には 3 世代家族の減少など，家族のあり方が大きく変わったことを受け，家族のありようを「家族変動」として動態的にとらえようとする試みがなされるようになったが，基本的には国勢調査などのマクロ・データの利用にとどまっていた（e.g. 森岡，1993）．社会階層論においては，1975 年に実施された第 3 回 SSM 調査の分析において，既にミクロ・データを用いて仮

説検証型の計量社会学的アプローチが導入されていたこととは対照的に，家族社会学では，基本的にマクロ・データから2変数間の関連を考察するにとどまった研究が大半であり，厳密な因果関係の検討はあまりおこなわれてこなかった．

1980年代以降，コンピュータの利用環境などが整備されるとともに，計量分析を用いた研究も少しずつ増えていったが，渡辺らも指摘するように，その多くは小規模な地域データの利用にとどまっており，しかも，有意抽出に基づく代表性のないデータが多く（渡辺ほか，2004），分析結果の一般化可能性という点で大きな制約があった．

このような状況を打破する転機となったのは，1999年に実施されたNFRJ98である．日本家族社会学会が企画・実施したこの調査の目的は，ランダム・サンプリングによって家族や家族意識に関する信頼性の高い全国データを収集することであった．その成果は『現代家族の構造と変容——全国家族調査〔NFRJ98〕による計量分析』としてまとめられている（渡辺ほか編，2004）．同書は計量分析を用いておこなわれた日本の家族社会学研究の現段階での到達点を示していると考えられる．国際的な研究動向を踏まえ，高度な分析手法を用いた論文もおさめられているものの，全体として見ると，分析に先立って構築した仮説の実証的有効性を統計モデルの適用によって検証するという計量社会学的アプローチよりも，まずはデータ分析をおこなってみて，家族のありようを探索的に分析するというアプローチがとられている．

第2に，社会階層論ではそれぞれの家族がおかれた構造的な位置に着目し，その位置がいかに家族を拘束するかといった観点から研究が進められてきたのに対し，戦後の日本の家族社会学では，基本的に「個人の選択」という文脈に着目して研究が積み重ねられてきたという点でも違いが見られる．このことは家族が家族をとりまく社会システムとどのような関係にあるかといったアプローチよりも，主に家族集団内の関係性に着目した「集団論的アプローチ」が広く受け入れられていたことや，やがては「集団論的アプローチ」に代わって「個人主義的アプローチ」が関心を集めたことに端的にあらわれていると言えるだろう．

「個人の選択」という観点から日本の家族研究が進められてきた重要な背景

として，戦前の「家」制度を比較の軸としながら戦後の家族の変化が研究されてきたことが挙げられる．すなわち，「家」制度と比較することによって，核家族は「民主的な家族モデル」として研究者の間で肯定的に受けとめられる傾向が広く見られたのである．たとえば川島は，親子関係や夫婦関係は民主主義的な関係であり，「何よりも自発的内面的な人間精神」で結びつくことが「近代的家族原理である」という見解を示している（川島，1950：5-9）．牟田は川島のこの見解を引用しつつ，日本の家族社会学では家制度によって代表される「前近代家族」と核家族に代表される「近代家族」の対比といった図式を用いることにより，「近代家族」は新しい民主的な家族集団のモデルとして理想化される傾向があったことを指摘する（牟田，1991）．

戦前の「家」制度との比較で家族の変化を明らかにしようとする視点は 1970 年代まで色濃く見られた．その視点が弱まり，現代社会の変化との関連で家族を分析する方向に関心が移っていったのは 1980 年代以降である（木下，1996：144）．また，1970 年代には既婚女性の就業が増加したことを受けて，母親の就業が家族に及ぼす影響を扱った研究が増えたが，「共働きは是か非か」といった家族のあるべき姿を研究者が設定し，それとのズレを問題とする論考が多かった（木下，1996：152）．日本における家族研究の歴史を振り返ると，このような「あるべき家族像」からの呪縛を解くことが難しかった側面がうかがえる．

木下と同様の指摘は牟田によってもなされている（牟田，1998）．牟田は欧米の家族史研究の動向を踏まえたうえで，1970 年代以降の日本の家族史研究および家族変動論における先行研究のレビューをおこない，1980 年代半ば以降になってはじめて「家族そのものへの疑い」が家族社会学研究者のなかに出現したと指摘する．さらに，「それまでの家族社会学には，日本社会が戦前からひきずっている非民主主義的な残滓，残存する「家」の意識や習慣の呪縛から家族が真に解き放たれること，そして急速な経済成長・都市化によるコミュニティの解体，親子や夫婦間の関係の混迷を乗り越えることによって，家族は一人一人の安定的な心のよすが，愛情と幸福の源泉となるはずだ，という理念があったはずだ」という見解を示している（牟田，1998：116）．

日本の家族社会学における「個人主義的アプローチ」の登場に大きな影響を

与えたのは，目黒の『個人化する家族』である（目黒，1987）．アメリカを中心とした欧米の家族研究に依拠しながら，固定的な性別役割分業が崩れていく「性役割革命」や経済的資源に対する女性のアクセス可能性の増大などによって日本でも家族の「個人化」が進む可能性を指摘した．

家族の変化や家族の問題を「個人の選択」としてとらえる視点は，1996年に家族社会学会が刊行を始めた「家族社会学研究シリーズ」でも確認できる．その第1巻には『いま家族に何が起こっているのか——家族社会学のパラダイム転換をめぐって』という題名がつけられており，家族の変化をとらえるための新しいパラダイムの提示が試みられている（野々山ほか編著，1996）．このなかには15本の論文がおさめられているが，全体を貫く編集方針の大きな柱は，家族の多様化を促す要因としての「個人化」への着目である（e.g. 神原，1996: 70-71；野々山，1996）．

舩橋は，個人を単位とする家族の研究は2つの方向で発展しつつあると整理している（舩橋，1996: 246-248）．1つはライフ・コース研究であり，もう1つはファミリー・アイデンティティ論である．ライフ・コース研究は，個人が家族のなかに生まれてから地域社会，学校などでの体験を経て成人となり，就職，結婚，出産，子育て，退職などを通じて社会的役割を獲得・喪失していきながら一生を終えるという人生のあゆみを長期的なスパンでとらえようとする．そこでは家族も個人が人生で経験する1つの集団であるという見方がとられる．これに対してファミリー・アイデンティティ論では，「誰が家族だと思いますか」といった質問を投げかけて得られた「主観的家族」の範囲が同じ家族成員の間でも一致しないなどの知見をもとに，家族としてのアイデンティティのあり方が問われる（上野，1994）．

このような「個人主義的アプローチ」をとる研究と比較すると，NFRJ98に基づく『現代家族の構造と変容』では，相対的に構造的な問題をも視野に入れた問題設定がなされていると言えるだろう．たとえば，〈家族と外部システム〉と名づけられた第3部には，「家族と教育達成——きょうだい数と出生順位を中心に」（平沢，2004），「親子のライフステージと世代間の援助関係」（保田，2004），「介護ネットワーク・ジェンダー・社会階層」（大和，2004），「親族と家族認知」（藤見・西野，2004）という4つの論文が順におさめられており[12]，

このうち，平沢と大和の論文はいずれも社会階層との関連を検討している．

社会階層論では構造が個人に与える影響の問題が一貫して追究されてきたこととは対照的に，家族社会学では個人の「選択」に焦点をあてるアプローチが関心を集めてきたという違いは何によってもたらされているのか[13]．ここにはどの程度データに基づいて議論を展開しているのかという実証性に加えて，どの程度複数の要因をコントロールしながら分析をおこなっているかといった分析手法の違いが反映されていると考えられる．ランダム・サンプリングに基づいて収集されたデータに対して，適切な統計モデルを適用した実証分析をおこなうことによって，データに基づいたという意味でより「客観的」な知見を得ることが可能となり，家族社会学が重視してきた個人の「選択」とは必ずしも言いがたい現状と，研究者自身が向きあわざるをえなくなる．

このような意味において，計量社会学的アプローチの導入の遅れと構造的視点の弱さという日本の家族社会学で見られる2つの特徴は密接に関連していると考えられる．

5.2 「標準家族」の規範性

前節で指摘したように，日本の家族社会学ではそれぞれの家族がおかれた構造的条件との関連で家族のありようをとらえようとする視点は総じて弱く，それゆえ家族の階層的地位にもほとんど関心が払われてこなかった．

しかし，これは日本に限った現象ではなく，欧米の家族社会学においても社会階層の問題は体系的に論じられてこなかった．この点に関してスミスとグラハムは主要6雑誌（*American Sociological Review, Social Forces, American Journal of Sociology, Journal of Marriage and the Family* というアメリカの社会学で代表的な4雑誌，ならびに *Journal of Family Psychology, Developmental Psychology* という心理学の2雑誌）を取り上げ，これらの雑誌に1991年から1993年の間に掲載さ

---

12) ただし，藤見・西野（2004）による「親族と家族認知」の論文では，家族をとりまく外部システムとの関連は論じられていないため，舩橋が整理するところのファミリー・アイデンティティ論に該当すると考えられる．
13) 個人の「選択」に焦点をあてて女性の就業と家族生活の関係を検討する研究は，ヨーロッパでも2000年以降，登場している（Hakim, 2000；2003；2004）．詳細は本書第3章を参照．

れた家族に関する論文のレビューをおこない，社会経済的変数は用いられているものの，それを理論的に概念化する作業が不足していたことを指摘する (Smith and Graham, 1995). 管見の限り，このような状況は依然として続いているように見受けられる．

　また，構造論的観点が日本の家族社会学で弱かったことには，高度経済成長期に進んだ日本の家族の「標準化」の問題も関係していると考えられる．ここでいう「標準化」とは，20代半ばまでに女性の多くが結婚するようになり（結婚することが期待され），結婚とともに仕事を辞めて専業主婦となり（専業主婦になることが期待され），2人の子どもをもつ（2人の子どもをもつことが期待される）という「画一的な家族像」が一種の「規範」としても機能する形で登場したことである（落合，1994；山田，1994）．

　山田によると，高度経済成長期に「標準化」された家族の目標は豊かさを目指すことであり，それを支えたのが好調な経済であった（山田，2005b）．山田は家族が目指した豊かさのなかには，実際の経済成長だけではなく「生き甲斐」も込められており，経済的豊かさと感情的豊かさの両方が持続的に増加するという，家族に対する肯定的な見方が広がっていたと指摘する．

　経済的豊かさに裏打ちされる形で「標準化」された家族形態が広く出現すると同時に，このような「標準化」された家族への期待が高まることによって，家族は1つの単位として階層構造上に位置づけられるという構造的側面が見えにくくなっていったのではないだろうか．

　家族の「標準化」とは，女性を家庭に，男性を労働市場に割り振るといった形で家族をジェンダー構造のなかに組み込むことでもあった．しかし，1970年代までは，女性の就業が夫婦関係や親子関係を悪化させる可能性を懸念する観点からの研究が少なくなかったことが示しているように，ジェンダーに基づく不平等を批判的にとらえる視点は弱く，日本の家族社会学では1980年代半ばまであまり見られなかった．

　また，先に紹介した「個人化」に着目したアプローチとの関連では，「誰が自由に家族関係や家族形態を選択できるようになったのか」という観点からの研究が必要だったのではないか．避妊法の普及や家事を省略化する電化製品の登場，家事サービスの拡大，高学歴化などによって，女性の「選択」の幅が広

がっていったのは事実である．しかし，社会階層と無関係に家族生活のありように関して一様に「選択」の幅が拡大したとは考えにくい．

いずれにしても，日本の家族社会学ではジェンダーや社会階層といった構造論的観点に基づく研究は総じて少なかった．ジェンダーについては1980年代半ば以降，近代家族への批判とともに増加しているが，階層については依然として少ない．家族が階層構造のなかで1つの単位としての地位をもつことに着目した階層論的視点の導入が求められている．

6．おわりに──社会階層論と家族社会学における本書の意義

以上の整理をふまえて，社会階層論ならびに家族社会学における本書の意義を述べる．まず，社会階層論においてはこれまでほとんど取り上げられてこなかった問題である，女性の社会階層が家族関係に及ぼす影響を実証的に明らかにするという意義がある．この点を取り上げた計量社会学的研究は欧米でもまだ少なく，未開拓の研究領域として残されている．

第2に，既婚女性のなかでも就業する女性が増加している状況をふまえ，家族が世帯として社会経済的資源を共有する単位であるという面に加えて，女性自身の社会階層が配偶者の社会階層とは別の形で家族のありように影響を及ぼしている可能性を検討する点にも意義がある．既述したように，日本でこのようなアプローチを採用した研究は少ない（白波瀬，2005）．

第3の意義は，女性が男性とは異なり，家事や育児，子育てといった家庭内ケア役割も同時に割り当てられた形で労働市場に参入している点を考慮しながら問題を設定し，分析することによって，社会階層とジェンダーが深く結びついた形で生じている家族の変容をとらえようと試みる点である．

家族社会学における本書の意義は，5.1項で指摘した2つの問題に対応している．第1の意義は，家族社会学ではあまりおこなわれてこなかった仮説検証型の計量社会学的アプローチを導入することによって，女性の就業が家族のありように影響を及ぼしている状況をより精緻に示す点にある．

2つ目の意義は，格差社会における家族の変化をそれぞれの家族がおかれた階層構造上の位置に着目して分析することにより，家族を取り囲むさまざまな

社会システムとの関連で問題の所在を示すことができることである．「個人の選択」の問題として家族の変化をとらえる限り，政策的対応などを求めることは難しい．

　以上のように，本書は社会階層論と家族社会学のそれぞれに新たな視点を導入することにより，社会階層によって家族の姿はどのように異なるのかといった研究テーマに関する新たな知見の提示を目指す．

　第2章では女性の就業と家族が日本社会のなかで占める位置を構造的理論的に理解するため，マクロ・データに基づく検討をおこなった後，エスピン゠アンデルセンや大沢真理による「福祉レジーム」論の議論を手がかりとして（Esping-Andersen, 1990＝2001；1999＝2000；大沢，2002：2007），女性の就業と家族のありようを構造的に規定していると考えられる日本の社会保障システムの特徴と限界を考察する．

第 2 章

女性の就業と福祉レジーム

1. はじめに

本章の課題は，日本社会のなかで女性の就業と家族がおかれている構造的文脈をマクロ・データで明らかにするとともに，それらをエスピン゠アンデルセンに由来する「福祉レジーム」論の観点から理解することである．

2節では，日本の女性の働き方にはどのような特徴が見られるのか，1990年代以降の家族はどのような変化をたどってきたのか，についてマクロ・データに基づいて検討する．さらに3節では，他の先進国との比較を通じて，女性の就業と家族に関する日本の特徴を明らかにする．このような実証的検討から浮かび上がるのは，男性は稼ぎ主として家族を経済的に支える一方，女性は家事や育児，子育て，介護といったケアの主たる責任者として家族を支える家族モデルである．したがって，妻の就業は基本的にケアの責任を果たせる範囲でおこなわれ，夫が主たる稼ぎ手であることを前提として，あくまでも「家計補助」としての役割にとどまることが一般的である．

このように日本ではジェンダーに基づく分業が強固であるという特徴が見られるが，これを支えているのが性別役割分業型の家族を前提に設計された社会保障システムである．大沢真理は，国際的にも広く認知されているエスピン゠アンデルセンの「福祉レジーム」3類型ではおさまりの悪い日本のタイプをより的確に把握するため，新たに「男性稼ぎ主」型，「両立支援」型，「市場指向」型という3類型を提示し，日本が「男性稼ぎ主」型の社会保障システムの

典型であると指摘する（大沢, 2007)[1]．4節では，大沢が提示した類型を理解するためにエスピン゠アンデルセンによる福祉レジーム類型を概説したうえで，大沢による社会保障システム類型を紹介する．「男性稼ぎ主」型の日本の社会保障システムでは企業が重要な役割を果たしてきたが，バブル経済崩壊後の経営環境の悪化などを受け，企業は福祉提供から撤退し始めている．このような企業福祉の衰退は，「男性稼ぎ主」型の社会保障システムからの転換を迫っている．5節では，女性の就業によって仕事と家庭の間に緊張関係が生じている現状をふまえたうえで，「男性稼ぎ主」型から新たな「福祉レジーム」への転換に向けて論点整理を試みる．

2. 日本の女性の変化

2.1 「M字型就業」と共働き世帯の増加

日本の女性の働き方における最大の特徴は，出産・子育て期には労働市場から退出し，子育てが一段落した後で労働市場に戻る，といういわゆる「M字型就業」が広く見られる点にある（図2-1）．

日本や韓国では「M字型就業」パターンが見られる一方，アメリカやスウェーデンでは台形になっており，出産や子育て期にも労働市場から退出しない女性が多いことがわかる．

それでは，この10年の間に日本の女性の働き方はどのように変化したのだろうか．図2-2は1994年と2004年の年齢階層別労働力率のデータを示したものである．

---

1) 大沢自身は家族や企業，国家以外のコミュニティや共同組織などを含めて考えており，この点を区別するために「福祉レジーム」ではなく，「生活保障システム」ということばを用いている．大沢はエスピン゠アンデルセンの「福利レジーム」論を批判しつつも，基本的にはその修正という観点から類型を提示していること，さらに，既に「福祉レジーム」という概念が広く用いられていることを考慮し，本章では「福祉レジーム」と「社会保障システム」を同義語として互換的に用いる．なお，宮本は政治的イニシアティブのありように着目し，「福祉ガヴァナンス」という表現でエスピン゠アンデルセンによる「福祉レジーム」の修正を試みている（宮本, 2006）．

図2-1 女性労働力率の国際比較（2004年）

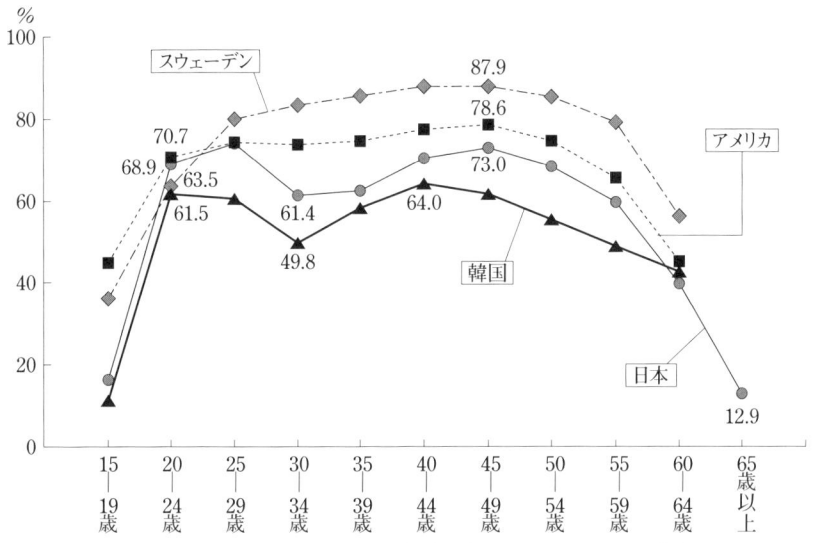

スウェーデン　87.9
アメリカ　78.6
韓国　73.0
日本

15～19歳: 68.9 / 36 / 16 / 10
20～24歳: 70.7 / 63.5 / 61.5
25～29歳
30～34歳: 61.4 / 49.8
35～39歳
40～44歳: 64.0
45～49歳: 87.9 / 78.6 / 73.0 / 61（最大付近）
50～54歳
55～59歳
60～64歳
65歳以上: 12.9

出典：ILO（2005）および厚生労働省雇用均等・児童家庭局編（2005：32）より作成.

図2-2 日本の女性の年齢階級別労働力率

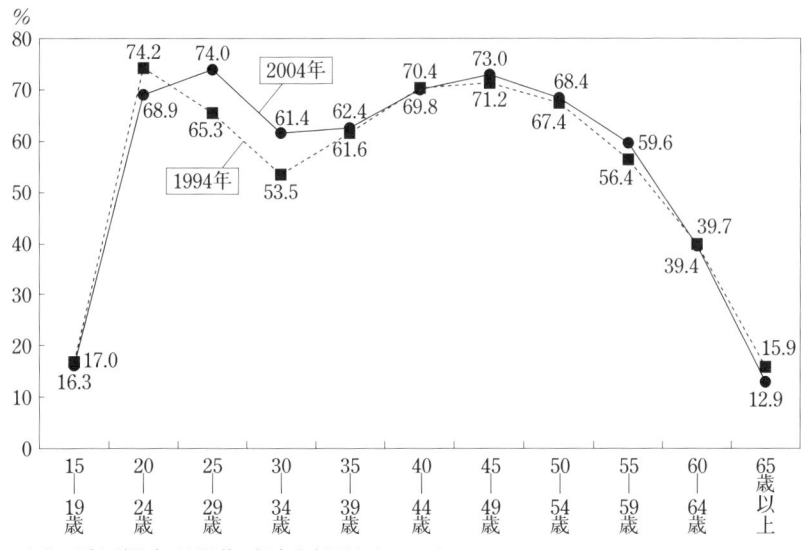

2004年
1994年

15～19歳: 16.3 / 17.0
20～24歳: 68.9 / 74.2
25～29歳: 74.0 / 65.3
30～34歳: 61.4 / 53.5
35～39歳: 62.4 / 61.6
40～44歳: 70.4 / 69.8
45～49歳: 73.0 / 71.2
50～54歳: 68.4 / 67.4
55～59歳: 59.6 / 56.4
60～64歳: 39.7 / 39.4
65歳以上: 12.9 / 15.9

出典：厚生労働省雇用均等・児童家庭局編（2005：3）.

第2章　女性の就業と福祉レジーム

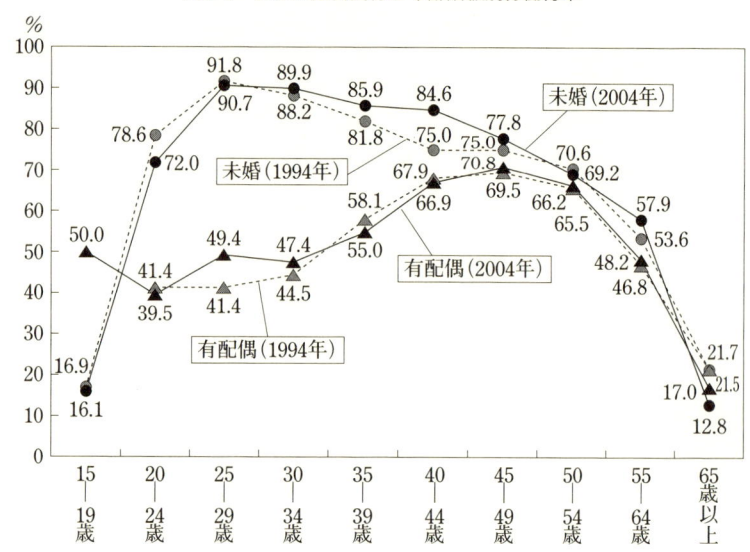

図 2-3 女性の配偶関係と年齢階級別労働力率

(グラフ)

未婚（2004年）: 16.9, 78.6, 91.8, 89.9, 85.9, 84.6, 77.8, 70.6, 57.9, 21.7
未婚（1994年）: 50.0, 72.0, 90.7, 88.2, 81.8, 75.0, 70.8, 69.2, 53.6, 21.5
有配偶（2004年）: 16.1, 41.4, 49.4, 47.4, 58.1, 67.9, 69.5, 66.2, 48.2, 17.0
有配偶（1994年）: 39.5, 41.4, 44.5, 55.0, 66.9, 70.8, 65.5, 46.8, 12.8

15〜19歳　20〜24歳　25〜29歳　30〜34歳　35〜39歳　40〜44歳　45〜49歳　50〜54歳　55〜64歳　65歳以上

出典：厚生労働省雇用均等・児童家庭局編（2005：5）．

　2004年では20代前半よりも20代後半でむしろ労働力率が高くなっているものの，30代前半には労働力率が低下するパターンが引き続き見られること，また，30代後半以降の年齢階層における労働力率にもほとんど変化が見られないことから，依然として出産や子育てによって労働市場からの退出を迫られる状況が続いていることが確認される．

　この10年間で大きく変化しているのは，20代から30代前半までの労働力率である．まず，20代前半の労働力率について見ると，1994年には74.2%だったのに対し，2004年には68.9%とむしろ低下している．この背景には女性の4年制大学への進学率の上昇や，不景気による雇用機会の減少などの要因があると考えられる．

　もっとも注目されるのは，20代後半から30代前半にかけての労働力率がこの10年間で大きく上昇している点である．具体的には，20代後半では65.3%から74.0%へ，30代前半では53.5%から61.4%へと上昇している．このような女性の労働力率の伸びが晩婚化や未婚化をもたらすと同時に，晩婚化や未婚化の進展が女性の継続就業を促しているという双方向の関係性が考えられる．

図 2-4　共働き等世帯数の推移

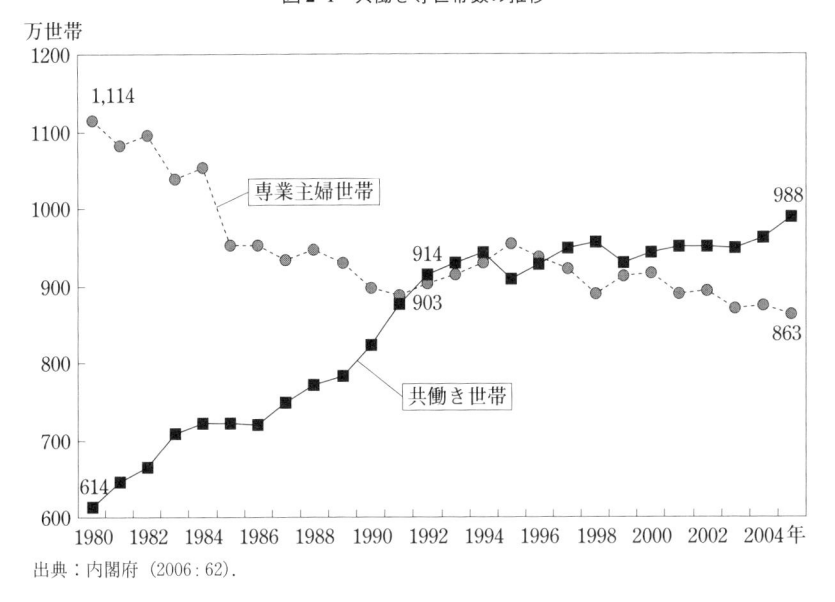

万世帯

(グラフ：1980年の専業主婦世帯 1,114万世帯から2004年頃には 863万世帯へ減少。共働き世帯は1980年の614万世帯から1992年に903万世帯で専業主婦世帯914万世帯に接近し、2004年頃には988万世帯へ増加)

出典：内閣府（2006：62）．

　このように女性の就業は結婚や出産，子育てといったライフ・イベントによって依然として影響を受けているが，この点をより詳細に検討するために，配偶関係別の労働力率を見てみよう．図 2-3 は 1994 年と 2004 年の配偶関係別の年齢階級別労働力率を示している．

　未婚女性では 30 代後半から 40 代後半にかけて労働力率が高まっており，特に，40 代前半では 10％ 近くのびている．また，20 代後半の有配偶女性の場合には，1994 年には 41.4％ の労働力率が 2004 年には 49.4％ まで上昇している点も興味深い．他方，30 代前半の有配偶女性の労働力率は 44.5％ から 47.4％ へと若干の増加にとどまっている．このデータは，結婚しても 20 代のうちは仕事を優先する傾向が強まったことを示している．

　次に，共働き世帯数と専業主婦世帯数の推移をあらわす図 2-4 を見てみよう（データは雇用者のみ）．●の線は男性雇用者と無職の妻で構成される，いわゆる専業主婦世帯であり，■の線は共働き世帯を意味する．基本的に 1980 年以降，共働き世帯が増加している傾向が確認できる．1992 年には共働き世帯が専業主婦世帯をはじめて上まわり，その傾向が 1994 年まで続いた．雇用状況

が悪化した1995年には再び専業主婦世帯が共働き世帯よりも多くなり,1996年も同様であったが,1997年以降は一貫して共働き世帯が専業主婦世帯を上回っている.

このような共働き世帯の増加は,男性の雇用が不安定化した状況への対応策として生じている面があると推測されるが,既婚女性の就業を促す要因は何なのか,逆に,就業を妨げる要因は何なのかについては第4章で取り上げる.また,共働き世帯の増加は夫婦の家事分担や意思決定といった夫婦関係に変化をもたらしている可能性が考えられる.これらの点については第5章,第6章で検討する.また,第7章では女性の就業が夫婦それぞれの子どもを持とうとする意欲にどのような影響を及ぼしているかを分析する.

2.2 少子化と晩婚化・未婚化

1990年代以降の家族に関わる変化のなかでもっとも大きな変化は,少子化と晩婚化・未婚化である.図2-5は1947年から2005年までの合計特殊出生率(生涯に女性が産む平均子ども数の推定値.英語では total fertility rate である.以下ではTFRと略す)を示したものである.

1966年の丙午の年にTFRが一時的に1.58まで下がったが[2],1989年には丙午の年を下まわる1.57となり,翌1990年にこの数値が発表された時には,いわゆる「1.57ショック」が日本中をかけめぐった.その後も図2-5から確認できるように,TRFは基本的に低下し続けている.

少子化の直接的な要因は,①出生行動を直接的に規定する結婚の遅れあるいは回避(いわゆる晩婚化・未婚化),②夫婦の子ども数の低下,という2つの要因に分けられるが,人口学的手法を用いた先行研究によって1990年代は前者の晩婚化・未婚化の影響が大きかったが,2000年以降は徐々に夫婦の子ども数の低下が与える影響が大きくなっていることが明らかにされている(金子,2004).

表2-1は夫婦の間に生まれた平均出生子ども数の推移のデータである.

ここで注目されるのは,結婚持続期間が短い夫婦の間で平均子ども数が

---

[2] 丙午(ひのえうま)の年生まれの女性は夫を殺すという迷信があり(新村編,1998),人々が出産を避けようとした.

図 2-5　出生数および合計特殊出生率：1947〜2005 年

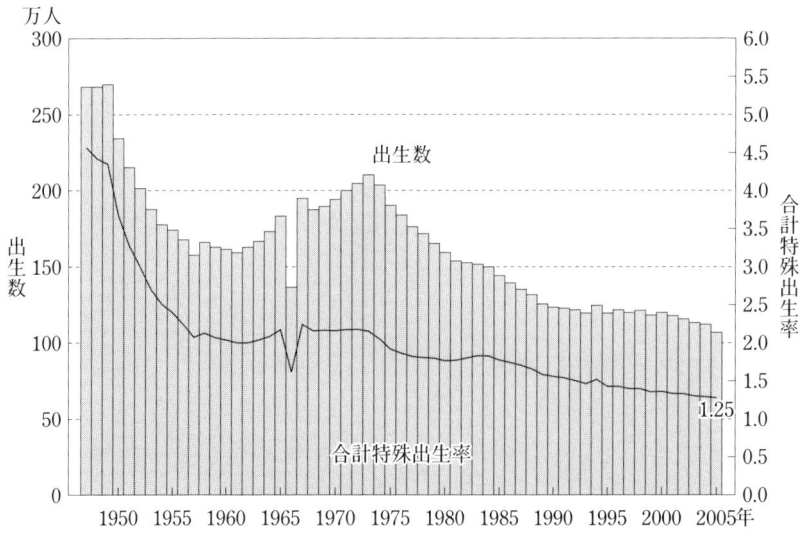

出典：国立社会保障・人口問題研究所（2007：51）．

表 2-1　結婚期間別にみた平均出生子ども数

調査年 結婚 持続期間	1977 年	1982 年	1987 年	1992 年	1997 年	2002 年	2005 年
0-4 年	0.93	0.80	0.93	0.80	0.71	0.75	0.80
5-9 年	1.93	1.95	1.97	1.84	1.75	1.71	1.63
10-14 年	2.17	2.16	2.16	2.19	2.10	2.04	1.98
15-19 年	2.19	2.23	2.19	2.21	2.21	2.23	2.09
20 年以上	2.30	2.24	2.30	2.21	2.24	2.32	2.30

出典：国立社会保障・人口問題研究所（2006）．

1990 年代以降，低下している傾向が見られる点である．結婚持続期間が 0-4 年の夫婦については 2005 年にやや持ち直し，1992 年と同水準まで回復しているが，結婚持続期間が 5-19 年の夫婦については基本的に低下傾向にある．ここでのデータは「結婚したから子どもは 2 人もつ」といった，高度経済成長期に定着した「標準家族」型の出生行動が変化している可能性を示唆している[3]．

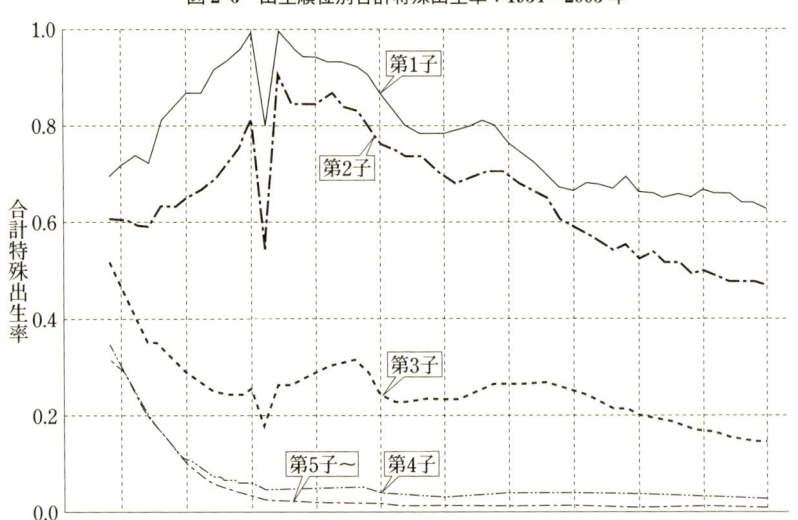

図2-6　出生順位別合計特殊出生率：1954〜2005年

出典：国立社会保障・人口問題研究所（2007：64）．

　夫婦の出生行動の変化は別のデータでも確認できる．図2-6は1954年から2005年までの出生順位別のTFRの変化を示したものだが，1990年代以降，第2子のTFRが大きく低下している．第2子TFRの低下が人々の価値観の変化によってひきおこされているのか，それとも望んだとしてもそれが実現できない社会経済的条件によってひきおこされているのか，といった問題については第7章で検討する．
　なぜ少子化が進むのかに関する人口学的研究の成果によると，少子化をもたらしている直接的要因は，結婚を先送りする結果としての「未婚化（再生産年齢における未婚率の上昇）」であり，未婚化が進んだ結果として初婚年齢の上昇，すなわち「晩婚化」が起きていることが明らかにされている[4]．この点に

3）　2002年1月に公表された将来推計人口の推計にあたっては，30代（1960年代）生まれの夫婦の出生率が低下している傾向が盛り込まれた．その結果，2025年の高齢者人口比率の推計は1997年1月に発表された前回推計27.4％よりも高い28.7％であった．この結果は，2002年9月の「少子化対策プラスワン」を生み出す1つのきっかけとなった（大沢，2007：159）．
4）　ジェンダー研究の観点からは，日本社会のジェンダー構造が子どもを産み育てることを

図 2-7　晩婚化の進行──平均初婚年齢の推移

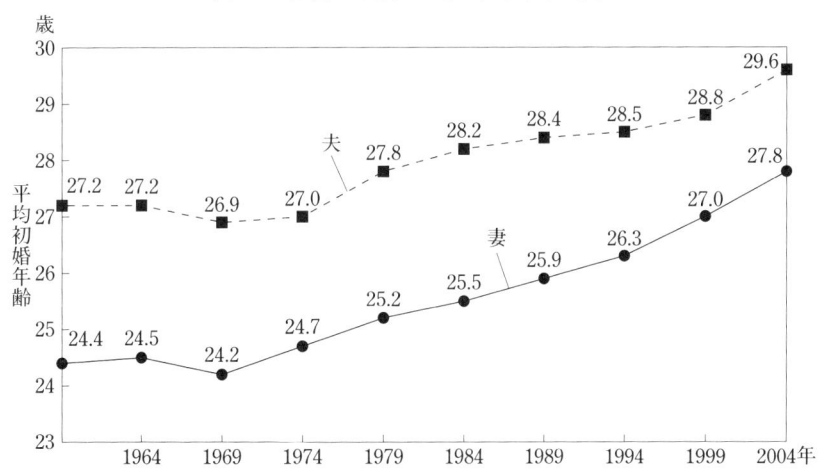

資料：「人口動態統計」厚生労働省大臣官房統計情報部．
注：2004 年は概数による．
出典：http://www.ipss.go.jp/syoushika/seisaku/html/112a1.htm より作成
　　（アクセス日＝2007 年 11 月 1 日）．

関わり，ここでは晩婚化・未婚化の趨勢を確認しておこう．

図 2-7 は平均初婚年齢の推移を男女別に示したデータである．

基本的に男女ともに平均初婚年齢は上昇傾向にあること，特に 1990 年代以降の上昇率が高いことがわかる．

2004 年の男性の平均初婚年齢はほぼ 30 歳，女性はほぼ 28 歳であることをふまえ，男性の 30 代前半，女性の 20 代後半の未婚率に着目しながら年齢別の未婚率の推移を見てみよう（図 2-8）．

国勢調査に基づくこのデータによると，2000 年には 20 代後半の女性の未婚率は既に 54.0％ に達している．特に 1985 年以降の上昇が著しい．30 代前半の男性についても 2000 年の未婚率は 42.9％ にまで上昇している．50 歳の時点での未婚率で測定される「生涯未婚率」を見ると，男女ともに 1985 年以降上昇しているが，特に男性の上昇率が高く，2000 年には 12.4％ に達している．10 人に 1 人は結婚していないというデータは，未婚化の進行の一部はすでに

困難にさせているという指摘がある（目黒・西岡編，2004）．日本がどのような面で子どもを産み育てにくい社会であるのかに関しては次節以降で考察する．

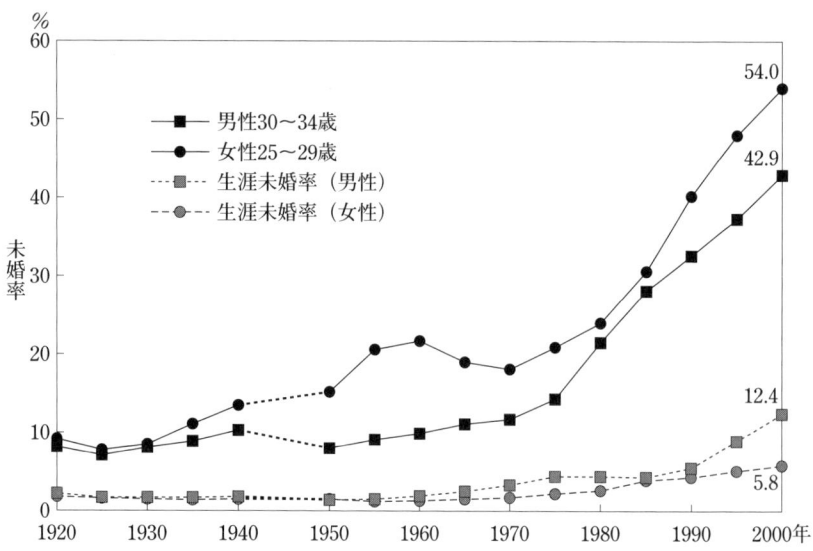

図 2-8 未婚化の進行——年齢別にみた未婚率の推移

```
凡例:
―■― 男性30～34歳
―●― 女性25～29歳
---■--- 生涯未婚率（男性）
---●--- 生涯未婚率（女性）
```

2000年の値：男性30～34歳 42.9、女性25～29歳 54.0、生涯未婚率（男性）12.4、生涯未婚率（女性）5.8

資料：総務省統計局「国勢調査」．
出典：http://www.ipss.go.jp/syoushika/seisaku/html/112a2.htm より作成
（アクセス日＝2007年11月1日）．

「非婚化」になっていることを示している[5]．

　日本では「出産は結婚の枠のなかでおこなうべきである」という価値観が根強く残っているため，結婚制度の外で生まれる子ども（婚外子）の割合は全出生数の約2％にとどまっている．このような結婚と出産を1つのセットとして見る価値観があるため，婚外子の割合が高い欧米諸国よりも結婚の遅れが直接的に出生率の低下をもたらす一因となる可能性が高い（阿藤，1996）．他方で，結婚と出産を結びつける価値観があるため，妊娠が結婚を促している面もある．最近では妊娠が判明した後で結婚するという，いわゆる「できちゃった婚」の割合が上昇し，2004年のデータでは全出生数の約4分の1に達している（山田，2005a）．

---

[5] 人口学では「生涯未婚率」の上昇を「非婚化」と呼んでいる．

3. ジェンダーによる分断と家族主義——国際比較から見る日本の家族

3.1 低い女性の就業率

ここまで日本の女性の就業は出産・子育てといったライフ・コース上の位置によって影響を受けていること，ならびに1990年代半ば以降は共働き世帯が専業主婦世帯を上回っていることを確認した．また，結婚や出産といった家族形成に関わるライフ・イベントが生じるタイミングについても，1990年代以降大きな変化が生じていることが明らかになった．このような家族をめぐる変化は先進諸国のなかでどの程度普遍的な現象なのか，もし日本的特徴があるとするならばそれはどのような点に見られるのか．本節ではこれらの点について，国際比較データを用いて検討する．

表2-2は1975年から2004年までの日本，アメリカ，イギリス，ドイツ，フランス，スウェーデン，韓国，オランダという8カ国の女性労働力率の推移を示したデータである．データが収集された時期は国によって多少ずれているため，厳密な比較はできないが，各国における女性労働力率の変化を概観するに

表2-2 各国女性労働力率（15～64歳）

	1975年	1984年	1994年	2004年
日本	49.7	54.5	58.4	60.2
アメリカ	53.2	61.1	68.8	69.2
イギリス	51.9 （1971年）	60.3 （1985年）	66.8 （1993年）	——
ドイツ	——	——	62.6 （1995年）	65.2
フランス	48.0	53.3	60.8	63.8
スウェーデン	62.5	78.2	75.8	75.7
韓国	49.2	42.9	——	54.1
オランダ	30.1 （1971年）	41.0 （1985年）	57.3	67.9 （2003年）

備考：日本は総務省「労働力調査」，その他の国はILO「LABORSTA」より作成．
出典：内閣府（2006：6）．

はさしつかえない範囲と考えられる．

　1975年の時点では日本に限らず，アメリカやイギリス，フランス，オランダでも女性の労働力率はそれ以降に比べて低かったことがわかる．特にオランダの就業率は30.1%と極めて低く，その傾向は1984年についても同様である．

　1970年代後半から1980年代にかけて，アメリカやイギリスをはじめとした欧米先進諸国ではポスト工業化への移行を受けて雇用調整が進んだ．夫の雇用の不安定化が妻の就業を促していった面が大きいと考えられている（Oppenheimer, 1994 ; 1997）．

　2004年時点のデータが示すように，日本の女性の労働力は国際的に見て依然として低い水準にとどまっている．女性全体の労働力率を下げている大きな要因として考えられるのは，図2-1や図2-2に見られた「M字型就業」であり，家事や育児，子育ての負担が女性に大きくのしかかっているために，女性の継続就業が難しくなっている．

3.2　妻にのしかかる家事・育児負担/家計にのしかかる教育費負担

　次に，夫の家事や育児への参加度に関する国際比較データを見てみよう．図2-9は夫婦の家事・育児時間に占める夫の時間の割合を示している．16カ国中，韓国に次いで夫が家事や育児に費やす時間の割合が少なく，妻が家事や育児に主たる責任をもつ形になっていることが確認できる．

　このように日本では他の先進国と比べて家事や育児の負担が女性に大きくのしかかっているが，実は，家庭の教育費の負担も大きい．この点を2種類のデータから確認しておこう．

　図2-10はOECDに加入している24カ国について，GDP（国民総生産）に対する教育への公的支出割合の比較データである．デンマークやスウェーデン，ノルウェーといった北欧諸国では教育への公的支出が相対的に多いが，日本は3.6%とルクセンブルクと並んで公的支出がかなり低い水準にとどまっており，韓国に次いで2番目に低いことがわかる．

　政府からの支援が少ない分，家庭の教育費の負担は大きい（図2-11）．家計に占める教育費負担は韓国の4.75%という最高水準には及ばないものの，アメリカやオーストラリアに次いで2.22%となっている．なお，アメリカでは

図2-9 男女計の家事・育児時間に占める男性の割合

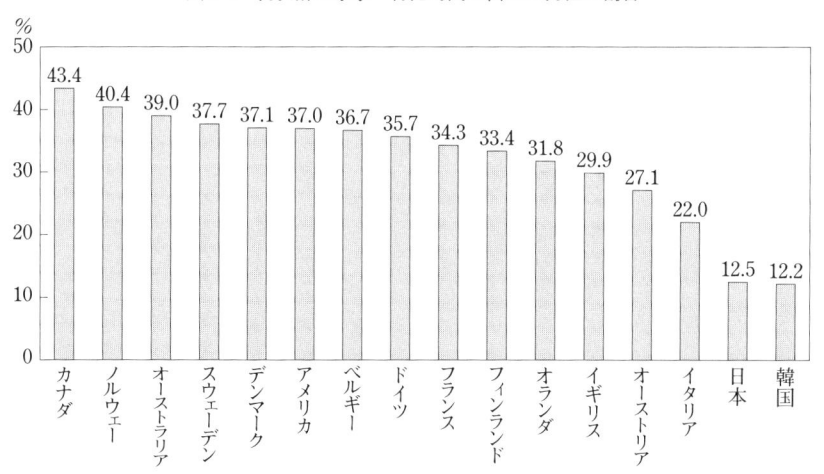

国	%
カナダ	43.4
ノルウェー	40.4
オーストラリア	39.0
スウェーデン	37.7
デンマーク	37.1
アメリカ	37.0
ベルギー	36.7
ドイツ	35.7
フランス	34.3
フィンランド	33.4
オランダ	31.8
イギリス	29.9
オーストリア	27.1
イタリア	22.0
日本	12.5
韓国	12.2

出典:内閣府男女共同参画局 (2005:参-8).

図2-10 教育への公的支出割合 (対GDP)

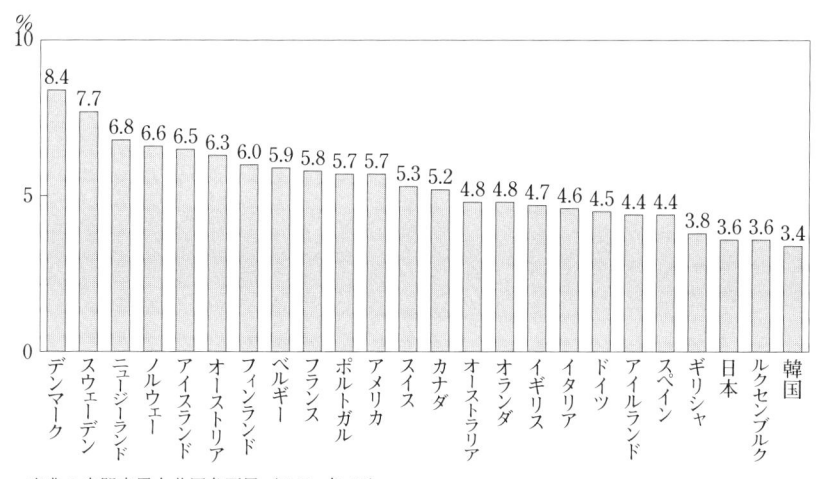

国	%
デンマーク	8.4
スウェーデン	7.7
ニュージーランド	6.8
ノルウェー	6.6
アイスランド	6.5
オーストリア	6.3
フィンランド	6.0
ベルギー	5.9
フランス	5.8
ポルトガル	5.7
アメリカ	5.7
スイス	5.3
カナダ	5.2
オーストラリア	4.8
オランダ	4.8
イギリス	4.7
イタリア	4.6
ドイツ	4.5
アイルランド	4.4
スペイン	4.4
ギリシャ	3.8
日本	3.6
ルクセンブルク	3.6
韓国	3.4

出典:内閣府男女共同参画局 (2005:参-38).

国家が福祉の提供に果たす役割が小さく,住宅や保育サービスに限らず,教育サービスについても家計の負担は大きいため,良質のフルタイムの仕事があれば両親ともにフルタイムで働くことが選択される傾向があるという(大沢真知

図 2-11　家計に占める教育費割合

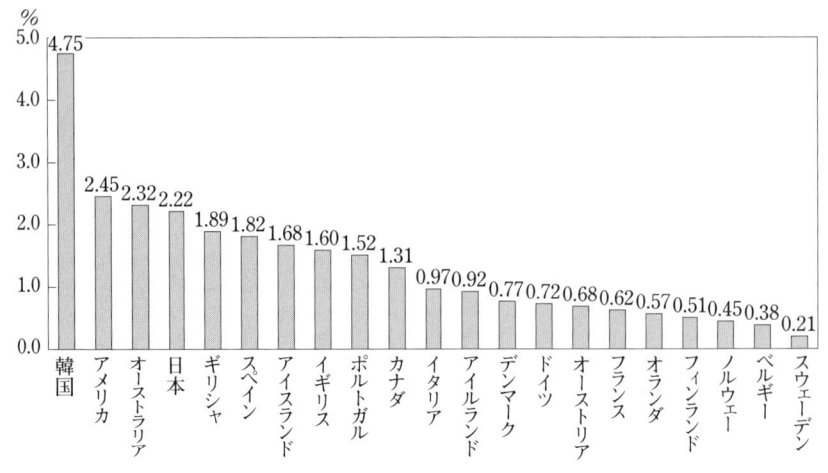

韓国 4.75／アメリカ 2.45／オーストラリア 2.32／日本 2.22／ギリシャ 1.89／スペイン 1.82／アイスランド 1.68／イギリス 1.60／ポルトガル 1.52／カナダ 1.31／イタリア 0.97／アイルランド 0.92／デンマーク 0.77／ドイツ 0.72／オーストリア 0.68／フランス 0.62／オランダ 0.57／フィンランド 0.51／ノルウェー 0.45／ベルギー 0.38／スウェーデン 0.21

出典：内閣府男女共同参画局（2005：参-39）．

子，2006：214）．

3.3　少子化と労働力率の関係

このように日本では子どもの教育費の家族負担が相対的に重い一方，家事や育児については女性が主な責任をもつ形となっている．また，2.1 項で示されたように 20 代後半から 30 代前半では未婚女性を中心に女性の就業率が上昇している一方，30 代後半以降については 1994 年と 2004 年でほとんど変化が見られないことから，出産を機に退職し，子育てが一段落した後に再就職するというライフ・コースをたどる女性が今なお一般的であることがわかる．以上のデータは，女性の就業が結婚や出産，子育てと極めて競合的な関係になっている日本の現状を示している．この点に関わり，女性の就業率と少子化に関する興味深いデータがある．

図 2-12 は OECD に加盟している 24 カ国の 2000 年のデータを用いて，合計特殊出生率と女性労働力率の相関関係を図示したグラフである．

このグラフは，女性の労働力率が高いほど合計特殊出生率は高い傾向にあることをあらわしている．つまり女性が就業しやすい国ほど生涯に女性が産む平均子ども数（推定値）が多いことを意味する．日本はイタリアやギリシャ，ス

図 2-12　合計特殊出生率と女性労働力率（15～64歳）：2000 年

出典：内閣府男女共同参画局（2005：4）．

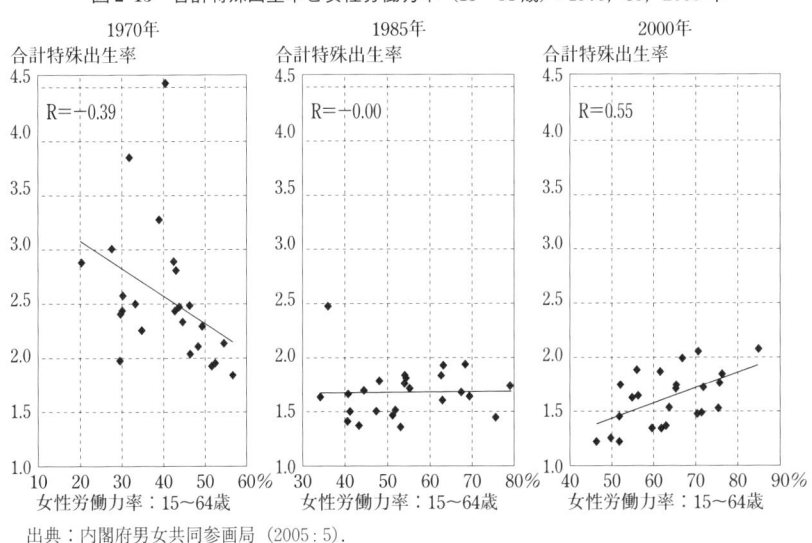

図 2-13　合計特殊出生率と女性労働力率（15～64歳）：1970, 85, 2000 年

出典：内閣府男女共同参画局（2005：5）．

第 2 章　女性の就業と福祉レジーム

ペインといった南ヨーロッパの国々や,韓国,ドイツ,オーストリアなどと並んで低位グループに属している.

1970年と1985年の各々の時点についても同様の方法で,女性の労働力率と合計特殊出生率の相関関係を調べたのが図2-13である.2000年とは逆に,1970年では負の相関関係が見られる.女性の労働力率が高いほど合計特殊出生率が低いという負の相関係数は,1970年当時は女性の就業と出産・子育てが競合する国が多かったことを意味している.1985年には女性の就業と出産・子育ての関係は無相関となった後,2000年には正の相関となっている.1980年代以降,多くの国で両立支援策が導入されるようになったことが(Esping-Andersen, 1996＝2003),このような変化につながっていると考えられる.つまり,ここで示したデータは,社会システムの設計いかんによっては出産・子育てと女性の就業が必ずしも競合的な関係にはならない可能性を示している.

4.「福祉レジーム」論から見た日本の家族

どのタイミングで結婚したり子どもをもったりするのか,結婚や出産といったライフ・イベントの節目で仕事をやめるのか,それとも続けるのか,といった個人の行動の集積がマクロ・レベルで見られる日本の家族の特徴を生み出している.個人の行動は社会システムの枠内で生じている以上,家族に期待されている機能や労働市場の構造などによって一定程度規定されている.国によっては特定の家族形態が標準モデルとして設定され,そこへ方向づける形で福祉サービスが提供されている.本節では現代日本の家族のありようを枠づけている日本の福祉レジームの特質に目を向け,2節,3節で見られた日本の家族の特徴を福祉レジーム論の観点からより体系的に整理する.

4.1 「福祉レジーム」という概念

「福祉レジーム」という概念は1980年代以降,それまで用いられていた「福祉国家」にとって代わる形で福祉研究者の間で広く用いられるようになった.「福祉国家」という概念では国家による公的福祉しか対象にならず,民間福祉が抜け落ちてしまうという問題が認識されるようになり,福祉の生産と分配に

関する幅広い政策を論じるためには,「福祉レジーム」という概念がより有効と考えられるようになったからである.

その後「福祉レジーム」という概念は,デンマーク出身で現在スペインの大学で教鞭をとる社会学者エスピン゠アンデルセンが3つの福祉レジーム類型を提示したことを機に広く知られるようになった.エスピン゠アンデルセンによると,福祉レジームとは,「福祉が生産され,それが国家,市場,家族のあいだに配分される総合的なあり方」である(Esping-Andersen, 1999＝2000 : 64).

エスピン゠アンデルセンは福祉を提供する主体として,国家に加えて市場や家族にも目を向け,3者の役割の組み合わせや,3者それぞれがサービスを提供する際に用いる分配原理の違いなどによって,福祉レジームは「自由主義レジーム」「社会民主主義レジーム」「保守主義レジーム」という3つの異なるタイプに分かれるとした(Esping-Andersen, 1999＝2000).

エスピン゠アンデルセンによる福祉レジーム論は大きな反響を呼んだだけに,さまざまな批判も受けてきた.以下では本書との関連で重要な批判を中心に取り上げる.福祉レジームという考え方は1990年出版の『福祉資本主義の三つの世界――比較福祉国家の理論と動態』ではじめて提示されたが(Esping-Andersen, 1990＝2001),この段階では国家と市場に焦点があてられており,家族の分析はほとんどおこなわれていなかった(このことを反映し,「福祉レジーム」ではなく,「福祉国家」あるいは「福祉国家レジーム」という表現が用いられていた).この点については,特にフェミニストから「ジェンダーの視点が欠如している」という批判が数多く寄せられた(居神, 2003 ; 大沢, 2007 : 45)[6].エスピン゠アンデルセンは「家族が福祉の提供に果たす役割を過小評価している」という批判を受け入れる形で,1999年の『ポスト工業経済の社会的基礎――市場・福祉国家・家族の政治経済学』では,国家や市場と並んで重要な役割を果たしている主体として家族を位置づけることによって,類

---

[6] 主要な研究としてLewis (1992),Orloff (1993),Bussemaker and Kersbergen (1994),Sainsbury (1996),Sainsbury ed. (1994 ; 1999),Siaroff (1994),Korpi (2000) の研究などが知られている.このうち,Lewis (1992),Orloff (1993),Bussemaker and Kersbergen (1994),Sainsbury (1996)については居神がレビューのなかで各研究の概要を紹介しているほか(居神, 2003 : 45-51),Korpi (2000) は大沢 (2002 : 107-110) で,Siaroff (1994) は北 (1997 : 179-185) で紹介されている.

型の修正をはかった（Esping-Andersen, 1999＝2000 : 35-36）．

　エスピン＝アンデルセンに寄せられたもう1つの主な批判は，これら3類型では現実の福祉レジームの多様性を把握できないのではないか，というものであった．これらの類型はそもそも1980年頃のヨーロッパの国々を念頭に帰納法的につくられたものであるだけに，一定の歴史的制約を負っていることは当然とも言えるが，イタリア，スペイン，ポルトガル，ギリシャといった南ヨーロッパや日本，オセアニアなどはこの類型ではとらえきれないという批判が出された．この点についてエスピン＝アンデルセン自身は，南ヨーロッパや日本が「家族主義」の色彩の強い福祉モデルであることを認めつつも，第4のレジームを別途たてる必要はなく，フランスやドイツと同様に「保守主義」レジームとしてとらえられるという見解を示している（Esping-Andersen, 1999＝2000）．

　類型化にあたって用いている基準に関わる批判も寄せられている．大沢のレビューによると主要な批判は2つあり，1つは法律や労使の団体によっておこなわれる労働市場の規制についての考察が不十分であるという批判であり（大沢，2007 : 46-47），もう1つは「サード・セクター（third sector）」が福祉の提供に果たしている役割にも目を向ける必要があるという批判である（大沢，2007 : 51-53）．なお，「サード・セクター」の定義をめぐっては，協同組合や共済組合などのいわゆる「社会的経済（social economy）」を含めて考えるヨーロッパ型の定義と，含めないアメリカ型の定義の2つに分けられるが（Evers and Laville, 2004＝2007），この点については後述する．

　大沢はこれら2つの批判にこたえると同時に，ジェンダーの視点を導入することによって，エスピン＝アンデルセンによる福祉レジーム類型ではうまくとらえられない日本の福祉の提供パターンを把握できるようになると考え，「男性稼ぎ主」型，「両立支援」型，「市場指向」型という3つの類型を提示した（大沢，2007）[7]．

7）　これらの3類型は大沢（2002）で既に示されているが，エスピン＝アンデルセンの類型との違いに関して体系的な説明はなされていない．したがって，本書ではその後の日本の研究成果も取り入れながらエスピン＝アンデルセンの類型との違いをより体系的に論じた大沢（2007）に依拠する．「男性稼ぎ主（male-breadwinner）」モデル自体は，エスピン＝アンデルセンの3類型に対してジェンダーの視点が抜けていると強く批判したルイス

大沢によって提示されたこれら3類型の実証的妥当性は，計量分析によって裏づけられたものではなく，データを用いた検証が今後の課題として残されている．しかし，福祉の提供主体として日本の場合には企業が果たしてきた役割が大きい反面，社会的経済の役割が小さいといった特徴を拾い上げるなど，エスピン゠アンデルセンによる福祉レジーム類型ではとらえきれない日本の特徴を明示的に把握できるという利点がある．そこで，以下では大沢による3類型に依拠しながら，日本の家族を規定している日本の福祉レジームのありようを考察する．

4.2　エスピン゠アンデルセンによる「福祉レジーム」の3類型

　エスピン゠アンデルセンは，人々が人生を歩むなかで出会う社会的リスクを「階層的リスク」[8]と「ライフ・コースにおけるリスク」の2つに大別したうえで，前者が世代を超えて再生産されることを「世代間リスク」ととらえた（Esping-Andersen, 1999＝2000: 71-75）．

　階層的リスクとは，失業のしやすさや低賃金への陥りやすさ，職務に関連した傷害の負いやすさといったように，一般に階層によってさらされる確率が異なるリスクである．階層が低ければ，支払い可能な保険などの福祉サービスを市場で探すことは困難である．したがって，国家が階層的リスクの不平等を管理しなければ階層間の対立が生じる可能性が高まり，さらには階層的リスクが次世代にも受け継がれていくという問題もひきおこされる．

　ライフ・コースにおけるリスクに関わっては，古くはラウントリーによる「労働者階級の貧困のライフ・サイクル」に示されているように，貧困は子ども期と高齢者期に集中的に現れるため，子どもに対しては主に家族手当を通じ

　　（Lewis, 1992）やセインズブリー（Sainsbury ed., 1994）によっても提示されている．なお，大沢（2002: 19）では生活保障と福祉に関する制度・慣行全般に対して（「社会保障システム」ではなく）「社会政策システム」という用語が用いられている．
8)　原語は「class risks」であるため日本語の翻訳では「階級リスク」と訳されている．しかし，原著の定義では「社会的リスクの可能性は社会的成層（social strata）によって不均一に配分されている」と説明されているうえ（Esping-Andersen, 1999: 41），そのほかの関連する記述と併せて総合的に考えるならば，マルクス主義的な階級概念ではなく，実質的には階層概念を意味していると解釈できるため，ここでは「階層的リスク」と訳す．

て，高齢者に対しては主に年金を通じて保護する政策が国家によってとられてきた．また，伝統的にライフ・コースにおけるリスクを管理する中心的主体は家族とされており，育児や子育て，介護は女性の仕事であるという前提がおかれてきた．

これらのリスクを公的に管理するのが社会政策であり（Esping-Andersen, 1999＝2000：66），社会政策を策定し，実施するのは（福祉国家としての）政府の役割とされてきた．しかし，社会的リスクを管理する源泉はけっして国家に限定されているわけではなく，現実には家族や市場も重要な役割を果たしている．この点に目を向け，これら3者によってリスクが共同で管理されているパターンを示したのが「福祉レジーム」である（Esping-Andersen, 1999＝2000：62）．

また，リスクを回避するためにおこなわれる国家，市場，家族のそれぞれからの福祉提供に際しては，その主体が国家なのか，市場なのか，家族なのかによって根本的に異なる原理が作用している（Esping-Andersen, 1999＝2000：65）．家族のなかで福祉が供給される場合には，基本的に「互酬性の原理」が支配していると考えられるのに対し（ただし，それは必ずしも「平等性」を保障するものではない），市場では金銭関係を通した分配原理が支配的である．また，国家は権威的な再分配の形をとるが，家族と同様，必ずしも平等主義に基づく福祉提供になるとは限らない．

リスクの主たる担い手の果たす役割の組み合わせや，福祉を提供する際に用いる原理の違いなどに基づいて，エスピン＝アンデルセンは「自由主義レジーム」，「社会民主主義レジーム」，「保守主義レジーム」という3つの類型を提示した（Esping-Andersen, 1999＝2000：第5章）．各類型の特徴は表2-3のようにまとめられている．

まず，自由主義レジームでは「リスクを担うのは基本的に個人である」という前提がおかれているため，社会政策の対象となる人々が極めて限定されている．つまり，社会的とみなされるリスクの範囲が極めて狭いのである．そのため，福祉を受けるためには資力調査（ミーンズ・テスト）を受けることが求められるなど，ある種の罰則的な意味合いの付与と引き替えに福祉の提供が認められる傾向が見られる．

表 2-3 福祉レジームの 3 類型

		自由主義レジーム	社会民主主義レジーム	保守主義レジーム
役割	家族	周辺的	周辺的	中心的
	市場	中心的	周辺的	周辺的
	国家	周辺的	中心的	補完的
福祉国家	連帯の支配的様式	個人的	普遍的	血縁, コーポラティズム, 国家主義
	連帯の支配的所在	市場	国家	家族
	脱商品化の程度	最小限	最大限	高度（稼得者にとって）
典型例		アメリカ	スウェーデン	ドイツ・イタリア

出典：Esping-Andersen（1999＝2000：129）．

　政策対象が限定されていることから導かれる当然の帰結とも言えるが，国家の役割は 3 つのレジームのなかでもっとも小さく，市場に委ねることが奨励されているというのが自由主義レジームの第 2 の特徴である．

　アメリカやイギリスのように市場の役割を重視する自由主義レジームとは対照的に，社会民主主義レジームは，不平等の拡大を危惧する観点から市場に委ねることには消極的であり，福祉の「脱商品化」がはかられている点が第 1 の特徴である．

　第 2 の特徴は，家族に福祉を委ねる割合も 3 つのレジームのなかでもっとも小さいという意味で「脱家族化」がはかられているということである．

　このように社会民主主義レジームでは市場や家族に代わって国家の果たす役割がもっとも大きいという特徴が見られるが，国家が福祉を提供するにあたっては受給者の職業の有無や収入の有無，職種の違い，婚姻上の地位，家族関係などによって区別することなく，ニーズ（のみ）に応じるという意味で，「普遍主義」の原理が用いられているというのが第 3 の特徴である．この点は保守主義レジームとは極めて対照的である．このレジームを体現した国として，スウェーデン，ノルウェー，フィンランドが挙げられている．

　自由主義レジームと社会民主主義レジームの最大の違いは市場を重視する度合いであるが，保守主義レジームはこれら 2 つのレジームと比較してどのような特徴をもつのか．

保守主義レジームでは家族に期待される福祉機能が大きいうえ，保護の対象とされる家族モデルも他のレジームと比べて画一的である．すなわち，男性は一家の稼ぎ手であり，ケアの責任は女性が担うタイプの家族を前提に福祉が提供されている．このような意味での「家族主義」が保守主義レジームの第1の，かつ最大の特徴である．

　第2に，社会的リスクを職業に基づく地位に応じてプールする，いわゆるコーポラティスト型であるという特徴が見られる．社会的リスクは職業ごとに類似しているため，職業が労働運動を展開する際の主要な源泉となっているのである．保守主義レジームのなかでも，国によって集団的動員の歴史や階層的分断の違いなどによってさまざまなタイプのコーポラティズムがある．エスピン＝アンデルセンが挙げたドイツの年金制度の場合，ブルー・カラーとホワイト・カラーという区分に沿った穏やかなコーポラティズムがとられている．また，健康保険にいたっては1200もの地域別，職業別，あるいは企業ベースのファンドによって分かれた形で運営されているという．

　これら2つの特徴は，男性世帯主の雇用を守ることを最優先させる労働政策によって裏打ちされている．つまり，リスクを負担する主体として家族に大きな役割を与えると同時に，家族がその機能を円滑に果たせるよう，妻や子どものいる男性の雇用を守り，男性の職業を介してさまざまな福祉を提供する社会保障制度を設けているということである．

　当然のことながら，男性のなかでも主な稼ぎ手とはなりにくい「通常」の雇用関係から外れた人々——非正規雇用で働く人々や，失業している人々——は職業別に設計された年金制度などの対象外となってしまうし，女性も同様である．つまり，保守主義レジームで広く採用されている配分原理は「普遍主義」ではなく，逆に，「選別主義」であるという第3の特徴も見られる．保守主義レジームの国としてはドイツ，フランス，オーストリア，ベルギーなどが挙げられている．

4.3　日本の「福祉レジーム」——「男性稼ぎ主」型モデル

　エスピン＝アンデルセンが示したこれら3類型に対しては，4.1項で既述したように次の2つの批判が寄せられている（大沢，2007：45-53）．1つは，労

働市場の規制に関する考察が不十分であるという批判であり（Bonoli, 2003；三浦，2003；大沢，2007：46-47），もう1つは社会的経済ないしサード・セクターの役割が見落とされているという批判である（Lewis, 2004＝2007；大沢，2007：51-53)[9]．順に主な論点を見ていこう．

　まず，雇用維持政策や最低賃金制度，労働条件や福利厚生の整備，経済成長政策などがうまく機能すれば，たとえ国家による再分配政策の役割が小さくても結果的に円滑に福祉サービスは提供されるが，このような労働市場の規制が果たす役割がエスピン＝アンデルセンの類型ではほとんど考慮されていないという批判がある．つまり，労働者の生活保障の観点から見て適切に労働市場が規制されているならば，労働市場政策は福祉国家の「機能代替（functional equivalents)」として有効に作用しているのであり（三浦，2003；大沢，2007：46)，エスピン＝アンデルセンは主に国家による再分配制度に着目する反面，労働市場の規制が労働者の社会保障において果たす役割を過小評価していることになる．

　また，福祉供給においてサード・セクターが果たしている役割が考慮されていないという批判も寄せられている[10]．サラモンらは，アメリカやイギリスといった自由主義レジームでは大規模な非営利セクターが存在している一方，スウェーデンのような社会民主主義レジームでは国家が福祉供給を担う反面，非営利セクターの規模は小さいことなどをふまえて，サード・セクターの規模と政府の社会福祉支出が（1990年にエスピン＝アンデルセンが提示した）福祉国家レジーム類型と対応する可能性を示している（Salamon and Anheiter, 1998；Lewis, 2004＝2007：230-231)．なお，サラモンらによる日本を含めた8カ国比較の分析結果では，日本はサード・セクターの規模も小さく，政府の社会福祉支出も低水準という特徴が示されている．

---

9) エスピン＝アンデルセンもこれら2点の重要性を一定程度認めており，サード・セクターの重要性を指摘する一方（Esping-Andersen, 1999＝2000：79-80)，労働市場の規制が果たす役割についても言及はしている（Esping-Andersen, 1999＝2000：127)．
10) ルイスはサード・セクターが財源の大部分を政府に依存していることを認めつつ，1990年代以降の「福祉再構築」の時代を迎えたヨーロッパにおいてサード・セクターが新たな福祉の供給源としてその重要性を増していることを指摘している（Lewis, 2004＝2007)．

なお，サード・セクターの定義に関してはヨーロッパとアメリカで違いがみられることに注意が必要である．アメリカでは利益を分配する可能性をもつ協同組合や共済組合をサード・セクターに含まないことが一般的である（e.g. Salamon and Anheiter, 1998）．他方，ヨーロッパではたとえ利益分配があったとしてもその割合が制限されていることが多く，また，組織の目的が社会的共通財の創出にあることこそがサード・セクターの重要な特徴であるという見方が優勢であるため，協同組合や共済組合といった社会的経済もサード・セクターに含めて考えられている（Evers and Laville, 2004＝2007: 15-19）．

　さて，日本の福祉レジームはエスピン＝アンデルセンの3類型のどれに該当するのか．この点に関してはこれまでもさまざまな研究がおこなわれてきたが，見解は必ずしも一致していない．エスピン＝アンデルセン自身は『福祉資本主義の三つの世界』の日本語版に寄せた序文のなかで自由主義と保守主義の混合である可能性を指摘している（Esping-Andersen, 1990＝2001: i-xvi）．また，エスピン＝アンデルセンの類型はもともと欧米諸国を前提につくられたものであるため，これらの類型では日本の特徴を的確にとらえることは難しいという指摘も少なくない．たとえば，国際比較分析をとりまとめた埋橋は「3つのタイプの要素を併せもっているため，この3つのどれにもあてはまらないタイプ」であるという見解を示している（埋橋，1999: 113）．

　大沢はエスピン＝アンデルセンに寄せられた2つの批判──労働市場の規制ならびにサード・セクターの役割を類型化に組み込んでいないという批判──にこたえると同時に，ジェンダーの視点を明示的に導入することによって，日本の社会保障システムの特徴をより端的にとらえることができるという見解を示したうえで，「男性稼ぎ主」型，「両立支援」型，「市場指向」型という3つの類型を提示している（大沢，2007）．

　「男性稼ぎ主」型では国家の役割が小さい一方，家族福祉と企業福祉が強固に相互補強しあっている．家族を養うことが期待されている男性には安定的な雇用と一定の賃金が与えられるように労働市場が規制されており，女性や子どもは世帯主である男性の雇用を通じて福祉を受け取る．他方，家事や育児，介護などのケアに関する主たる責任は女性が担うものとみなされている．このように家族がケアと経済の両面において主たる福祉供給の単位として位置づけら

れていることを反映し，国家や非営利団体などが保育や介護といったケアを担う役割は限定的である．ただし，「男性稼ぎ主」型のなかでも社会的経済の果たす役割の大きさには違いが見られ，南ヨーロッパや日本と比べて，ドイツやフランスなどの大陸西ヨーロッパでは，キリスト教会系や赤十字系，政党系などの非営利組織の役割が大きい．

次に，「両立支援」型ではジェンダーに関わりなく，就業と家庭生活との両立が誰にとっても可能な選択肢となるように家族のケア負担が軽減されている．たとえば，保育サービスや高齢者向けの介護サービス，育児休業などの家族支援策は国家によって整備されている．これらのサービス提供にあたっては財源が必要となるが，その源となる高い税金を維持するために，労働市場は積極的な雇用推進策と平等原則に基づいて規制されている．なお，福祉サービスの提供そのものは国家が担うため，非営利組織の活動は主にそれ以外の，市民の自己啓発や権利擁護の部分に限定されている．北欧諸国がこの類型の例として挙げられている．

最後に，「市場指向」型では他の2類型と比べて労働市場の規制が最小限にとどめられており，国家が担う家族政策も限定的である．「男性稼ぎ主」型とは対照的に，賃金はあくまでも労働の対価として支払われるのが一般的であり，基本的に扶養手当のような生活保障を意図したものにはなっていない．非営利組織の規模は中程度とされている．この類型の例としてアメリカやイギリスなどのアングロサクソン諸国が挙げられている．

大沢による社会保障システムの3類型は表2-4のように整理できるだろう．

以上から明らかなように，大沢の3類型はエスピン゠アンデルセンの類型と重なりあってはいるものの，家族や労働市場のありようを規定している重要な次元としてジェンダーを強調している点が大きく異なる．このように誰がケアを担うのか，誰が経済資源の獲得を担うのか，といった性別役割分業にも目を向けることにより，家族が担う福祉機能のより詳細な検討が次の2点において可能になるのである．

第1に，家族と労働市場は相互に独立しているのではなく，家族のありようと労働市場における労働者保護のあり方は密接に関係している点を考慮することにより，現在日本で生じている女性の就業とケア役割の競合性の問題により

表 2-4 大沢による社会保障システムの 3 類型

		男性稼ぎ主型	両立支援型	市場指向型
役割	家族	中心的	周辺的	中心的
	企業	中心的	周辺的	周辺的
	国家	補完的	中心的	補完的
労働市場の規制		男性稼ぎ主を保護（ジェンダーに準拠）	平等主義	最小限
社会的経済〔サード・セクター〕		中心的	周辺的	政府との分業（市民の自己啓発や権利擁護に限定）	中位
典型例		大陸西ヨーロッパ	日本，南ヨーロッパ	北欧諸国	アングロサクソン諸国

迫ることができる．男性に安定的な雇用と一定の収入を優先的に保障するという高度経済成長期に確立した労働市場の規制は，専業主婦型家族を「標準家族」として設定してきた日本の社会保障システムと極めて整合的である．また，この点は次節で後述する高度経済成長期を経て 1970 年代に確立した日本の企業福祉のあり方とも密接に関係している．

第 2 に，エスピン＝アンデルセンの福祉レジーム論における家族は，国家や市場と同様に福祉を提供する 1 つの単位としての位置づけしか与えられていないのに対し，大沢の類型では家族内部の関係性にまで切り込むことにより，家族が担う福祉機能の遂行パターンがジェンダーによって異なる点を考慮した考察が可能となる．3 節の国際比較によって明らかになったように，日本は家族が担う福祉機能が相対的に大きいだけではなく，ジェンダーによる分断も色濃く見られる．このような特徴をもつ日本の家族を支えている社会保障システムは「男性稼ぎ主」型にほかならない．

これらはいずれも第 1 章で紹介した社会階層論で近年関心を集めている新たなアプローチ——労働市場における位置と家族生活との相互連関性を問う——と問題関心を共有するものである．

4.4 企業の福祉からの撤退

日本では家族と並んで企業が福祉の提供主体として重要な役割を担ってきた

が，バブル経済崩壊以降の長引く不況を機に，企業は福祉から撤退し始めている（大沢, 2002；橘木, 2005）．以下では橘木の整理に基づき（橘木, 2005），1970 年代初頭に確立された日本の企業福祉が，1990 年代半ば以降にその役割から撤退しつつある状況を確認する．

　橘木によると，企業福祉は自社で働く従業員に対する社宅，保養所，病院施設，退職金，企業年金などの「非法定福利」と，公的年金や医療保険，介護保険，労災保険，失業保険といった法律によって従業員と企業で折半することが義務づけられている「法定福利」の 2 種類に分けられる（橘木, 2005：4）．

　非法定福利の対象となるのはそれぞれの企業で働く正社員であり，非法定福利を提供することによって，正社員の高い勤労意欲や協調的な労使関係，会社への忠誠心などを期待できるというメリットが企業側にはある．日本では鉱業などを中心とした大企業では明治期から既に社宅が用意されていたが，高度経済成長期に地方から大都市圏へ移動する人が急増したため，多くの企業で社宅や寮などが用意されるようになった．また，高度経済成長期には人的資本を蓄えた労働者に長くとどまってもらうことが企業の成長にとって不可欠であったため，住宅以外にもさまざまな非法定福利が発達していった．

　また，1960 年代初頭には医療保険における皆保険制度の確立，厚生年金などの公的年金制度の定着といった，公的な社会保険制度の運営が法的に定められるようになり，保険料を従業員と企業でほぼ同額ずつ負担する制度が設けられた．健康保険の給付率の引き上げや高額医療費制度の導入，年金の給付水準の引き上げといった大幅な制度拡充がおこなわれた 1973 年は「福祉元年」と呼ばれている．

　橘木は日本で企業福祉が発展してきた背景には，企業福祉は有効な労務管理の手段であるとみなしてきた企業側の認識があると指摘したうえで，2 つのメリットを挙げている（橘木, 2005：122-123）．

（A）労働者の病気や労災上の費用，あるいは住宅提供を企業が負担することによって，労働者が安心して勤労できる環境を与えることができる．
（B）引退後の所得保障策（たとえば退職金や企業年金制度）に企業がコミットすることにより，長期雇用が期待できるし，引退後の生活に安心感を与

える効果がある．公的年金への事業主負担もこれと同じ解釈が可能である．

　しかし，バブル経済崩壊後の経営環境や投資環境の悪化とともに企業は企業福祉の負担が重いという認識をもつようになっている[11]．企業の福祉からの撤退の意志は，①企業年金の解散，②社宅や保養所の閉鎖，③かなりの数の企業が社会保険制度（年金，医療保険，失業保険など）に加入していないなどの事実から確認できる（橘木，2005：ii）．

　1990年代末から投資環境の悪化などを受けて①の企業年金の解散が急増し（日本経済新聞，2000；2001a；2001b；日本金融新聞，2002），企業が従業員に対して独自の年金制度を保障できない状況が生まれている．

　②の社宅や保養所といった非法定福利に関しては，制度を管理・運用するためのマネージメント・コストの高さが主たる撤退理由としてある（橘木，2005：161-163）．橘木が指摘するように，事務的負担に加えて，社宅や寮の場合には市場価格よりもかなり安い家賃で提供することによって生まれる差額の負担，保養所の場合には施設の管理人を雇用しなければならないといった経済的負担も大きい．

　この点に関連して，当時の日本経営者団体連盟（日経連．現在の日本経済団体連合会＝経団連）は1995年に『新時代の「日本的経営」――挑戦すべき方向とその具体策』を発表した．そこでは労働者を「長期蓄積能力活用型グループ」「高度専門能力活用型グループ」「雇用柔軟型グループ」の3つに分け，期間の定めのない雇用契約は「長期蓄積能力活用型グループ」のみと結ぶとし，

11）　ちなみに，法定福利のほかに，企業は法人税を通じても公共部門に拠出している．OECDのデータを用いて日本総合研究所がおこなった試算に基づき，橘木はフィンランド，フランス，ドイツ，オランダ，スウェーデン，イギリス，アメリカと比較した場合に見られる日本の企業福祉の特徴として，①法人税率は相対的に高いが，日本は控除制度が多く設けられているため，実際の実効税率は低い，②企業の社会保険負担率はアメリカやイギリスに次いで低い，③法人税と社会保険の両方を考慮した純社会保険負担率はアメリカやイギリスとほぼ同水準であり，全体として企業の社会保険負担率は低いという特徴をもつと整理している（橘木，2005：58-60）．日本企業の福祉負担率は他の先進国と比較して高い水準ではないにもかかわらず，企業がその役割の軽減を求めているという現象は興味深い．なお，橘木は企業規模によって福祉水準の格差が大きく，また，正規雇用と非正規雇用の格差が大きい現状を問題としたうえで，公平性の観点から，社会保険給付の財源調達を保険料方式から税方式に転換し，企業が福祉から撤退することを支持している．

その対象として管理職，総合職，技能部門の基幹職を想定している（新・日本的経営システム等研究プロジェクト，1995）．このような経営者側が掲げている指針をもとにすると，正社員の労働者全般を対象にこれまで豊富に用意してきた社宅や寮，保養所の維持は企業にとってはより非合理的なものと認識されていると考えられ，今後も企業福祉からの撤退が進むと予測される．

③の点に関わっては，企業が従業員と折半する形で負担している法定福利厚生費のなかで最大の割合を占めているのが公的年金の事業主負担であり，企業にとって社会保険制度のなかでもっとも負担の重い制度となっている．橘木は，企業の公的年金制度からの撤退に関する荻野の研究をもとに（荻野，2004a；2004b），①すべての法人事業所と5人以上の従業員を雇用する個人経営の事業所は，雇用している従業員を厚生年金制度に加入させる義務があるにもかかわらず，2002年度については18%の事業所が未加入であること，② 1980年から2002年までの雇用保険，労災保険，厚生年金への加入事業所数の推移を比較しても雇用保険や労災保険よりも加入事業所数の伸びは低く，全体として2割の企業が厚生年金に加入していないと指摘する（橘木，2005：158-161）[12]．

法定福利と非法定福利の違いは，法定福祉の受益者が当該企業の従業員に限らない点にある．つまり，企業は年金や保険料の約半分を負担して国に納めているにもかかわらず，受益者は自社の従業員や退職者に限らず，加入者一般となっているため，企業にとって，良好な労使関係の構築や従業員の高い勤労意欲を維持する手段としての価値は相対的に低い（橘木，2005：125-126）．橘木は，企業が法定福利からの脱退を始めている一因がここにあると指摘する．

このように企業が既に福祉から撤退し始めているにもかかわらず，それに代わって国家が新たな対策をとらない現状は，従来の「男性稼ぎ主」型モデルを支える経済的基盤が失われつつあることを示している．また，非法定福利や法定福利の対象外となる失業者やフリーター，ニートの増加も「男性稼ぎ主」型社会保障システムの有効性が低下していることを別の形で示している[13]．

---

[12] 小さな事業所については統計として把握することが難しいことを併せて考えるならば，厚生年金に加入していない企業の数は現実にはより多いと考えられる．

[13] 非正規労働者が企業福祉から締め出されている具体的な例として，フルタイム労働者の週労働時間の4分の3に満たない時間しか働いていないパートタイム労働者が厚生年金制度に加入できないことのほか，週労働時間がフルタイム労働者の2分の1に満たない，

5. おわりに——「男性稼ぎ主」型モデルの限界

2節，3節で明らかになったように，日本の女性の就業と家族については次のような6つの特徴が見られる．

① 1990年代後半以降，共働き世帯数が専業主婦世帯数を上回るようになっている．
② しかし，出産や子育てを機に退職し，子育てが一段落してから再就職するという「M字型就業」パターンが依然として一般的である．
③ 男性は外で働き，女性は家事や育児に専念するという性別役割分業が今なお広く見られる．
④ 晩婚化や未婚化に加えて，近年では夫婦出生率の低下によっても少子化がひきおこされている．
⑤ 教育費の国家負担率が相対的に低いため，他の先進国以上に家族には教育費の負担が重くのしかかっている．
⑥ 1980年代以降，多くの先進国では女性の就業率が合計特殊出生率と正の相関をもちうる社会システムの構築を進めてきたが，日本では依然として女性の就業は子どもを産み育てることと競合関係にある．

日本における女性の就業と家族に関するこのような特徴を方向づけてきたのが，高度経済成長期に確立した「男性稼ぎ主」型の社会保障モデルである．「男性稼ぎ主」型社会保障システムは，夫が外で働いて家族を経済的に支え，妻が家事や育児，介護を担うことによって2人の子どもを育てあげる，といった「標準家族」が大多数の生き方であり，経済的な格差もより小さかった「一億総中流社会」の時代には効率的であった．しかし，バブル経済崩壊後，企業

あるいは雇用契約期間が1年に満たない労働者は雇用保険にも加入できないため，失業したときに失業保険給付はなく，引退後の厚生年金給付もないことが挙げられる．企業にとっては非正規労働者を雇用することでこれらの負担を軽減できるわけである．なお，配偶者が加入する医療保険制度の被扶養者になっている場合，年収130万円未満で働ければ医療保険制度への加入は免除されるため，これも結果的に非正規労働者としての採用を促している（橘木，2005：82-83）．

は労働者の選別を推し進めるとともに，正規雇用の労働者に対する企業福祉も縮小させてきたため，男性一般に安定的かつ一定額の収入を保障する仕事を提供することによって家族を支えるといった「男性稼ぎ主」型社会保障システムの基盤は失われつつある．また，共働き夫婦の増加も「標準家族」を前提とした社会保障システムの有効性を低下させている．

　他の先進国はポスト工業化に対応するため，1980年代以降，福祉レジームの修正をはかってきたが（Esping-Andersen, 1996＝2003），1980年代の日本は「男性稼ぎ主」型モデルを強化し（大沢，2007: 59-67），1990年代には「両立支援」「市場志向」「男性稼ぎ主」といった3つの類型のそれぞれを強化させるという，一貫性を欠いたちぐはぐな政策を推し進めたため，結果として現在まで「男性稼ぎ主」型モデルが温存されている（大沢，2007: 72-89）．

　このように日本で高度経済成長期に確立した「男性稼ぎ主」型の社会保障システムが維持されている理由の1つには，「結婚後は男性が外で働き，女性が家事や育児をするのが望ましい」という性別役割分業型の家族を支持する価値観が依然として支持されていることが挙げられる．図2-14に示すように，日本では他の先進諸国と比べて性別役割分業を肯定する価値観に同意する割合がもっとも高い（「男は仕事で金を稼ぎ，女は家と家庭を守る」（5段階評価）の設問に対し，「強く賛成」および「賛成」と回答した割合．無回答はのぞく）．

　このデータは，福祉レジームが前提とする家族像には実態としての家族だけではなく，望ましいとされる「規範」としての家族も含まれており，そのことが依然として「男性稼ぎ主」型の福祉レジームを維持させる一因となっている可能性を示唆している．また，「標準家族」が有利になるような社会保障制度などの存在が，性別役割分業を維持するしくみの1つとなっている面も見逃せない．

　しかし，先に指摘したように「標準家族」を支える経済的基盤は失われつつある．企業の福祉からの撤退，「基幹職」に対してのみ終身雇用制度を適用しようとする経団連の方針，第3章で見るような非正規雇用の増加に象徴される格差の拡大といった趨勢が今後も続くならば，今後は「標準家族」の家族形態をとる階層がより縮小していくとともに，多くの階層では家計に占める女性の就業の重要性が高まり，共働き型家族への移行がさらに進むと予測される．こ

図 2-14 「男は仕事，女は家庭」に同意する割合——国際比較

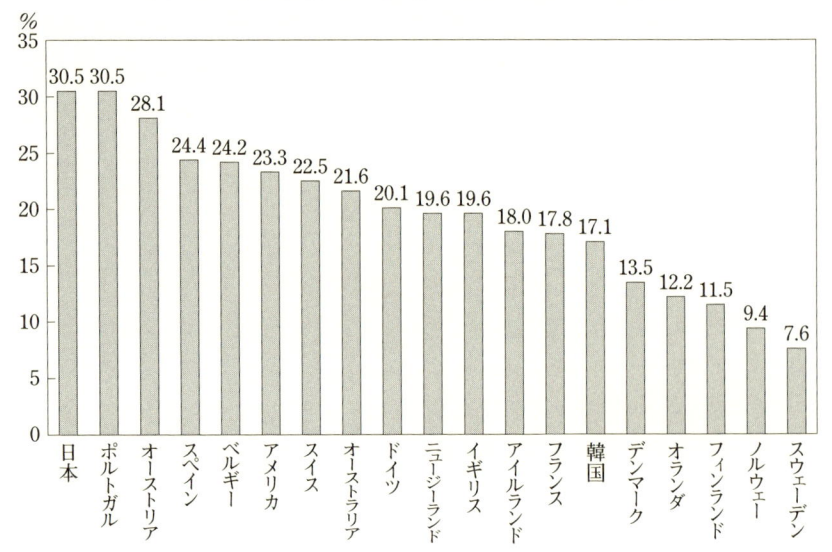

国	%
日本	30.5
ポルトガル	30.5
オーストリア	28.1
スペイン	24.4
ベルギー	24.2
アメリカ	23.3
スイス	22.5
オーストラリア	21.6
ドイツ	20.1
ニュージーランド	19.6
イギリス	19.6
アイルランド	18.0
フランス	17.8
韓国	17.1
デンマーク	13.5
オランダ	12.2
フィンランド	11.5
ノルウェー	9.4
スウェーデン	7.6

出典：内閣府男女共同参画局（2005：参-7）．

のような変化は女性がこれまで担ってきたケア役割を今後は誰が担うか，という問題をより一層厳しく突きつけることになる．

　また，晩婚化やそれに伴う非婚化の進行，離婚の増加によって独身女性の割合は増加しており，「男性稼ぎ主」型の社会保障システムで保護されない層として拡大し続けている．この点も「男性稼ぎ主」型社会保障システムの転換を迫る現実の変化としてある．

　「男性稼ぎ主」型社会保障システムを転換させ，女性の就業を前提とした福祉レジームの構築を目指すにあたって，大沢は北欧諸国で見られる「両立支援」型を支持している（大沢，2007）．確かに，市場に委ねることによって生じる格差の問題を回避しながら，家族のケア負担を軽減している「両立支援」型は魅力的なモデルである．しかし，「両立支援」型の福祉レジームを構築するために必要となる財源確保のためには，ジェンダーを問わず，可能な限り多くの人が働くような仕掛けが必要となるが，図 2-14 に見られるように日本ではジェンダー規範が根強いうえ，増税に対する反対意見が根強く，政府に対する信頼感は低いといった状況を併せて考えると，北欧諸国のような「両立支

援」型の福祉レジームを実現することは極めて難しい．女性の就業や，階層分化を伴いながら多様化している家族を前提としたよりよい福祉レジームの構築を目指すにあたっては，男女のさまざまな働き方の組み合わせに対応できる柔軟な福祉レジームへの転換を目指す必要がある．本書の終章では女性の就業や家族のゆくえを考えつつ，現実的な制約条件のもとで日本社会がどのように新たな福祉レジームへの転換をはかっていけばよいのか，についての展望を提示する．

　第3章では，企業福祉の衰退と並んで「男性稼ぎ主」型社会保障システムに限界をもたらしている非正規雇用の増加などの格差拡大をめぐる状況について検討する．

第3章

格差拡大と女性内の階層分化

1. はじめに

　第2章では，マクロ・データを用いて現代日本における女性の就業と家族がおかれた位置を検討した後，女性に大きく偏ったケア機能や教育費の家計負担の重さなどが「男性稼ぎ主」型の社会保障システムによって方向づけられている側面を確認した．このように社会保障システムをはじめとした構造的条件によって家族のありようは規定されているが，1990年代以降の家族の変化をとらえるうえで重要と考えられる構造的変化として経済格差の拡大が挙げられる．

　高度経済成長期以降の日本は「一億総中流社会」と称されてきたが，1990年代後半からの長引く不況や失業率の上昇，中高年男性を中心としたリストラ，非正規雇用の増加などの事態を受け，不平等に人々の関心が向けられるようになった．また，所得の不平等を中心とした格差の内実をめぐって経済学者や社会学者などによって交わされたいわゆる「格差論」も社会的関心を集めている（e.g. 橘木，1998；2006；佐藤，2000；太田，2005；大竹，2005a；2005b；白波瀬編，2006；神野・宮本編，2006；後藤ほか，2007）．

　しかし，この議論のなかで格差拡大とジェンダーの関係が論じられることはほとんどなかった（橋本，2007）．橋本は，「格差拡大のなかで，女性と男性の格差はどうなっているのだろうか．社会全体と同様に，女性内部の格差も拡大しているのか．また，格差拡大のなかで貧困層が増加しているが，その性別構成はどうなっているのだろうか．マスコミをにぎわせる格差論のなかで，こう

した問題が正面から論じられることは皆無に近い」と指摘する（橋本, 2007：27).

格差論ではジェンダーや女性内階層分化の問題が取り上げられないという状況そのものが,「男性稼ぎ主」型の社会保障システムを前提としている日本社会のありようを反映しているように思われる．アメリカでは1990年代後半以降, 収入の格差拡大をもたらす原因の1つとして, 既婚女性の就業と女性の稼得能力の上昇が検討されるようになっている（Cancian and Reed, 1999)[1].このような観点から研究をおこなう重要性は日本でも指摘されているが（大竹, 2000；2005a：13-15), 格差論のなかには既婚女性の就業に着目した研究は見あたらない．

本章では第II部での実証分析の結果をより複眼的に考察するために, 格差拡大と女性内の階層分化のそれぞれについて趨勢と現状を考察する．2節ではデータに基づいて格差の拡大傾向に関する実態を把握したうえで, 格差論のなかでは世帯構成の変化が格差拡大の1つの原因であるという指摘がなされていることを確認する.

3節では女性内分化の趨勢と現状を検討する．各種データは管理職として働く女性が増加している反面, 非正規雇用の女性が増加し, 所得格差が全体として拡大していることを示している．これは, 女性のなかの階層分化が深化していることを意味している.

4節では日本の就業女性のなかでも生じている階層分化を「選択」としてとらえる見方がもつ問題点に関して, ヨーロッパにおける代表的な2人の論者であるハキムとクロンプトンの議論を手がかりに考察する.

---

[1] アメリカでも1970年代半ばからジニ係数が上昇し続け, 世帯間の不平等が拡大している．アメリカでは既に女性の就業によって世帯間の不平等はどのように変化するのか, といった観点からの研究がおこなわれている．主な要因として挙げられているのは, ①母子家庭の増加に象徴される世帯構造の変化, ②既婚女性の就業とそれに伴う稼得能力の上昇, ③個人単位で見た場合の賃金格差の拡大, という3つである（Sorensen, 2005：111). このうち, ①と③については実証的に裏づけされているが, ②の既婚女性の就業とそれに伴う稼得能力の上昇に関しては, 一貫した有意な結果は得られていない（Cancian and Reed, 1999). なお1979年から1996年にかけてのアメリカの世帯所得の不平等度拡大の4割程度は, 夫婦間の所得の相関が強まったことと単身者の増加という2つの要因によって説明できるという分析結果もある（Burtless, 1999).

2. 所得格差の趨勢と世帯構造の変化 —— 1990年代以降

格差拡大を検討するにあたって広く用いられる代表的な指標としてジニ係数（Gini coefficient または Gini's coefficient）がある．ジニ係数とは，所得分配の不平等を測る指標であり，0から1の範囲をとる．係数の値が0に近いほど格差が少ない状態であることをあらわし，1に近いほど格差が大きい状態を示す．

図3-1は，厚生労働省が3年ごとに実施している「所得再分配調査」のデータをもとに求められたジニ係数の推移である．

ここには，点線で示した所得のジニ係数だけではなく，所得税や社会保障による所得再分配をおこなった後のジニ係数も実線で示されているが，いずれについても1980年代以降は基本的に上昇傾向にあること，特に，1990年代後半以降にはその伸び率が高いことが確認できる．

橘木は1998年に出版した『日本の経済格差——所得と資産から考える』のなかで，この「所得再分配調査」を用いたジニ係数の推移の考察をもとに日本の所得分配が不平等化していると指摘した（橘木，1998）．同書はその後の格

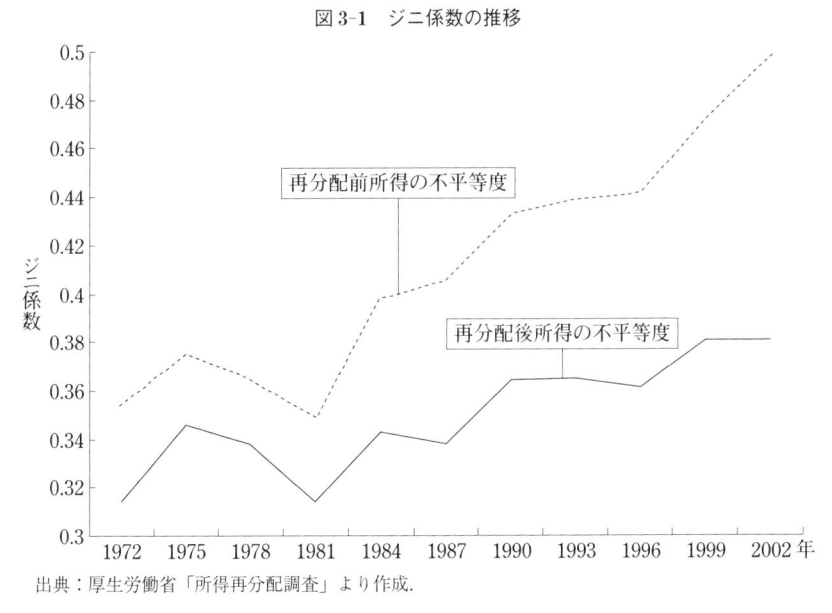

図3-1 ジニ係数の推移

出典：厚生労働省「所得再分配調査」より作成．

表 3-1　先進諸国の所得分配不平等度（ジニ係数）

デンマーク	0.225	スペイン	0.303
スウェーデン	0.243	アイルランド	0.304
オランダ	0.251	オーストラリア	0.305
オーストリア	0.252	日本	0.314
フィンランド	0.261	イギリス	0.326
ノルウェー	0.261	ニュージーランド	0.337
スイス	0.267	アメリカ	0.337
ベルギー	0.272	イタリア	0.347
フランス	0.273	ポルトガル	0.356
ドイツ	0.277		
カナダ	0.301	OECD 全体（24 カ国）	0.309

出典：OECD (2004).

差をめぐる議論のきっかけとなったが，2006 年の『格差社会——何が問題なのか』では所得再分配の不平等化がさらに進んでいることが明らかにされている（橘木, 2006）．

また，表 3-1 に示す OECD の国際比較データは，家計の構成人員数の違いを考慮し（世帯人数が少ない場合と多い場合では同じ所得がもつ価値が異なるため），1 人あたりでみた場合の不平等を測定できるように調整した「等価所得」を用いて計算されたジニ係数である．このデータは日本の所得格差は先進国のなかでも大きい方に位置することを示している．

これら 2 つのデータはいずれも「一億総中流社会」と称されてきた日本社会が変質していることを示しているが，格差論のなかでは「そもそも格差は拡大したのか」という事実認識の問題のほかに[2]，「格差の原因がどこにあるのか」が中心的な論点とされてきたが，なかでも世帯の変化が争点となってきた．大

---

2) この点に関連して，用いるデータの違いがジニ係数の値の違いを生み出しているという指摘が出されている（大竹, 2005a；橘木, 2006：4-7）．日本で所得を計測するには，①「所得再分配調査」，②「家計調査」，③「全国消費実態調査」，④「賃金構造基本調査」の 4 つのデータが用いられることが多い．①および④は厚生労働省，②，③は総務省によって実施されている．橘木によると，この 4 つの調査データのなかでは世帯人数や職業の有無などにかかわらず対象者が選ばれているなどの利点があることから，①の「所得再分配調査」が日本社会全体の格差の趨勢を検討するにはもっとも適切である（橘木, 2006；4-7）．

竹は計量分析の結果に基づき，もともと格差の大きな高齢世帯の割合が増加したことと，世帯規模の縮小（単身世帯や2人世帯の増加）という2つが格差の主な原因であると指摘する（大竹，2005a；2005b）．

大竹とは異なる視点で世帯構成と格差の問題を扱った研究として，白波瀬の研究がある（白波瀬，2006）．白波瀬は厚生労働省が実施する「国民生活基礎調査」の1986年，1995年，2001年の15年間のデータを用い，世帯構成を「単独世帯」「夫婦のみ世帯」「夫婦と未婚の子世帯」「3世代世帯」「その他世帯」の5カテゴリーに分類したうえで，世代別に世帯類型ごとのジニ係数を求めた．ジニ係数の推移は，30代から50代にかけては「夫婦と未婚の子世帯」の格差が拡大しているうえ，30代では「夫婦のみ世帯」でも格差が拡大していることを示している．専業主婦世帯か共働き世帯かといった妻の就業状況を考慮した世帯類型は用いられていないため，妻の就業と格差拡大の関係については明らかにされていないが，30代から50代といういわゆる子育て世代のなかで「夫婦と未婚の子世帯」における格差が拡大しているという知見は，妻の就業が家計にとって重要な意味をもつ階層が増加している可能性を示唆している．

3．女性のなかの格差——階層分化の深化

第2章で確認したように，女性の就業率は全体として上昇しており，また，共働き世帯数が専業主婦世帯数を上回るようになっている．このような女性就業の量的拡大に加えて見逃せないのは，1986年の「男女雇用機会均等法」の施行を契機とした女性労働の質的変化——女性が従事する職域の拡大，昇進機会や昇給機会の増大など——である．

松信は「キャリア（carrer）」と「ジョブ（job）」という2つの概念を区別しながら，女性労働の質的変化について言及している（松信，1995）．松信によれば「キャリア」とは特別な教育やトレーニングが要求される仕事であり，かつライフワークとして継続され，高いレベルでのコミットメントが要求される仕事である．他方，昇進や権威，報酬の獲得に関する機会を限定され，経済的報酬の増加が保障されていない仕事が「ジョブ」である．松信は，従来はほ

とんどの女性が「ジョブ」に閉じ込められていたのに対し，「キャリア」をもった女性の増加は大きな質的転換であると指摘する．このような意味での「キャリア」を追求する女性の登場は，家族形態や夫婦関係に新たな形を生み出している可能性がある．

　他方，バブル経済崩壊後の長引く不況や1999年の「労働者派遣法」の改正などによって，派遣社員やフリーターといった非正規雇用が増加したため，男性に限らず，女性も正社員としての就業が難しくなっている．後で示すように，雇用者に限ってみれば，所得の不平等は男性内よりも女性内でより大きくなっている．橋本によると，1982年の時点ではほとんどの女性は年収300万台までにおさまり，一様に低所得の状態におかれていたが，次第に年収300万円以上の中高所得者が大幅に増えるとともに，高所得者と低所得者という両極の層が厚くなっている（橋本，2007：32-33）．

　つまり，女性の就業に関わる女性内分化は，全体的な労働条件の悪化とキャリアをもった高階層の出現という2つの異なる方向性によってひきおこされていると考えられる．

　また，女性の高学歴化を反映し，労働者に占める大卒女性の割合が増加している．「賃金構造基本統計調査」の時系列データによると，1980年に一般労働者に占める大卒女性の割合はわずか2.9％であったが，1985年には4.3％，1990年には5.2％，1995年には7.7％，2000年には11.7％，2005年には17.2％まで上昇しており，特に2000年以降の伸び率が大きい（内閣府，2006：58）．このような変化の背景には，1990年代以降，女性のなかで四年制大学への進学率が急激に伸びたことがある．

　図3-2は文部科学省が毎年実施している「学校基本調査」の短大・四年制大学への女子の進学率データである（浪人を含む）．1990年代半ば以降の伸びは大きく，2006年には50.9％に達している．

　後述するように，1990年代後半以降，派遣労働やパート・アルバイトといった非正規雇用で働く女性の割合が増加していることをあわせて考えるならば，一般労働者に占める大卒女性の急増は，厳しい雇用情勢のなかで，より多くの人的資本を備えた女性でなければ相対的に安定した雇用につくのは難しい状況にあることを示している．

図3-2 大学（学部）・短期大学（本科）への女子の進学率（浪人を含む）

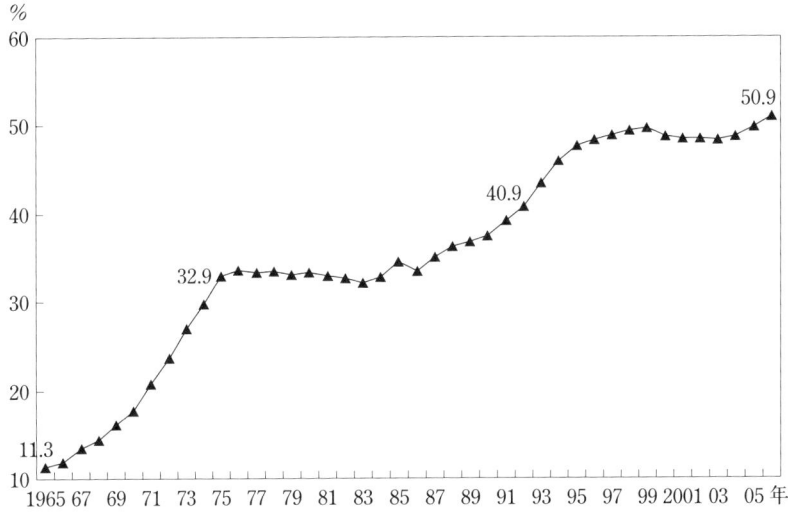

出典：文部科学省「学校基本調査」より作成.

図3-3 女性が仕事をもつことについての考え（女性の回答，％）

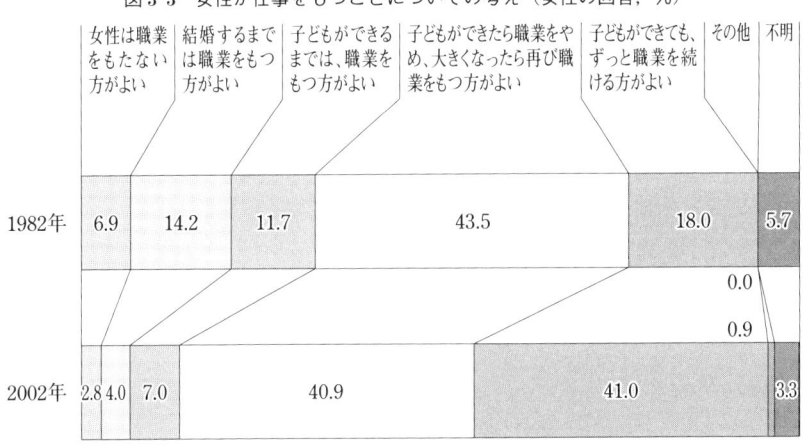

	女性は職業をもたない方がよい	結婚するまでは職業をもつ方がよい	子どもができるまでは、職業をもつ方がよい	子どもができたら職業をやめ、大きくなったら再び職業をもつ方がよい	子どもができても、ずっと職業を続ける方がよい	その他	不明
1982年	6.9	14.2	11.7	43.5	18.0		5.7
2002年	2.8	4.0	7.0	40.9	41.0	0.9	3.3

（2002年その他：0.0）

出典：内閣府（2003: 27）.

また，働くことに対する意識の変化も見られる（図3-3）．1982年には「子どもができたら職業をやめ，大きくなったら再び職業をもつ方がよい」と答える女性がもっとも多かったが（全体の43.5％），2002年には「子どもができて

図3-4 女性雇用者の構成割合（役員・農林業を除く，%）

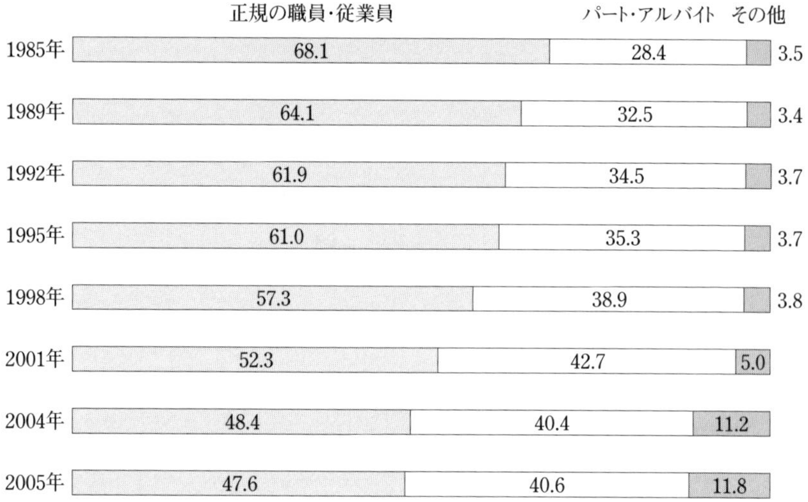

年	正規の職員・従業員	パート・アルバイト	その他
1985年	68.1	28.4	3.5
1989年	64.1	32.5	3.4
1992年	61.9	34.5	3.7
1995年	61.0	35.3	3.7
1998年	57.3	38.9	3.8
2001年	52.3	42.7	5.0
2004年	48.4	40.4	11.2
2005年	47.6	40.6	11.8

出典：内閣府（2006：57）．「その他」とは派遣社員，契約社員・嘱託など．

も，ずっと職業を続ける方がよい」という回答が1982年の18.0%から41.0%まで伸び，再就職を支持する割合とほぼ同じになっている．これは本人自身の就業意欲を直接たずねた質問ではないが，女性の就業継続に対する意識の変化は一定程度読み取れるだろう．

女性の就業をめぐる両極化について，以下では①派遣社員やパートなどの非正規雇用の増加，②正規雇用と非正規雇用の賃金格差の拡大，③所得に関するジニ係数，④職種の分布，⑤女性管理職の増加といった5種類のデータで確認する．

まず注目されるのは非正規雇用の増加である（図3-4）．1985年には雇用者として働く女性の約70%が正規雇用だったが，この割合は1990年代後半以降に急速に縮小した．2004年と2005年のデータによると，女性雇用者の2人に1人は非正規雇用となっている．ここには経済不況だけではなく，1999年の「労働者派遣法」の改正による影響も大きかったと考えられる．

日本では正規雇用と非正規雇用の賃金格差が大きいため，このような非正規雇用の増加は同時に賃金の低下も伴う．図3-5は1時間あたりの平均賃金格差

図3-5 労働者の1時間あたり平均所定内給与格差の推移

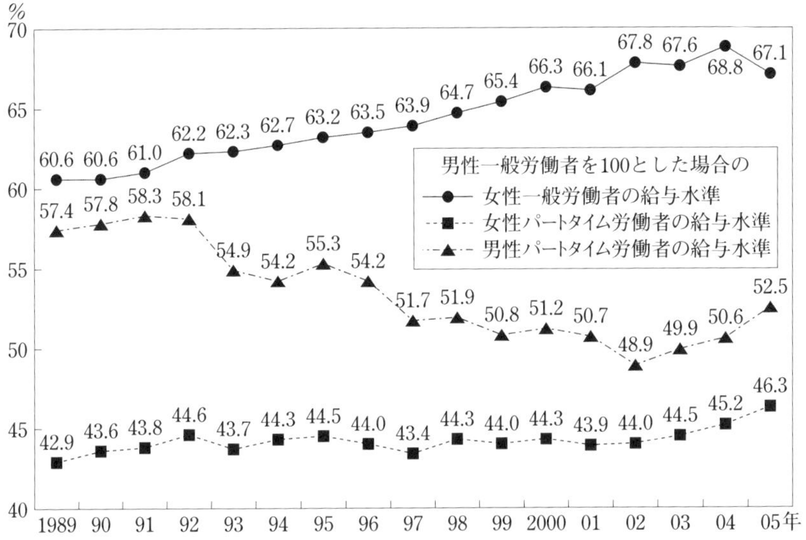

男性一般労働者を100とした場合の
― ● ― 女性一般労働者の給与水準
―■― 女性パートタイム労働者の給与水準
―▲― 男性パートタイム労働者の給与水準

年	女性一般	男性パート	女性パート
1989	60.6	57.4	42.9
90	60.6	57.8	43.6
91	61.0	58.3	43.8
92	62.2	58.1	44.6
93	62.3	54.9	43.7
94	62.7	54.2	44.3
95	63.2	55.3	44.5
96	63.5	54.2	44.0
97	63.9	51.7	43.4
98	64.7	51.9	44.3
99	65.4	50.8	44.0
2000	66.3	51.2	44.3
01	66.1	50.7	43.9
02	67.8	48.9	44.0
03	67.6	49.9	44.5
04	68.8	50.6	45.2
05	67.1	52.5	46.3

出典：内閣府（2006：61）．

を示したデータである．男性の一般労働者を100とした場合，女性の一般労働者の賃金水準は2005年の時点で67.1％にとどまっている．女性パートタイマー労働者の場合にはわずか46.3％にすぎない．全体として女性の就業が拡大するなか，一般労働者における男女の賃金格差は依然として大きい一方，女性のなかでもパートタイム労働者はさらに厳しい状況におかれていることがわかる．

　女性内の賃金格差はどのように変化してきたのだろうか．図3-6は雇用者個人の所得について女性のみ，男性のみ，男女合計のそれぞれに関するジニ係数の推移を示している．いずれも1982年と比べて上昇傾向にあるが，図の1番下にある男性の点線と比較して，図全体の半ばから上にかけて描かれている女性の実線の伸びはより急であり，1990年代半ばからは男女をあわせたジニ係数を上回っている．非正規雇用で働く女性の増加と，高学歴でキャリアを求める女性の登場との両方が，このような所得格差の拡大をもたらしていると推測される．

　このような女性内の所得格差の拡大は，正規雇用か非正規雇用かといった就

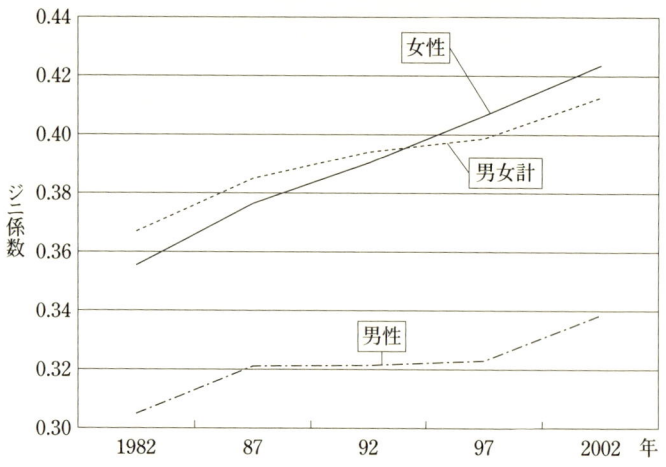

図 3-6 男女別ジニ係数の推移（雇用者・個人所得）

出典：「就業構造基本調査時系列統計表」より橋本が作成（橋本，2007：34）．

表 3-2 労働者の階層分布（1997 年） （単位：1,000 人）

		計	専門的・技術的職業	管理的職業従事者	事務従事者	販売従事者	サービス職業従事者	技能工、採掘・製造・建設作業者及び労務作業者
年齢計（男）	雇用者数	33,130	4,115	2,021	5,290	4,908	1,350	11,898
	うち正社員	26,787	3,561	666	4,711	4,171	859	9,802
	正社員比率（％）	80.9	86.5	33.0	89.1	85.0	63.6	82.4
	パート	436	17	0	35	24	40	257
	アルバイト	1,652	86	0	134	134	323	707
	年収 300 万円未満比（％）	25.1	14.2	6.7	16.1	17.8	56.7	34.3
年齢計（女）	雇用者数	21,867	3,352	226	7,575	2,525	2,689	4,986
	うち正社員	11,755	2,587	22	4,743	1,262	1,030	1,896
	正社員比率（％）	53.8	77.2	9.7	62.6	50.0	38.3	38.0
	パート	6,562	379	0	1,555	803	1,055	2,594
	アルバイト	1,692	129	—	476	286	441	286
	年収 300 万円未満比（％）	74.4	46.4	32.8	69.7	79.8	87.5	92.7

出典：「就業構造基本調査」より熊沢が作成（熊沢，2000：24-25）．

図 3-7 役職別管理職に占める女性割合の推移

労上の地位の違いだけではなく，(就労上の地位と関連をもつ) 職種の違いによってももたらされている．表 3-2 は 1997 年に実施された「就業構造基本調査」のデータを熊沢が独自に集計したものである (熊沢，2000：24-25)．

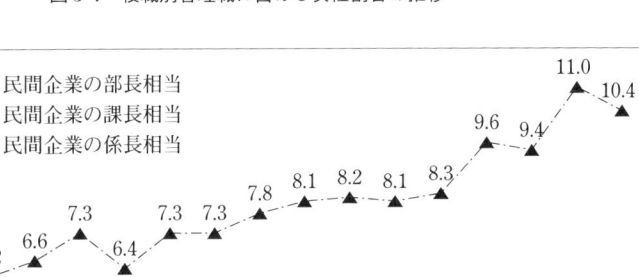

年収 300 万円未満の割合はサービス職 (87.5%) や販売職 (79.8%)，事務職 (69.7%) で相対的に高い一方，専門職 (46.4%)，管理職 (32.8%) では低いことが確認できる．男性と比較すると，専門職や管理職でも 300 万円未満の女性の割合はかなり高いが，女性内の階層分化という観点から見ると，職種の違いが所得格差の背景として存在していることがうかがえる．第 II 部の分析では，このように職種によって測定される社会階層の違いが家族のありようにどのような影響を及ぼしているのかを中心に検討していく．

最後に確認するのは女性管理職の増加である (図 3-7)．係長職につく女性の割合は 1989 年から 2005 年までの約 15 年間の間におよそ 10% 強まで伸びている．課長や部長についてもまだ割合は低いものの，伸び率は大きい．

4. おわりに──「選好理論」とその問題点

このように日本では格差が拡大するなかで女性内の階層分化も進んでいることが各種データから確認できるが,日本よりも早く女性の就業が拡大した欧米では「女性内分化をもたらす要因は何か」をめぐって興味深い論争がある(Hakim, 2000 : 2-3, 29 ; 2004 ; Crompton, 2006).

ハキムはヨーロッパの国際比較データに基づき,性別役割分業は形を変えつつ維持されているという見解を示すとともに(Hakim, 2004 : 4 章),女性が就業と家庭生活のバランスをどのようにするかに関わって,新たに「選好理論(preference theory)」を提示している(Hakim, 2000 ; 2004 : 13-18).

選好理論によれば,女性は仕事と家庭生活の両方を同様に重視したライフスタイルを求める「適応型女性(adaptive women)」,仕事を中心としたライフスタイルを志向する「仕事中心型女性(work-centerd women)」,結婚後は家庭生活を中心としたライフスタイルを求める「家庭中心型女性(home-centerd women)」の3つに分かれる.それぞれのライフスタイルを志向する女性の割合はどの国でもほぼ同様であり,全女性の3分の2は仕事と家庭生活のバランスをとろうとするのに対し,残り3分の1の女性は仕事中心の志向性をもった女性と,家庭生活中心の志向性をもった女性に二分されるという(Hakim, 2000 : 6 章 ; Hakim, 2003 : 84-87 ; 2004 : 203).そして,このような選好の違いをもたらす主な要因として,テストステロンという男性ホルモンが挙げられている(Hakim, 2000 : 258).

また,ハキムはライフスタイル「選択」における女性の「選択」の幅を広げてきた社会的変化として,ピルによって女性が主体的に避妊をおこなえるようになった避妊法革命のほか,雇用機会均等法に代表される男女差別解消のための措置,ホワイト・カラー職の増加,家計補助的な働きが可能なパート職などの登場,豊かさの拡大,よりリベラルな時代の到来といった,1960年代以降の諸変化を挙げている.ハキムは女性が一様に「選択」の幅を広げてきたという前提をおいたうえで,就業に関する女性内分化は教育レベルや社会階層とは独立に,あくまでも女性自身の「選択」の拡大によって生じていると主張する(Hakim, 2000 ; 2004 : 14).

しかし,「データに裏づけられている」というハキム自身の主張とは裏腹に,計量モデルを用いた実証的な裏づけは乏しく,社会階層との関連に限ってみても次のような疑問を感じざるを得ない.すなわち,「就業に関する志向性に社会階層による違いはないのか」という疑問は残るし,(仮に社会階層と就業志向性が無関係であったとしても)「各人の就業志向性を実現するにあたっては,階層による障壁の違いはないのか」といった問題についても検討されていない.つまり,女性内分化がどのような社会的基盤に基づくかといった検討をおこなわないまま,「選択」の観点からのみ女性の就業行動がとらえられているのである.機会費用(仮に仕事を中断しなければ得られたはずの収入やキャリアの損失など)が人的資本によって異なるにもかかわらず,そのような違いとは無関係に志向性が形成され,実現されているとは考えにくい.

　このようなハキムの主張に対して,豊かな社会においても不平等を分析するにあたっては「社会階級」概念や「社会階層」概念が引き続き有効であるという立場から,女性の階層研究をおこなってきた社会学者のクロンプトンは,マクロ・データを用いてイギリスを含めたヨーロッパの国々における女性の社会階層と就業率の関連などを示しながら,ハキムの主張が実証的根拠を欠いていると指摘している (Crompton, 2006).たとえば,クロンプトンは夫婦の働き方を,①夫婦の労働時間がともに週40時間を上まわる夫婦,②夫婦ともにフルタイムで働くが,労働時間はいずれも35時間以下,③男性は週に40時間働くが,妻はパートタイムのようにより短い時間しか働かない,④夫婦ともに労働時間は週40時間未満だが,一方は35時間未満,⑤男性はフルタイムで働くが,女性は働かない伝統的タイプ,という5つに分け,その割合についてイギリス,フィンランド,フランス,ノルウェー,アメリカ,ポルトガルという6カ国で比較すると国によって違いが見られることを示し,「選好」が「福祉レジーム」類型などによって社会的に構造化されていることを指摘する (Crompton, 2006 : 172-173).

　また,社会階層論の枠組みを用いた実証研究の知見や関連するデータに基づいて,就業に関する価値観が社会階層によって異なることを示しながら,クロンプトンは女性の就業を「選択」の文脈で説明しようとするハキムの見解が新自由主義的な政策に利用されることによって不平等が固定化され,正当化され

る危険性を危惧する (Crompton, 2006: 203-206).

　第4章の分析で明らかになるように，日本においても既婚女性の就業行動は社会階層によって構造的に規定されており，個人の「選択」といった文脈でとらえることはできない．同時に，男性に保障されてきた雇用も不安定化しているなかで，女性の就業が家計にとってもつ重要性は増し，女性の就業によって家族のありようは変化を迫られている．つまり，内実をどれだけ伴っていたかはともかく，一般の人々にとってある程のリアリティとして存在していた「一億総中流社会」としての日本が「格差社会」へと変質するとともに，「標準家族」の解体が始まっているのである[3]．格差社会における家族の変容とは具体的にいかなるものであるのか．それは女性の就業によってひきおこされている変化なのか．これらの課題については第Ⅰ部で検討してきた女性の就業と家族をとりまく日本社会の構造的特徴をふまえつつ，第Ⅱ部の計量分析によって解明していく．

---

[3]　1970年代後半から1980年代半ばまで関心を集めていた「一億総中流社会」をめぐる「中流論争」では，ともに経済学者である村上泰亮（東京大学）と岸本重陳（横浜国立大学）が代表的な論者だった．村上は「中流階級」とも「大衆」とも異なる新たな階層が登場しているという見解を示し，その階層を「新中間大衆」と名づけ，新中間大衆の登場と拡大が人々の間に政治的無関心や保守性，屈折した批判精神をもたらしていることを憂慮した（村上，1984）．他方，岸本は「中流というのは幻想にすぎない」という認識を示したうえで，中流社会であることを前提とした政策が不平等の拡大などの問題を生む可能性を危惧するとともに，人々の投票への関心が低下していることがもたらす問題についても指摘した（岸本，1978）．中曽根政権のブレーンをつとめていた村上とマルクス主義経済学の立場に立つ岸本は当時，対極的な立場にあると見られていたが，両者は豊かな時代における人々の政治的無関心の問題に目を向けている点で共通した問題意識をもっていたことは興味深い．「格差論」ではかつて日本は「一億総中流社会」であったという前提が一般的におかれており，「一億総中流社会」の実態や幻想性が問われることは少ない（渡辺，2007）．また，政府や政策の是非に批判の目が向けられることはあっても，それを支える人々の政治意識にまで射程を広げている論者はほとんどいない．これらの点については岩間（2008）を参照いただきたい．

第 II 部　女性の就業と家族をめぐる問い

第4章

どのような女性が働いているのか

1. はじめに

第II部の第5, 6, 7章では女性の就業によって家族のありようはどのように異なるのかを分析するが，それに先だって，そもそも既婚女性のなかでどのような背景をもつ女性が働いているのかを確認しておく必要がある．

図4-1は2003年に厚生労働省がとりまとめた「出生前後の就業変化に関する統計（人口動態特殊報告：平成15年版）」のデータである．図4-1によると，仕事をもっている女性の約7割は第1子の出産を機に仕事を辞めており，就業を継続している女性は2割強にとどまる．

第2章で確認したように，育児や子育てが一段落した30代後半から40代前半にかけて，多くの女性が再び労働市場に戻ってくる．再就職を目指す女性が「選択」できる仕事の大半はパート・タイムであり，退職前に蓄積した人的資本を活かせる職種につくことは極めて難しく，結果として賃金も低く抑えられている．家事や育児の主たる責任は女性にあるとされ，男性には稼ぎ主役割が期待される日本の「男性稼ぎ主」型の福祉レジームを前提に，女性たちは「選択」せざるをえない状況が全体としてあり，将来的な労働力不足が懸念されながらも女性の労働をめぐる環境に大幅な改善は見られない．

他方，「男性稼ぎ主」型の福祉レジームのもう一方を担う男性の労働の世界では1990年代以降，大きな変化が見られる．バブル経済崩壊以降の長引く不況によって，男性の雇用はそれまでのように安定したものではなくなった．年

図 4-1　第 1 子出生 1 年半後の女性の就業パターン（%）

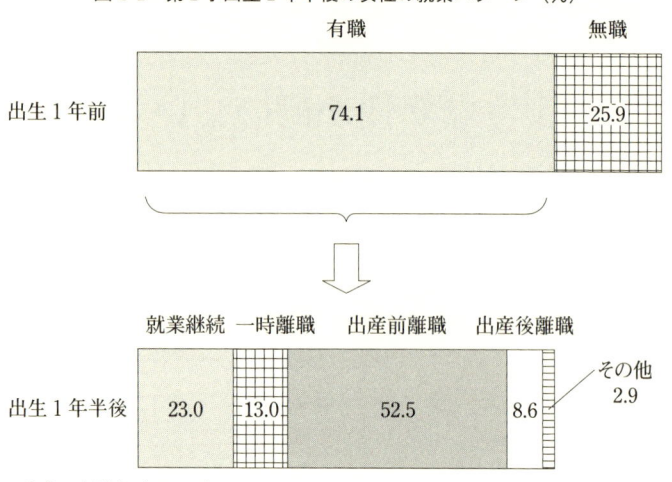

	有職	無職
出生 1 年前	74.1	25.9

	就業継続	一時離職	出産前離職	出産後離職	その他
出生 1 年半後	23.0	13.0	52.5	8.6	2.9

出典：内閣府 (2006:9).

齢とともに昇進や昇給を保障してきた年功序列制や，定年までの雇用を保障する終身雇用制といった日本的経営を支えてきた各制度の維持が難しくなり，中高年のリストラの増加，リストラ後の再就職の難しさなどが社会的関心を集めている．また，第 2 章で考察したように，企業は労働者の選別と同時に，福祉からの撤退を始めている．

このように 1990 年代以降の家族は，夫の稼ぎ主役割が不安定化していくなかで，「家族の経済的安定をどのようにはかるのか」といった新たな課題への対応を迫られるようになっている．男性の雇用が不安定化し，世帯の経済的安定度が低下すれば，他の家族構成員の就業によって家計の安定をはからなければならない．世帯規模が縮小するなか，不安定化した夫の稼ぎ主役割を補うあるいは代替しうるのは妻にほぼ限定されているため，妻にはケア役割に加えて，新たに「稼ぎ手」としての役割も期待されるようになっている．

ただし，すべての家族がこの新たな課題に等しく直面しているわけではない．経済的格差が拡大するなかでも安定した雇用や高い収入を手にしている階層では，経済的理由から妻が就業する必要性は低い．つまり，男性の雇用が不安定化し，将来的見通しも含めた経済的安定度が社会全体として低下するなかで，

妻が就業するか否かが家族，すなわち夫の経済的位置によって規定されている側面がより強まっている可能性が考えられる．

本章はこのような問題意識のもとに，ライフ・コース上の位置などの家族要因と家族の社会階層の両方に目を向け，女性の就業がどのような要因によって規定されているのかを実証的に検討する．あわせて，夫の年収によって妻の就業満足感が異なるのかについても検討する．

2.「ダグラス＝有澤の法則」の検証

既婚女性の就業に夫の収入が及ぼす影響に関しては「ダグラス＝有澤の法則」が知られているが，これは3つの法則から構成されている．川口の簡潔なまとめによると（川口，2002），「ダグラス＝有澤の法則」という用語は辻村・佐々木・中村（1959）によって初めて使われた後，小尾（1980）によって明確に定義された．その内容は以下の3つの法則から構成される（小尾，1980：22）．

第1法則：家計には核構成員すなわち家計の中核的収入稼得者（家計調査の世帯主に相当）があり，非核構成員（核以外の家計構成員）の入手可能な就業機会（賃金率と指定労働時間）を所与とするとき，核収入のより低い家計グループの非核構成員の有業率はより高い．
第2法則：核収入を一定とするならば，非核構成員に提示された就業機会の好転は，非核有業率を上昇させる．
第3法則：核構成員にあたる青壮年層男子の有業率は提示された就業機会の賃金率に対して不感応的である．

非核構成員として一般的に想定されているのは未成年者や既婚女性，高齢者であり，本章の文脈では夫の収入が低い場合に妻の就業確率が高いと解釈する．

川口によると，先進国のなかでは大半の国で第2法則と第3法則がともに成立しているのに対し，第1法則が成立しているか否かについては国によってかなりの違いが見られる．たとえば，ブロスフェルドらによる12カ国・地域の

比較分析の結果，福祉レジーム類型によって夫の収入が妻の就業に及ぼす影響は異なること，具体的には第1法則は家族主義的な性格が強い「保守主義」レジームのドイツ，オランダ，ベルギーや，より「家族主義」の影響が強い南ヨーロッパのイタリア，スペインで成立しているのに対し，「社会民主主義」レジームのデンマーク，スウェーデンでは逆に，夫の収入が高いほど妻の就業が促される傾向が明らかにされている（Blossfeld and Drobnic eds., 2001）．

第2章で検討したように，日本はジェンダーに基づく性別役割分業が強固な社会であり，福祉政策における家族主義的性格が強い「男性稼ぎ主」型社会保障システムであることをふまえるならば，日本では第1法則（以下，「ダグラス＝有澤の法則」と呼ぶ）が成立している可能性が高いと考えられる．実際，日本では「ダグラス＝有澤の法則」を実証的に支持する分析結果が継続的に得られてきた．

たとえば，1992年の「就業構造基本調査」を用いた樋口（1995）の研究では，夫の所得が高いほど妻の就業率が低いことが示されている．家計経済研究所編（1995）も，1993年の「消費生活に関するパネル調査」のデータを用いた分析によって，夫の年間所得が高い家計では妻の就業率が低いことを確認している[1]．

しかし最近では，「ダグラス＝有澤の法則」の実証的妥当性が低下しているという指摘が出されている（小原，2001）．小原は家計経済研究所が収集した「消費生活に関するパネル調査」の1993年と96年の2時点のデータを用いて，①夫婦ともに所得の高い家計が増加していること，②各時点のデータにプロビット分析を適用した結果によると，夫の年収が妻の就業に及ぼす効果は93年では10％水準で有意だったものの，96年には統計的に有意ではなくなったことを明らかにしている．「ダグラス＝有澤の法則」の実証的妥当性の低下に関する議論のきっかけとなったこの小原の分析結果を解釈するにあたっては以下の点で注意が必要である．

まず，小原が用いたデータは対象年齢が93年時点で24歳から34歳という比較的若い世代のサンプルに限られており，子育てが一段落してからの再就職

---

[1] ただし，常用雇用者比率は夫の所得が高い家計で高く，雇用形態を考えると結果は明確でないとされる．

をまだ果たしていない層が多いと考えられる点である．つまり，家族の経済的地位の違いがより反映されやすいと考えられる再就職をした女性のデータが少なく，結果として階層差が過小評価されている可能性がある．また，夫婦どちらかが自営業の場合をのぞいているため，実際よりも階層的ばらつきが小さく抑えられていると推測される[2]．なお，93年には556人のデータが用いられているが，96年には480人に減少しており（脱落率は約14％），追跡調査をおこなう過程で脱落する層では脱落しない層よりも夫の収入が低いといった偏りがある可能性も考えられる．最大の問題は，「ダグラス＝有澤の法則」の実証的有効性が低下したか，という変化を検討するためには，異なる対象者に対して複数時点で実施する「繰り返し調査」のデータを用いる必要があるにもかかわらず，パネル・データを用いていることである．

他方，樋口は小原と同じパネル・データのうち1993年から99年のデータをプールし，夫の恒常所得（過去3年間の移動平均所得）と変動所得（前年に対する1年間の所得変動）が妻の就業行動に及ぼす影響を検討した結果，変動所得は有意な効果をもたないのに対し，恒常所得は負の有意な効果をもつことを明らかにしている（樋口，2001）．この結果は，「ダグラス＝有澤の法則」が依然として成立していることを実証的に支持しているが，データをプールしているために，誤差間の相関を考慮できていないという問題が見られる．

小原が示した夫婦ともに高階層のカップルの増加は，大竹（2000）によっても指摘されている．「就業構造基本調査」の1982年，87年，92年，97年のデータを用いて夫の所得階級別に妻の有業率や妻の所得の高さを見ると，97年には夫の所得と妻の有業率との負の相関は消え，高所得の夫が高所得の妻をもつ比率が高まっており，これが世帯レベルで見た所得の不平等を高めているという大竹の主張につながっている．

小原や大竹が指摘するように，1986年の「男女雇用機会均等法」の施行を契機として女性の雇用環境は主に新卒の高学歴女性を対象として改善されてきた面がある．高学歴女性が高学歴男性と結婚する確率が高いという学歴同類婚

---

[2] この点に関連して，樋口は小原と同じパネル・データを用いて（データは1993年から99年），2年連続して夫の年収が低下した割合は自営業を含む農林漁業建設業層で高いことを確認している（樋口，2001: 162-163）．

の傾向をあわせて考えると，夫婦ともに高収入という組み合わせの夫婦が新たに登場し，結果的に「ダグラス＝有澤の法則」がかつてほど強固な形で成立していない可能性も考えられる．しかし，バブル経済崩壊以降の雇用の流動化が進むなかで，夫の収入だけでは家計を維持できず，家計の補助を目的として妻が就業する階層がより厚くなっている可能性もあり，既婚女性の就業の規定要因を検討するにあたっては，このような「二極分化」が進んでいることを視野に入れる必要がある．

「ダグラス＝有澤の法則」はもともと横断調査で観察された事実を法則としているため，この法則の検証をするにあたって本章でおこなうように横断調査データを用いることは妥当である．小原（2001）や樋口（2001）はパネル・データを用いているものの，実際の分析では横断調査データとみなし，横断調査データで用いられる分析手法を適用しているため，先に指摘したような分析上の制約が見られる．最近では，パネル・データの利点を積極的に活かし，夫の収入の変動が妻の就業行動に及ぼす影響を直接検討する形で「ダグラス＝有澤の法則」の実証的有効性を検討する研究も登場している（武内，2004；2006）．

武内は小原（2001）や樋口（2001）らと同様に「消費生活に関するパネル調査」を用いて（ただし，1993年から98年までのデータ），対象者によって異なる属性の個別効果を確率変数として扱うランダム効果モデルと（random effect model），個別効果が観察期間中は一定であることを想定した固定効果モデル（fixed effect model）の2つのモデルを用いて夫の所得（樋口と同様に3年間の長期所得と変動所得に分けている）の効果を分析している（武内，2004）．ランダム効果モデルでは夫の長期所得は負で有意だが，変動所得は有意ではないことが明らかになっているが，検定によると固定効果モデルによる推計がより適切であることが示されており，そのモデルでは夫の長期所得と変動所得はともに有意ではない．

長期所得を5年間に変更するなどの修正を加えた再分析の結果，やはりランダム効果モデルでは長期所得は負の有意な効果であるものの，変動所得は有意ではなく，（変動所得を変数として含めていない）固定効果モデルでは長期所得の有意な効果は見られない（武内，2006）．

武内の分析結果は，比較的若い年齢階層に限って見れば，妻の就業行動は短

期間の夫の所得の低下ではなく，長期にわたる夫の所得低下が生じることによって促されている可能性を示していると考えられる．

それでは，より広い年齢層の女性も含めて見た場合，既婚女性の就業行動はどのような要因によって規定されているのだろうか．本章で用いるデータは2004年という一時点で収集された横断調査データであるため，同じ対象者に対して追跡調査をおこなうパネル・データとは異なり，夫の収入の変化が妻の就業を促すのかについて動的な因果関係を解明することはできない．しかしながら，これまで紹介した先行研究で使われているパネル・データの対象者は20代後半から30代前半までの比較的若い年齢層に限定されているため，再就職の局面を含めた階層差が過小評価されている可能性が高いと考えられる．また，実際の分析で用いられるデータ数も200から500程度と小さいなどの制約が見られる．したがって，より広範な年齢層も加え，かつデータ数もより多いデータを用いて「ダグラス＝有澤の法則」の有効性を検討することには一定の意義があると考えられる．

3. 既婚女性が働く理由

3.1　データと分析方法

序章で紹介した「結婚と家族に関する国際比較調査」の調査データを用いて分析をおこなうが，本章では18歳〜59歳の既婚女性のデータを用いる．

被説明変数として用いる就業上の地位については，就業していれば1，していなければ0とするダミー変数を用いるため，2値データの分析に適したロジット分析を用いる．なお，60歳以降は退職者が多くなるため，分析対象は18歳〜59歳の既婚女性に限定する．まずは59歳までのすべての既婚女性のデータを用いて就業の規定要因を検討した後，各説明変数が就業に及ぼす効果をより詳細に検討するため，年齢階層別にモデルを推定する．

3.2　分析に用いる変数

家族の経済的地位に関しては，「夫の年収」と「住宅ローンの有無」という

2つの変数を用いる．「ダグラス＝有澤の法則」の第2法則の実証的有効性を検討する研究のなかでは，労働者の就業機会の差をとらえるために学歴がしばしば用いられてきた（川口，2002）．日本では他の先進諸国とは異なり，女性の就業率に学歴差が見られないことが指摘されている（樋口，1991；脇坂・富田編，2001）．他方，最近では，他の国と同様に学歴が高いほど就業率が高いという分析結果も得られている（川口，2002）．つまり，現段階では女性の就業行動に及ぼす学歴の効果について定まった知見は得られていない．このような状況を鑑み，ここでは「（本人の）学歴」も含めた分析をおこなう．

家族要因に関しては子育てが就業への障壁となっている可能性に着目し，「3歳以下の子どもの有無」というライフ・コース上の位置をあらわす変数と，「子ども数」，「親との同居」という3つの変数を用いる．3世代家族は減少傾向にあるが，親との同居によって得られるさまざまな支援（育児に関する直接的支援と経済的負担の軽減の2つが主に考えられる）は，既婚女性の就業をあとおししている可能性がある．なお，親の高齢化とともに親との同居が介護負担に転じる側面もあるが，この点については3.4節の年齢階層別の分析で改めて検討する．

これら6つの説明変数のほか，コントロール変数として「年齢」と「年齢の二乗」を加える．年齢の二乗も含める理由は，年齢の効果が非線型である可能性を検討するためである．各変数の具体的な測定方法は以下の通りである．

夫の年収については基準カテゴリーを300万円未満として，300万円以上500万円未満（変数名は夫年収1），500万円以上700万円未満（変数名は夫年収2），700万円以上800万円未満（変数名は夫年収3），800万円以上（変数名は夫年収4）という4つのダミー変数を作成する．収入のように分布が低い値に偏った変数を用いる場合には対数変換して分布を補正する方法が一般的に用いられているが，ここでは夫の年収が妻の就業確率を高めるか否かの分かれ目となるおおよその金額にも関心を寄せるため，このように年収の効果をダミー変数で検討する．

住宅ローンの有無については，住宅ローンを返済中の一戸建ての持ち家または分譲マンションに住んでいる場合に1，それ以外の居住形態の場合には0（ローンのない一戸建ての持ち家，賃貸の一戸建て，ローンのない分譲マンシ

ョン，賃貸マンション・賃貸アパート，社宅や官舎など雇い主から供給されている住宅のいずれか）とするダミー変数を作成する．

本人の学歴については教育年数を用いる．

子ども数については，（出産経験数ではなく）現在生存している子ども数とする．3歳以下の子どもの有無については，3歳以下の子どもがいる場合には1，いない場合には0とするダミー変数を作成する．親との同居に関しては，同居している場合には1，していない場合には0とするダミー変数を用いる．

年齢については調査時点の満年齢をあて，一次の項と二次の項の両方を含める．

3.3 分析結果①　夫の年収と住宅ローンの有無の影響

分析結果は表4-1のとおりである．

主要な効果を具体的に見ていこう．夫の年収が500万円以上をあらわす3つ

表4-1　既婚女性の就業行動の規定要因（18歳〜59歳：N＝2,647）

説明変数	係数
切片	−5.0084***
夫年収1（300万円以上500万円未満）	−0.0398
夫年収2（500万円以上700万円未満）	−0.4459***
夫年収3（700万円以上800万円未満）	−0.5803***
夫年収4（800万円以上）	−0.8296***
住宅ローンあり	0.3861***
学歴	0.0172
子ども数	−0.0576
3歳以下の子どもあり	−0.7367***
親との同居	0.3305***
年齢	0.2545***
年齢の二乗	−0.00274***
−2 Log L	3510.759
尤度比（自由度）	204.4151（11）***

注：***は1%水準で有意であることを示す．

のダミー変数（夫年収2, 3, 4）はいずれも有意な負の効果をもつことから，夫の年収が300万円未満の世帯と比べて，夫の年収が500万円以上の世帯では妻の就業確率が低く抑えられていることが明らかとなった．夫の年収が300万円以上500万円未満（夫年収1）は有意な効果をもたないことをあわせて考えると，夫の年収500万円が境となっていることがわかる．

また，住宅ローンの存在も正の有意な効果をもち，住宅ローンのある世帯では妻の就業確率が高い．

家族要因に関する変数のうち，子ども数については有意な効果は見られなかったものの，ライフ・コース上の位置をあらわす3歳以下の子どもの存在は就業に対して有意な負の効果をもっていることが明らかになった．図4-1では第1子出生を機に約7割の女性が離職している現状が示されていたが，夫年収や学歴などをコントロールした多変量解析の結果によっても，3歳以下の子どもの育児負担が既婚女性の就業を抑制する障害となっていることが確認された．また，親との同居は正の有意な効果をもつことから，親との同居によって提供されるさまざまな支援によって就業がしやすくなっている現状が示されている．

年齢については一次の項は正で有意，二次の項は負で有意であることから，非線型の効果をもつことが明らかとなった（46歳で就業確率がピークに達した後，減少する）．

ここでの分析結果は，既婚女性の就業行動は家族の経済的地位と家族要因の双方によって規定されていることを示している．

このような全体像をふまえたうえで，以下では妻の年齢階層別にモデルを推定することによって，既婚女性の就業を促す要因がライフ・コース上の位置によってどのように異なるのかをより詳細に検討する．

3.4　分析結果②　年齢によって異なる子ども数の影響

18～59歳の女性を20代，30代，40代，50代の4つの年齢階層に分けた上で，年齢階層別にモデルを推定させた結果が表4-2である[3]．以下，年代階層別に主な有意な効果について考察する．

---

[3] 表4-1で用いた変数のうち，年齢の二乗の項を含めたモデルについても推定をおこなったが，いずれの年齢階層でも有意ではなかったため，分析から除外した．

表 4-2　既婚女性の就業行動の規定要因（年代別）

	20代 (N=190)	30代 (N=737)	40代 (N=830)	50代 (N=890)
切片	−5.7091**	−3.3589***	−1.2155	4.5795***
夫年収1（300万円以上 500万円未満）	−0.3547	0.00133	−0.2856	0.1198
夫年収2（500万円以上 700万円未満）	−0.4593	−0.6941***	−0.5779**	−0.0263
夫年収3（700万円以上 800万円未満）	−1.0305	−1.3058***	−0.4126	−0.2844
夫年収4（800万円以上）	−1.2141	−0.9643***	−0.9275***	−0.6831***
住宅ローンあり	0.0233	0.4358***	0.3384**	0.4434***
学歴	0.1214	0.0725	0.0186	−0.0512
子ども数	−0.6334**	−0.1630**	0.0896	0.2206**
3歳以下の子どもあり	−0.7605	−0.8454***	−0.1721	−0.5112
親との同居	0.7998**	0.5260***	0.1840	0.1300
年齢	0.1981**	0.0925***	0.0455	−0.0702***
−2 Log L	262.363	1019.841	977.811	1162.623
尤度比（自由度）	23.1016(10)**	85.5446(10)***	22.4993(10)**	51.7956(10)***

注1：20代には18歳，19歳も含む．
注2：***は1%水準で有意，**は5%水準で有意であることを示す．

　20代で有意な説明変数は子ども数，親との同居，年齢の3変数のみである．若いうちに出産し，子ども数が多い場合には就業確率が抑えられている一方，親との同居は就業確率を高めている．3歳以下の子どもの有無が有意ではない理由は，3歳以下の子どもをもっている女性の割合が高く，分散が小さいためと考えられる．また，20代では夫の年収も有意な効果をもたないが，これについても20代では男性内の収入格差が相対的に小さく，有意な値が得られるほど大きな分散ではないためと推測される．

　30代では，夫の年収が500万円以上であれば妻の就業は抑制されている一方，住宅ローンがあることによって妻の就業が促されている．40代，50代でも基本的に同様の傾向が確認できるが，50代では夫の年収が800万円以上か

否かが分岐点となっている．このような分析結果は，30代以上の既婚女性の就業行動は夫の年収や住宅ローンの有無といった家族の経済的地位によって影響を受け，家計の補助という性格が強いという現実を示している．

晩婚化が進み，高齢出産が増加傾向にあるなか，30代では子ども数と3歳以下の子どもの存在の両方が就業を有意に抑制する要因となっていることも明らかになった．また，30代では20代と同様に親との同居が既婚女性の就業確率を有意に高めていることから，親との同居によって得られる家事や育児，経済面などへの支援が子育て期の女性にとって重要なサポート源であることが示されている．

興味深い知見は，子ども数の及ぼす影響が年齢階層によって異なる点である．20代や30代では子ども数の多さが就業を抑制するのに対し，50代では逆に，子ども数が多いほど就業が促されている．育児の負担がのしかかる育児期（20代，30代）では子ども数が多くなるほど家事・育児と就業の両立が困難となり，就業が抑制されるのに対し，50代では子どもを大学や専門学校などに通わせるための教育費や老後に向けての貯蓄のため，夫1人の収入で足りない分を補うために妻の就業が促進されていると推測される．このような分析結果は，既婚女性の就業がライフ・コース上の主要な課題のありよう——ケアなのか，教育費や老後の費用なのか——によって決定される実態を示している．

また，いずれの年代でも学歴の効果は有意ではない．つまり，既婚女性の就業は子育てとの関係で決定される部分が大きく，女性は出産・子育てによって一様に「ケア役割」の遂行が求められる状況が示されている．ブロスフェルドらがおこなった国際比較分析によると，他の先進国では福祉レジームの違いに関わりなく高学歴であることは既婚女性の就業を促す効果をもっていることと比較すると（Blossfeld and Drobnic eds., 2001），学歴の有意な効果が見られない点に日本的特徴があると言える．この点については5節で改めて考察する．

4．社会階層と働くことの満足感

3節の分析によって，30代以上の既婚女性の就業行動は世帯の経済的地位と家族要因によって影響を受けていることが明らかになったが，働くことに対す

表 4-3 仕事への満足感（夫年収別：30～59歳，N = 1,497）

	満足している	どちらとも言えない	不満である
夫年収 500 万円未満	49.08%（372 人）	35.36%（268 人）	15.57%（118 人）
夫年収 500 万円以上	55.48%（410 人）	32.21%（238 人）	12.31%（91 人）

注：$\chi^2 = 6.8732$　d.f. = 2　p 値 = 0.0322**（5% 水準で有意）．

る満足感という主観的な面にも社会階層が関与しているのだろうか．前節での分析結果によれば，夫の年収が 500 万円以上であるか否かが妻の就業確率に有意な違いをもたらしていることをふまえ，夫年収が 500 万円未満と 500 万円以上の 2 つの層に分けたうえで，仕事に対する既婚女性の満足感との関連を検討する．

仕事の満足感は「現在のお仕事にどれぐらい満足していますか」という質問に対して，「たいへん満足している」「満足している」「どちらとも言えない」「不満である」「たいへん不満である」という 5 つの選択肢のなかから 1 つを選ぶ形式で尋ねている．ここでは「たいへん満足している」と「満足している」を「満足」という 1 つのカテゴリーにまとめ，同様に「不満である」と「たいへん不満である」を「不満足」というカテゴリーにまとめる．

表 4-3 に示すように，夫年収 500 万円以上の方が仕事に満足している比率がやや高いことが明らかになった．この結果は，家族の経済的地位が既婚女性の就業行動に影響を与えると同時に，働くことによって得られる満足感という主観的な面にも影響を及ぼしていることを示している．

5．おわりに――「ケア役割」と「稼ぎ手役割」という二重負担

本章では，格差が拡大するなかで女性の就業行動がどのような要因によって規定されているのかについて，社会階層と家族要因の 2 つに着目して分析をおこなった．分析の結果，①夫の年収が低かったり，住宅ローンを抱えているといった世帯の経済的地位が既婚女性の就業を促しているとともに，②女性の就業はライフ・コース上の位置や子ども数，親との同居といった家族要因によっても規定されていることが明らかになった．

②に関しては，18～59歳までの女性全体を分析した結果によって，3歳以下の子どもの存在は就業を抑制する効果をもつ一方，年代別の分析では子ども数が既婚女性の就業に与える影響は年代によって異なることが明らかとなった．すなわち，20代や30代といった子育て期には子ども数の多さが就業を抑制するのに対し，50代ではむしろ促進する要因となっている．既婚女性は子どもの手間のかかる時期には子育てに専念し，子どもの教育費がかかる時期になると就業して家計を補助する役目を果たしている．また，20代，30代では親との同居によって就業確率が有意に高くなっており，子育て期の女性が仕事をするうえで，親が提供するさまざまな資源が重要なサポート源となっている．

　日本的特徴という点で興味深い分析結果は，学歴が既婚女性の就業行動に対して有意な効果をもたないことである．旧西ドイツ，オランダ，ベルギーとフランスにまたがったフランドル地方，イタリア，スペイン，イギリス，アメリカ，スウェーデン，デンマーク，ポーランド，ハンガリー，中国という12カ国・地域の比較分析の結果，全国データを用いていないアメリカを除いては，高学歴であることは就業を促すことが明らかにされている（Blossfeld and Drobnic eds., 2001）．なぜ日本では学歴に関係なく，就業行動は世帯の経済的地位と家族要因によって規定されているのだろうか．

　ここには日本が「男性稼ぎ主」型の福祉レジームを採用し，労働市場も稼ぎ主である男性の雇用を保障するように規制されていることが密接に関わっていると考えられる．就職時における年齢制限，正規雇用と非正規雇用との間に見られる賃金を含めた待遇の大きな格差，転職や再就職によって仕事の内容や待遇が大きく下がるといった特徴が見られる労働市場は，結果的に，結婚や出産，子育てといったライフ・イベントとともに生じる家族の「ケア役割」を期待されている女性にとって不利なしくみとなっている．

　また，高学歴女性は高学歴の男性と結婚する傾向が見られるため（学歴同類婚），女性が高学歴であるほど夫は長時間労働や転勤が多いといった条件におかれ，結果的に妻の継続的な就業が難しい面もあると考えられる．つまり，女性の第一義的な役割が「ケア役割」とされているために，高学歴の女性であっても就業を継続することが難しい．

　同時に，格差が拡大するなかで低い階層の女性には「ケア役割」に加えて

「稼ぎ手役割」も新たに期待されるようになっていることも見逃せない．経済的地位が低い家庭では，女性の就業が家計にとってもつ重要性は高い．既婚女性の就業行動は女性自身の「選択」といった文脈ではとらえきれず，階層構造上の位置によって規定されているのである．

第 5 章

家事分担は変わるのか

1. はじめに——家事分担をめぐる現状

第4章で明らかになったように，日本の既婚女性の就業行動は家族の社会階層とともに，家族要因によっても影響を受けている．すなわち，家事や育児，介護といった「ケア役割」が女性には強く期待されているため，ライフ・コース上の位置によって変化する家族のニーズにあわせる形で既婚女性は労働市場から退出したり，再参入するのである．

女性に重い「ケア役割」が期待されている状況の一端は，毎日新聞社が2004年に実施した「第1回人口・家族・世代世論調査」の家事分担に関するデータからも確認できる（データの詳細は序章を参照のこと）．

夫と妻の家事分担について「ふだんの生活で，あなたの夫はどの程度，家事を分担していますか」という質問をして，0%から100%までを10%刻みにした全11カテゴリーのなかから1つを選ぶという回答形式を用いて得られた結果が図5-1である．

ここには専業主婦世帯も含めた分布が示されているが，全般的に夫の家事参加はかなり低い水準にとどまっている．妻の報告によると，60%以上の夫は家事のわずか20%以下しかしておらず，16%の夫はまったく何もしていない．

共働き世帯でも一様に夫の家事参加度は低いのだろうか．それとも妻の職業階層によって夫の家事参加は異なるだろうか．この点を検討するため，妻の職業階層別に夫の家事参加度を集計したのが図5-2である．

図5-1 夫の家事参加度の分布

(全データ：N＝1,434)

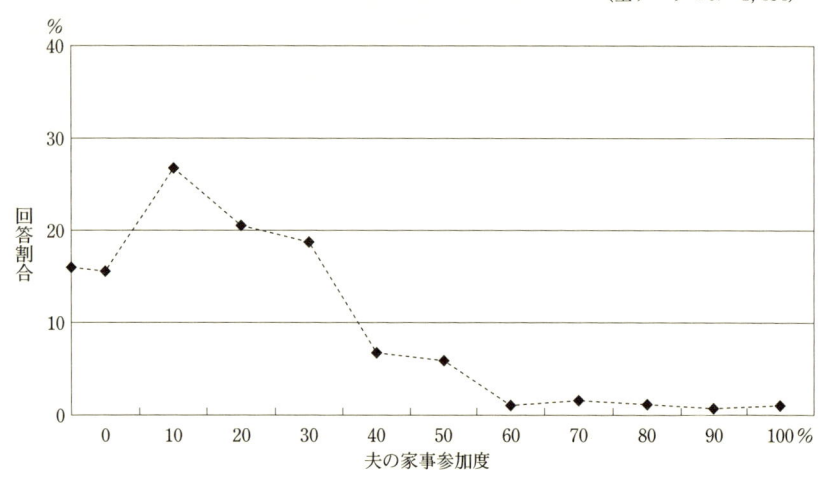

図5-2 妻の職業階層別に見た夫の家事参加度

(有職女性のみ：N＝837)

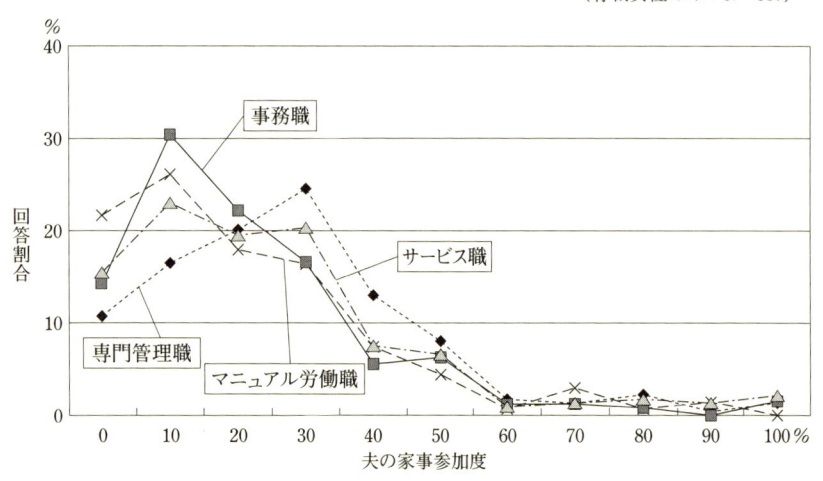

　50％以上の家事を分担する夫については職業階層による違いは見られないものの，50％未満の家事を分担する夫の分担度は妻の職業階層によって異なることが示されている．専門管理職という相対的に高い職業階層で妻が働くこ

とによって夫の家事参加が促されており，妻がサービス職の夫が続いている．また，妻が事務職あるいはマニュアル労働職に従事する夫の家事への参加度はかなり低いことがわかる（サービス職，マニュアル労働職の内容は注5を参照）．

妻の職業階層と夫の家事参加に見られるこのような関連性は，日本の強固な性別役割分業が妻の就業によって変化する可能性を示唆している．日本のみならず，欧米においても家事分担の問題は家族社会学でもっとも研究の蓄積が厚いテーマの1つだが，階層差に着目した研究は国際的にも少ない．しかし，妻が就業して一定の社会経済的資源を手に入れるようになれば，家事分担のありようも変化する可能性がある．

そこで本章では，既婚女性の就業が夫の家事参加にどのような影響を及ぼしているかについて，妻の職業階層を中心とした社会階層に着目して分析する．2節では家事分担の規定要因に関する先行研究についてのレビューをおこなったうえで，仮説を提示する．3節では用いるデータと指標，分析手法を説明した後，妻の職業階層によって夫の家事分担がどのように異なるかについての計量分析をおこなう．4節ではなぜ社会階層が家事分担に有意な効果をもつかについて，構造的要因と文化的要因に分けて補足的分析をおこなう．5節では本章における結論と今後の課題を示す．

2. 家事分担を決める要因

2.1 欧米の先行研究

家事分担の規定要因に関しては，シェルトンとダフニが計量分析を用いた先行研究のレビューをおこない，①相対的資源説（the relative resources explanation），②時間制約説（time constraints explanation），③イデオロギー/性役割説（the ideology/sex role explanation）という3つの仮説を整理している（Shelton and Daphne, 1996: 304-305）．収入や教育，職業などの社会経済的資源は夫婦間の交渉にあたって有利となる交渉力を提供しうる点に着目しているのが「相対的資源説」であり，相対的資源を多くもつ方が家事の負担を逃れるよ

うになるとする．家事を遂行するためには一定の時間資源が必要となるという，構造的要因を重視する観点から出されたのが「時間制約説」である．「時間制約説」によると，夫婦のうち時間資源の多い方がより多く家事をおこなう．これに対して，「イデオロギー/性役割説」は夫婦それぞれがもっている性別役割分業に関する価値観が家事分担に影響を及ぼすという見方をとり，妻が家事に責任をもつべきだという価値観を有している場合には，夫の家事参加が抑制される．

これら3つの仮説のなかでもっとも直接的に社会階層の問題を取り上げているのは相対的資源説であるが，時間制約説やイデオロギー/性役割説の実証的妥当性を検討するにあたっても，社会階層との関連を考慮する必要がある．というのは，性別役割分業観を肯定する度合いは社会階層によって異なることが明らかにされているうえ（e.g. Kohn and Schooler, 1983; Crompton, 2006），ウォーレンがイギリスのデータを用いて明らかにしているように（Warren, 2003），生活時間のゆとりも社会階層によって異なる可能性が考えられるためである（詳細は後述する）．

このようにいずれの仮説の検討にあたっても，社会階層を含めることが重要である．以下では社会階層を測定するために一般に階層研究で用いられてきた職業，収入，学歴という3つの変数のそれぞれに関して，どのような分析結果が得られてきたのかを仮説と対応させながら見ていく．

相対的資源説の検討にあたって，これまで主に用いられてきた変数は収入と学歴である．しかし，多くの先行研究では相対的資源と絶対的資源を明示的に区別することに失敗しているという問題が見られ，特に学歴に関しては，この問題が顕著である．学歴や収入それ自体は夫と妻それぞれが保有する資源の絶対量をあらわすものであり，相手との比較で見た場合の相対的な差異をあらわしているわけではない．したがって，説明変数として教育年数と収入を単に追加するだけでは相対的資源説の有効性を検証したことにはならず，夫と妻それぞれが保有する資源の量を比率などにして分析に含める必要がある．先行研究に見られる問題をふまえたうえで，以下に収入と学歴に関して得られてきた知見を確認する．

収入については，多くの研究で夫婦それぞれの相対的収入は相対的な家事参

加度と関連があるという知見が得られている（e.g. Blair and Lichter, 1991；Ross, 1987）．また，夫の収入の増加は夫の家事参加を抑制することも明らかになっている（Kamo, 1988；Shelton and Daphne, 1993）．ただし，なかには収入と家事参加度の間に有意な関連性を見出さなかった研究もある（Berardo et al., 1987）．

　欧米の研究では，夫の学歴は夫の家事参加と正の関係があること，すなわち，夫の学歴が高くなるほど夫の家事参加度が高いという関係性が見出されてきた（e.g. Berardo et al., 1987；Kamo, 1988；Ross, 1987）．このような結果が得られる典型的理由として挙げられているのは，高等教育はより平等主義的な性別役割分業観をもつようにさせる効果があるからというものである．ただし，学歴を用いた多くの研究では相対的資源説を検証しようとしているものの，実際に用いた指標は「絶対的」な教育レベルの指標にすぎず，夫と妻の間の「相対的」な教育レベルを用いて相対的資源説の妥当性を検討した研究は極めて少なく，理論と実証の間に乖離が見られる．

　収入や教育が家事分担のありように及ぼす効果については分析がおこなわれてきたこととは対照的に，職業の効果が検討されることはほとんどなかった．家族社会学では社会階層の変数が分析に含められることはあっても，それぞれの変数がもつ理論的意味が検討されることはほとんどなかったという問題が広く見られるが（Smith and Graham, 1995），家事分担の問題についても同様の傾向が確認できる．また，ここには社会階層によって家事分担のありようが異なる可能性を検討する視点そのものが弱かったことが反映されている．実際，シェルトンとダフニによるレビューでも，社会階級もしくは社会階層が性別役割分業のありように影響を及ぼしていないという認識が示されている（Shelton and Daphne, 1996：305）．

　シェルトンとダフニがこのような見解を示す根拠としたのは，社会階級が夫の家事参加に及ぼす影響についてアメリカとスウェーデンの共働きカップルのデータを用いて検討したライトらによる研究である（Wright et al., 1992）．ライトらは男性と女性の両方のデータに対してトービット回帰分析を適用し，社会階級（職業で測定）はいずれの国においても家事分担に有意な効果を及ぼしていないという結果を得た．

ライトらは夫の家事参加に関する被説明変数の指標の特性を考慮した分析をおこなっているものの，データ数が少ないこともあり，職業が性別役割分業に影響を及ぼしていないと断定できるほどの頑健な分析結果とはみなすことはできない．実際，ライトとの共著者でもあるバックスターは，後に同一のデータを用いて回帰分析をおこない，社会階級の有意な結果を得ている（Baxter, 1997）．バックスターの分析によると，男性については家事分担に対して有意な職業の効果が見られ，雇用主やプチブルジョアジーの夫は労働者階級の夫よりも家事に参加していない．不思議なことに，バックスターはライトらと同一のデータを用いて相反する分析結果を得ているにもかかわらず，このような矛盾する結果が得られた理由について考察をおこなっていない[1]．

　シェルトンらがレビューで引用していることからもうかがえるように，ライトらの研究が1つのきっかけとなり，それ以降，社会階層によって家事分担のありようが異なる可能性を検討した研究は，バックスターの研究をのぞいてほとんど見あたらない．しかし，社会階層論で得られている知見をもとにすると，社会階層によって家事分担パターンが異なる可能性は十分にある．豊富な先行研究が明らかにしてきたように（e.g. Kohn and Schoolar, 1983 ; Bourdieu, 1979＝1990），社会階層によって労働条件や文化的要請は異なることが知られており，それが性別役割分業パターンに独自の影響を及ぼしている可能性が考えられる．実際，ウォーレンは1995年に実施された「イギリス世帯パネル調査（The British Household Panel Survey）」のデータを用いて，共働きカップルが家族生活と職業生活の両立をはかるやり方には，社会階層による違いが見られることを明らかにしている（Warren, 2003）．妻の家事時間と育児時間に関するクロス表によると，マニュアル労働職の妻は家事や育児にもっとも多くの時間を割いており，事務職の妻，専門職の妻という順に減っていく．ウォーレンは労働者階層がシフトのある仕事に従事し，また，特に男性は自宅から離れたところで働く場合が多いために，時間の柔軟性の欠如に悩んでいることもあわせて指

---

[1] 夫婦間の性別役割分業のありようを測定する指標としてさまざまなものが考えられる（総家事時間に対する夫の貢献度や夫が家事に参加する頻度など）．また，被説明変数と説明変数の関係が根本的には同じであったとしても，異なる指標を用いることによって異なる結果が得られる可能性があるため，各変数がどのように測定されているのかという指標の問題に注意を向ける必要がある．

摘している.

　要するに,現段階では社会階層と性別役割分業パターンは無関係であると結論づけるだけの十分な証拠は欧米においてもまだ得られておらず,相対的資源説の実証的検討においても理論と実証が乖離しているという問題があることをあわせて考えてみても,社会階層が性別役割分業に及ぼす影響についてはさらなる分析が必要である.

　ウォーレンは,職業生活と家庭生活の両立策が階層によって異なる実態をイギリスのデータをもとに示したが (Warren, 2003), イギリスと同様に経済のサービス化や専門職化といった変化が見られる日本においても,産業の構造変動による働き方の変化が階層差を伴いながら家族生活に影響を及ぼしている可能性は十分に考えられる.

2.2　日本の先行研究

　日本の研究に目を向けると,全国データを用いて主要な要因を同時に考慮しながら夫の家事参加の規定要因を調べた研究はまだそれほど多くない (Tsuya and Bumpass, 1998; Nishioka, 1998; 桜間, 1998; 岩井・稲葉, 2000; 石井クンツ, 2004; 松田, 2004; 白波瀬, 2005).

　夫の家事参加の規定要因を明らかにするにあたっては,第2章で確認されたように,日本がジェンダー化された社会であることを考慮する必要がある. たとえば,ブリントンは日本を「女性が実質的に家族に関する感情的責任およびケアに関する責任をすべて担うことで,男性が長時間,会社生活に捧げられるようにしている」社会であると特徴づけている (Brinton, 1993: 93). 石井クンツもまた,日本の男性は有償労働から多くのことを要求されるために家族のなかで主要な役割を果たせなくなっていることを指摘する (Ishii-Kuntz, 1993). 実際,日本では夫の家事参加度はアメリカや韓国と比較してもっとも低い (Tsuya and Bumpass 1998: 86). さらに,2001年に実施された「社会生活基本調査」によると,日本の男性の平均家事時間は1日わずか37分にとどまっている (総務庁統計局, 2003).

　西岡は夫の家事参加の規定要因を検討するにあたって「環境制約 (environmental restriction)」が重要な位置を占めていると指摘する (Nishioka, 1998).

西岡の分析では，夫の帰宅時間と両親との同居という2つの変数によって環境制約変数が測定されている．夫の帰宅時間はシェルトンとダフニの分類における時間制約説の重要な指標とみなすことができる（Shelton and Daphne, 1996）．また，両親との同居については，西欧諸国よりも日本では両親と同居する家族が依然として多いという事実に着目して，西岡が独自に考案したものであり，「代替的マンパワー説」とも呼ばれている（稲葉，1998）．

　厚生省人口問題研究所が1993年に実施した「第1回全国家庭動向調査」のデータを用いて西岡がおこなった階層的重回帰分析の結果は，夫の帰宅時間が遅くなると夫の家事や育児への参加は有意に低下する一方，両親との同居も夫の家事参加に対して同様に有意な負の効果があることを示しており，西岡の仮説が実証的に支持されている．換言するならば，日本男性の長い労働時間は家事労働に対する責任を果たすための時間的資源を減少させ，夫の代わりに両親がその役割を果たしていることになる．これらの結果は，時間制約説と代替マンパワー説が日本で有効性をもつことを示している．また，性別役割分業観も統計的に有意である．全国データを用いておこなった西岡の分析は，日本的特徴もふまえたうえでおこなわれた貴重な研究である．しかしながら，学歴以外の社会階層の効果は検討されていない[2]．

　津谷とバンパスは夫の家事参加の規定要因を日本，韓国，アメリカの3カ国比較分析の観点から検討している（Tsuya and Bumpass, 1998）．津谷らが分析に用いた日本と韓国のデータは，1994年に津谷らによって独自に収集された全国データである．なお，アメリカについては1987年から88年にかけて収集された「家族と世帯に関する全国調査（National Survey of Families and Households）」というパネル・データの1回目のデータ（NSFH-1）が用いられている．津谷らは先行研究が提示してきた各説が実証的に支持されるか否かといった仮説検証型の分析をしてはいないが，回帰分析の結果によると，日本では夫の残業，両親との同居が有意である一方，夫婦の学歴と夫の収入は有意でない．

　岩井・稲葉（2000）は社会階層と夫の家事参加の関係について，1995年に実施された「第5回SSM調査」のデータを用いて検討した．男女両方のサン

---

[2] 夫の学歴の効果は有意ではない一方，妻の学歴の効果は有意である．

プルが含まれているというSSMデータの利点を活かして，ジェンダーとライフ・コースの影響を調べるために性別ごとに分散分析をおこなった．分析の結果，夫の職業は8歳以下の子どものいる男性データでのみ有意であり，専門管理職の夫はそれ以外の職種の男性よりもより多く家事に参加していることが明らかになった．性別役割分業観が説明変数としてモデルに含まれているものの，有意な効果をもたないことから，岩井・稲葉は夫の職業の効果を性別役割分業観に帰すことができないライフスタイルの効果として解釈している．また，女性については有意なモデルは得られていない．

　なお，桜間も岩井・稲葉と同様に，SSM調査のデータを用いて社会階層が夫の家事参加に与える効果について，フルタイムで働く夫婦共働き世帯に焦点をあてた検討をおこなっている（桜間，1998）．夫の学歴，夫の年収，夫の職業威信，妻の年収，妻の職業威信という社会階層に関する5つの説明変数の効果を重回帰分析で検討した結果，妻の職業威信をのぞく4つの変数はいずれも有意な効果をもつことが明らかになった．具体的には夫の学歴が高く，妻の年収が高いほど夫は家事に参加している一方，夫の年収や職業威信が高くなるほど夫の家事参加率は低下する．ただし，これらの有意な効果の大半は，伝統的家事分担意識と名づけられた，いわゆる性別役割分業観の変数をモデルに加えることによって消失してしまう．桜間の分析ではこれ以上の検討はなされていないが，社会階層によって性別役割分業に関する価値観が異なり，価値観を介して社会階層が夫の家事参加度に違いをもたらしている可能性が示唆されている．また，他の先行研究と同様に，親との同居によって夫の家事参加が抑制されるという負の有意な効果も見られる．

　岩井・稲葉（2000）や桜間（1998）は，職業階層の効果を直接検討しているが，用いたデータに労働時間の情報が含まれていないため，時間資源がコントロールされていないという制約がある．

　松田は，家族社会学会が主体となって1999年に収集したNFRJ98データを用いて，相対的資源説，時間制約説，イデオロギー／性役割説，ニーズ説という4つの仮説の有効性を検討した（松田，2004）[3]．全サンプルを用いたトー

---

[3]　ニーズ説は家事総量の増加が夫の家事への参加を促す可能性を考慮し，子どもの数や末子年齢というような家族のニーズが夫の家事参加の規定要因として重要であるとみなす

ビット回帰分析の結果，すべての説が支持された．松田の分析は，それぞれの仮説がライフ・ステージごとにどの程度有効であるのかを検討しているという点で，より詳細に各仮説の有効性を検討しているが，桜間（1998）や岩井・稲葉（2000）を除く日本における他の先行研究と同様に，職業階層の効果を検討していない．

石井クンツも松田と同様にNFRJ98のデータを用いて，特に共働き夫婦に焦点をあてた分析をおこなっている（石井クンツ，2004）．石井クンツは，夫婦間の相対的資源や時間制約，性別役割分業観をコントロールしながら，特に夫の職業の産業セクター（公的セクターか私的セクターか）の効果と家族ネットワークの効果に関心を寄せている．分析の結果，家族ネットワークが男女ともに統計的に有意な効果をもつ一方，相対的資源説やイデオロギー／性役割説に関する変数は男性でのみ有意であることが明らかになった．これらの結果を社会階層論の観点からみると，家族ネットワークが実際に有意な効果をもつかについてはさらなる検討が必要である．一般的に社会階層によって（家族ネットワークを含めた）社会ネットワークのパターンが異なることが知られているため（e.g. Bott, 1957；菅野，1998），社会階層の効果をコントロールしないままでは社会階層の効果に由来する形でネットワークが効果をもつのか，それとも社会階層とは独立したネットワークそのものの効果なのかが判断できないからである．

また，白波瀬は1998年に国立社会保障・人口問題研究所が実施した「第2回家庭動向調査」のデータを用いて，夫の家事参加と家事分担を区別した重回帰分析をおこなっている（白波瀬，2005：101-102）．津谷・バンパスと同様に，白波瀬も仮説検証型の分析をおこなってはいないが，家事分担に関する回帰分析によれば，夫の就労時間の長さや妻の家計への貢献度が有意である一方，両親との同居や夫の学歴，性別役割分業観は有意でない．

2.3 仮説の提示

以上から明らかなように，社会階層が夫の家事参加を規定するか否かについ

（永井・石原，1994；稲葉，1998）．

ては日本においても欧米と同様に未開拓の課題として残されているうえ，桜間の研究が示しているように（桜間，1998），社会階層によって家事分担のありようが異なる可能性は十分に考えられる．ここでは日本内外の先行研究を通じて得られている知見に基づき，以下の4つの仮説を構築する．

仮説1：相対的資源説に基づき，妻の経済的資源，特に家計に対する妻の経済的貢献は夫の家事参加に対して正の効果をもつ．
仮説2：時間制約説により，長時間労働する夫ほど家事に参加していない．
仮説3：代替的マンパワー説に基づき，両親との同居は夫の家事参加に対して負の有意な効果をもつ．
仮説4：他の要因をコントロールした場合，伝統的な性別役割分業観は夫婦の平等主義的な役割分業に対して負の影響を及ぼす．

これらの4つの仮説に加えて，社会階層が夫婦の家事分担に及ぼす影響について，特に夫婦の職業階層に着目して検討する．

3. 妻が働くと夫は家事を分担するのか

3.1 分析に用いるデータ

分析には，2004年に毎日新聞社が実施した「第1回人口・家族・世代世論調査」のデータを用いる（詳細は序章を参照のこと）．夫と妻の両方が働いている場合の方が，家事を分担する責任の問題がより顕在化しやすいと考えられるため，以下の分析では対象を共働き世帯の既婚女性に限定する．分析に用いるデータ数は980である．

3.2 分析に用いる変数と分析方法

被説明変数は本章の冒頭で紹介した夫の家事参加に関する質問である[4]．説

---

[4] ライトらが指摘するように，夫の家事への相対的な参加度は，夫が実質的により多くの責任をもつようになることによってだけではなく，妻が分担する家事量を減らすことによ

明変数として，①夫婦の総収入に対する妻の収入比，②夫の残業，③親との同居，④性別役割分業観，⑤妻の職業階層（3つのダミー変数），⑥夫の職種（3つのダミー変数），⑦夫の収入，⑧夫の学歴（3つのダミー変数）という8変数を用いる．

収入に関する変数は次の手続きに基づいて作成する．収入データはカテゴリーで測定されているため，最初に各カテゴリーの中央値を与え，次いで，夫と妻の収入の合計に対する妻の収入比を求める．

夫の残業はダミー変数とし，夫が1週間に平均60時間以上仕事をしていれば1という値を与え，基準カテゴリーである1週間の平均労働時間が59時間以下の場合には0とする．

親との同居もダミー変数として作成する（同居は1，非同居は0）．親との同居は，親が健康であり家事を助けてくれるということを必ずしも意味せず，逆に，親が子どもに依存している可能性もある．親の健康状態に関する詳細な情報を得ることはできないものの，ここではサンプルが比較的若い世代から構成されているため，親は一般的に家事労働のためのマンパワーとなりうるという仮定をおいて解釈する．

性別役割分業観は「結婚後は，夫は外で働き，妻は家庭を守るべきだ」という質問に対して，「まったく賛成」「どちらかといえば賛成」「どちらかといえば反対」「まったく反対」という4つの選択肢のなかから1つを選んで回答してもらった．順に4, 3, 2, 1というスコアを与える．

夫婦の職業階層については，事務職を基準カテゴリーとしたうえで，専門管理職，サービス職，マニュアル労働職という3つのダミー変数をそれぞれつくる[5]．

夫の学歴は中学校卒，短大・高専卒（高校卒業後の専門学校を含む），大学卒から構成される3つのダミー変数であり，高校卒を基準カテゴリーとする．

コントロール変数として，ライフ・コース上の位置に関するダミー変数，妻

っても増加しうる（Wright et al., 1992）．この点をも考慮した分析をおこなうためには家事の総量をコントロールする必要がある．

5) サービス職には販売職と保安・サービス職，マニュアル労働職には技能工，工場などの現場作業者，運輸・通信業，農林漁業を合併した．

の就労上の地位，年齢，を分析に含める．ライフ・コース上の位置に関しては「子どもなし」「末子に 4 歳から 12 歳までの子どもがいる」「末子に 13 歳以上の子どもがいる」という 3 つのダミー変数とする．基準カテゴリーは「末子に 3 歳以下の子どもがいる」場合である．

妻の就労上の地位は，妻がフルタイムで働いているかどうかに関するダミー変数であり，基準カテゴリーのパートタイムには 0，フルタイムには 1 を与える．

図 5-1 および図 5-2 から確認できるように，夫の家事参加度は 0% という回答が多い．そのため，通常の回帰分析を用いると推定上のバイアスが生まれることが知られており，この問題に対処するためにトービット回帰分析が推奨されている（Mare and Chen, 1986 ; Wright et al., 1992）．したがって，本章ではトービット回帰分析を用いて分析する（SAS の LIFEREG プロシジャーを利用）．

3.3　分析結果──社会階層による差異

トービット回帰分析の結果は表 5-1 に示すとおりである．ここでは先に構築した 4 つの仮説が実証的に支持されているか否かを中心にまずは考察する．

仮説に関わって統計的に有意な効果が見られたのは夫の残業，親との同居，性別役割分業観である．妻の収入的貢献は統計的に有意な効果をもたない．これらの結果は，仮説 1 は支持されなかったが，仮説 2，仮説 3，仮説 4 については実証的に支持されていることをあらわしている．つまり，現代日本では，夫の家事参加の規定要因として相対的資源説は支持されない一方，時間制約説，代替的マンパワー説，イデオロギー/性役割説が成立している．

ライフ・コース上の位置と就労上の地位（フルタイム/パートタイム）はともに有意ではなかった．

本章で注目する社会階層の効果に関しては，2 つの興味深い効果が見られる．第 1 に，専門管理職あるいはサービス職の妻をもつ夫は，事務職の妻をもつ夫よりも家事に参加している．第 2 に，大卒の夫は高卒の夫よりも家事に参加していない．

表 5-1　夫の家事参加度に関するトービット回帰分析
(有職女性のみ：N = 980)

	推定値
切片	31.07**
夫婦の総収入に対する妻の収入比	−4.50
夫の残業	−7.64**
親との同居	−5.13**
性別役割分業観	−3.05**
専門管理職	5.87**
サービス職	8.11***
マニュアル労働職	0.06
専門管理職（夫）	1.02
サービス職（夫）	−5.54
マニュアル労働職（夫）	−0.11
ライフ・コース1（子どもなし）	0.89
ライフ・コース2（末子年齢4歳-12歳）	−0.98
ライフ・コース3（末子年齢13歳以上）	−3.63
フルタイム	2.85
夫の収入	0.00
中学校卒（夫）	−2.02
短大・高専卒（夫）	−2.94
大学卒（夫）	−4.88**
年齢	−0.03
Scale	18.98
Log Likelihood	−1838.87

注：***は1％水準，**は5％水準で有意であることを示す．

4. なぜ社会階層は家事分担に影響を及ぼすのか

4.1　文化的要因

前節の分析によって，妻の職種で測定した職業階層によって家事分担のあり

ようには違いが見られることが明らかになった.このような階層差はなぜ生じているのか.本節ではこの点に関する補足的分析をおこない,妻の職業階層がもつ効果を構造的要因と文化的要因に可能な限り分解することを試みる.後述するようにデータの制約があるため,実際の分析では文化的要因に焦点をあてることにより,間接的に構造的要因についても検討する.

まず,妻の職業階層の効果を妻の文化的要因から検討する.表5-1のモデルでは,妻の性別役割分業観を重要な文化的要因の1つとして含めたが,この変数だけでは職業階層によって異なると推測される文化的差異を十分に把握できていない可能性が考えられる.そこで,妻の職業階層と家族観の関連を分析することによってこの可能性を検討する.

家族観に関しては,先に用いた性別役割分業観の指標に加えて,以下の3つの指標を追加する(いずれも4つの選択肢のなかから1つを選択する回答形式).

A:あなたは夫婦が別々の姓(名字)を名乗ることについてどのように考えますか.
  (抵抗感がまったくない/抵抗感があまりない/抵抗感が少しある/抵抗感が大いにある)
B:あなたは3歳未満の子どもを保育園に預けて母親が働くことについてどのように考えますか.
  (抵抗感がまったくない/抵抗感があまりない/抵抗感が少しある/抵抗感が大いにある)
C:あなたは「結婚したら,家庭のためには自分の個性や生き方をある程度犠牲にするのは当然だ」ということについてどのように考えますか.
  (まったく賛成/どちらかといえば賛成/どちらかといえば反対/まったく反対)

表5-2は,妻の職業階層別にA,B,Cのそれぞれの家族観を支持する度合いについて分散分析をおこなった結果である.専門管理職の妻は,他の職業階層の妻よりも夫婦別姓を支持すると同時に,3歳以下の子どもをもつ母親が働

表 5-2　妻の職業階層別に見た家族観の平均点

	(A) 夫婦別姓に反対***	(B) 3歳以下の子どもがいる母親の就労に反対***	(C) 女性が家族とは別の自分自身の目的をもつことに反対**	(D) 結婚後は夫は外で働き，妻は家庭を守るべきだ***
専門管理職	2.30	2.18	1.81	1.79
事務職	2.46	2.32	1.92	1.94
サービス職	2.65	2.43	2.00	2.12
マニュアル労働職	2.60	2.50	2.02	2.21

注：***は1%水準，**は5%水準で有意であることを示す．

くことや妻が自立することに対して肯定する傾向が見られる．これらの結果は，妻が専門管理職で働くことによって夫の家事参加が促されるという妻自身の職業階層がもつ有意な効果の一部が，社会階層によって異なる文化的差異によってもたらされていることを示唆している．

　他方，サービス職の妻は，専門管理職の妻ほど性別役割分業を否定する価値観をもちあわせておらず，事務職の妻よりもむしろ保守的な家族観をもっている．したがって，妻がサービス職として働くことによって夫の家事参加が促されるという職業階層の効果は，本人の価値観を反映したものではないと推測される．

　表5-1では，妻が専門管理職やサービス職で働く場合には夫の家事参加度が相対的に高いことが示されていたが，表5-2の分析結果は，夫の家事参加度が高い理由は階層によって異なることを示唆している．すなわち，専門管理職の妻については文化的要因，サービス職の妻については労働条件といったような構造的な要因が関与している可能性がある．

　一般的に婚姻関係を継続するためには，家族や結婚に対する価値観を夫婦で共有することが求められるため，妻の職業階層の有意な効果の一部は妻の価値観だけではなく，夫自身の価値観に由来している可能性も考えられる．本章で用いた調査データは女性のみを対象にしているため，夫の家族観を直接測定して分析に含めることはできないが，夫婦の意思決定パターンを用いることによって夫の文化的要因が及ぼしている効果を検討する．夫の価値観を直接分析に含める方法と比べて間接的な検討にとどまるが，夫の家事参加に対する夫の文

表 5-3 妻の職業階層と「貯蓄や資産運用」に関する夫婦の意思決定

	夫よりも妻が決定	一緒に	妻よりも夫が決定	夫婦別々に	N
専門管理職	55.16%	16.59%	17.49%	10.76%	223
事務職	68.77%	12.65%	10.28%	8.30%	253
サービス職	68.26%	10.00%	18.26%	3.48%	230
マニュアル労働職	66.18%	10.29%	19.85%	3.68%	136

注：$\chi^2 = 27.85$, d.f. = 9, p = 0.0010*** (1% 水準で有意).

化的要因の効果を理解する糸口にはなるだろう．

　表5-3は，妻の職業階層と「貯蓄や資産運用」に関する意思決定のクロス表である．妻の職業階層は統計的に有意な効果をもち，職業階層によって意思決定のありように違いが見られる．ここで注目されるのは，妻が専門管理職の場合には，他の職業階層よりも「一緒に決定する」あるいは「別々に決定する」という割合が多い点である．日本では欧米諸国とは異なり，妻が役割分業の一環として家計の管理などをおこなう割合が高いことが知られているが（詳細は第6章を参照のこと），そこから逸脱した「一緒に」または「別々に」決定するパターンが，専門管理職として妻が働く階層ではわずかではあるものの，相対的により多く出現していることが示されている．

　表5-1で得られた，妻の職業階層によって夫の家事参加度が異なるという分析結果の背後には，社会階層によって異なる家族観や夫婦の意思決定のありようといった文化的要因が存在していると考えられるが，この点をより厳密に検討するため，家族観と意思決定の2つを説明変数として表5-1のモデルに投入し，妻の職業階層の係数（専門管理職とサービス職の各々）が減少するか否かを確かめる[6]．もしこれらの変数を追加することによって妻の職業階層の係数が減少するならば，職業階層の効果の一部はこれらの変数の代替効果であったことがわかる．

　分析結果のうち，該当する部分を示した表5-4によると，専門管理職の係数の値は家族観と夫婦の意思決定パターンを追加することによって減少してい

---

[6] 家族観に関して，妻がすべての質問に対して「強く賛成」した場合に1という値をとり，それ以外を0とするダミー変数を作成する．「貯蓄や資産運用」に関する意思決定については，「一緒に」決定する場合を1とするダミー変数を作成する．

表 5-4　家族観と夫婦の意思決定を追加した時の専門管理職とサービス職の係数

	基本モデル（表 5-1）	伝統的な家族観を追加したモデル	夫婦で一緒に意思決定を追加したモデル
専門管理職	5.87**	5.64**	5.22**
サービス職	8.11***	8.17***	8.39***
伝統的な家族観 （ダミー変数）	—	−8.04**	—
夫婦で一緒に意思決定 （ダミー変数）	—	—	5.74**

注：***は 1％ 水準，**は 5％ 水準で有意であることを示す．

る[7]．ここでの分析は限定的なものであるものの，専門管理職の妻は，より平等主義的で個人主義的な家族のあり方を志向しており，このような志向性が夫の家事参加を促している可能性を示している．

しかし，妻がサービス職の係数は家族観や意思決定の変数を追加しても減少せず，むしろ増加していることから，文化的要因によって夫の家事参加が促されているわけではないと言える．この結果を妻が専門管理職の場合の効果とあわせて総合的に考えるならば，妻が専門管理職の場合には，妻自身の価値観や志向性を反映する形で夫の家事参加が促されているのとは対照的に，妻がサービス職で働くことによって夫の家事参加が促されるという効果は，モデルではコントロールできなかった構造的要因によってひきおこされていることを示唆している．

4.2　構造的要因

表 5-1 に示した分析では，時間資源や職業階層といった夫に関する主要な構造的要因をコントロールしているため，妻の職業階層の有意な効果は夫の構造的要因の単なる代理効果ではない．しかしながら，ウォーレンが指摘したような社会階層によって異なる「労働時間の柔軟性」といった側面は分析に含められなかったため（Warren, 2003），今回の分析ではコントロールできなかったこのような夫側の構造的要因が影響を及ぼしている可能性が考えられる．

---

7) 紙幅の都合上，表 5-4 には関連する効果のみを示しているが，各説明変数の統計的有意性や係数の方向性は家族観や夫婦の意思決定パターンを追加しても変わらない．

本章の分析で用いた調査データには，夫と妻の職業条件に関するより詳細な情報は得られていないため，週平均労働時間以外の構造的要因に関する変数をモデルに追加して検討することはできない[8]．そこで，代替的な措置として，妻の職業階層別に夫の家事参加に関するトービット回帰分析をおこなうことにより間接的に検討する．

　表5-5に示すように，各モデルのデータ数がかなり少ないため，各係数の統計的検定の基準はかなり厳しくなるが，いくつかの変数は統計的に有意である[9]．統計的に有意な変数は妻の職業階層によって異なる．以下では妻の職業階層別に有意な効果を考察する．

　専門管理職の妻の場合には，夫の残業が家事労働への参加を阻害する要因になっていると同時に，妻のフルタイム就業が夫の家事参加を促していることが明らかとなった．

　事務職の妻については，フルタイム就業のみが正の有意な効果をもち，専門管理職と同様に妻がフルタイムで働くと，夫の家事参加が促されている．

　サービス職で働く妻については，4つの変数が有意である．まず，親との同居は夫の家事参加を減少させる．次に，性別役割分業観は夫の家事参加に影響を及ぼす重要な要因の1つであり，妻が性別役割分業を支持するほど夫の家事参加は抑制されている．第3に，夫の職業階層に関して注目されるのは，夫もサービス職で働く場合には夫の家事への参加度が相対的に少ないことである．第4に，妻のフルタイム就業は夫の家事への参加を抑制している（この点については解釈が難しい）．

　夫がサービス職で働くことによって家事への参加が抑制されるという有意な負の効果が見られた理由に関してこれ以上の分析はできないが，サービス職に特有の労働環境が夫の家事参加を阻害する可能性が考えられる（たとえば夜勤や休日出勤があることなど）．この効果はウォーレンが明らかにした「（サービス職で働く家族も含めた）労働者階級では労働時間の柔軟性が乏しい」という

---

8) 妻の週平均労働時間の効果についても同様に検討したが，統計的に有意ではなかった．
9) 職業階層別にモデルを推定することによって，専門管理職の妻では性別役割分業観に対する階級内分散が減少する．したがって，表5-1で有意である変数が妻の職業階層別に推定した表5-5では統計的に有意とならないことは矛盾ではない．

表5-5 夫の家事参加度に関するトービット回帰分析（妻の職業階層別）

	専門管理職	事務職	サービス職	マニュアル労働職
切片	41.19	32.29	31.75	28.79
夫婦の総収入に対する妻の収入比	32.59	−15.20	27.47	3.43
夫の残業	−14.63***	−2.18	1.51	−10.29
親との同居	−4.75	−2.73	−13.63***	0.12
性別役割分業観	−0.80	−0.95	−6.60**	−5.15*
専門管理職（夫）	−5.79	2.81	4.55	5.37
サービス職（夫）	3.51	−5.55	−13.30*	3.40
マニュアル労働職（夫）	−2.74	−3.66	2.48	9.96
ライフ・コース1：子どもなし	4.89	2.82	−1.20	−6.37
ライフ・コース2：末子年齢4歳以上12歳以下	5.42	2.37	−11.33	−10.14
ライフ・コース3：末子年齢13歳以上	−5.27	−1.78	−8.71	−9.90
フルタイム	11.11*	8.11*	−13.58*	−2.26
夫の収入	0.00	0.00	0.00	0.00
中学校卒（夫）	−6.24	−13.95	11.39	1.26
短大・高専卒（夫）	0.98	−3.39	−1.42	−12.41
大学卒（夫）	−3.40	−5.68	−5.29	−10.24
年齢	−0.14	−0.01	0.45	−0.06
Scale	19.13	17.42	18.34	15.83
N	224	253	231	136
Log Likelihood	−541.91	−564.47	−432.78	−275.92

注：***は1％水準，**は5％水準，*は10％水準で有意であることを示す．

知見と整合的である（Warren, 2003）．

　次に，フルタイム就業がもつ効果に関わり，フルタイム就業とパートタイム就業では平均週労働時間に有意な差が見られるかどうかを分散分析で検討したが，有意な違いは見られなかった（フルタイムで44.67時間，パートタイムで46.86時間）．したがって，ここで得られたフルタイム就業の有意な効果は，

単なる労働時間の違いに由来しているのではなく，さらなる検討が必要である．

マニュアル労働職で働く妻に関しては，性別役割分業観のみが統計的に有意な効果をもっている．

全体として，文化的要因の1つとして考えられる性別役割分業観が及ぼす効果は，妻がマニュアル労働で働く家庭では重要であるが，非マニュアル労働（専門管理職，事務職，サービス職）の階層では，構造的要因がより重要な効果をもっている．

最後に，表5-1および表5-5の分析結果に基づいて，夫の学歴がもつ効果について考えてみたい．欧米における多くの先行研究で得られている知見とは対照的に，日本では夫が高学歴であるほど家事参加度は低い（表5-1）．本章では夫の時間資源と夫の職業に関する変数をコントロールしているため，夫学歴の有意な負の効果は，基本的にはこれらとは独立の効果であると解釈できるが，表5-5では教育の有意な効果は見られなくなる．両者の結果をあわせて考えると，夫学歴の効果の一部は，妻の職業階層と関連することに由来している可能性がある．

また，夫学歴の負の効果は学歴と密接に関わる職種や役職によって異なる「時間の柔軟性」の違いによってひきおこされている可能性も考えられる．日本ではホワイト・カラーの昇進にあたって大卒という高い学歴が要求される傾向があるうえ，昇進を現実のものとするために高学歴の男性ほど長時間働く傾向が見られる．また，夫が昇進に向けて仕事に集中できるように，妻は家庭内のことを夫に代わり一手に担っている．このような夫の昇進を目的に夫婦が協力し合う分業関係は日本の特徴として広く知られている（Brinton, 1993）．本章では夫の残業時間の長さをコントロールしているが，これだけでは夫の学歴によって異なると考えられる「労働時間の（非）柔軟性」といった構造的要因の効果を十分にとらえきれなかった可能性が考えられる．

5. おわりに——妻自身の社会階層の影響

本章の分析結果によると，夫の家事参加に関しては時間制約説，代替的マンパワー説，イデオロギー/性役割説が実証的に支持された．この結果は，日本

の先行研究で得られている知見とも一致する (Nishioka, 1998; 松田, 2004). なお, 相対的資源説は社会階層をコントロールした本章の分析では支持されなかった.

先行研究ではほとんど検討されてこなかった職業階層の効果については, 妻が専門管理職あるいはサービス職で働いている場合には, 夫が多く家事に参加していることが明らかになった. このような結果は, 社会階層論から見て次の2つの点で重要である.

第1に, 有職女性のなかでは夫とは独立した社会階層の分化が生まれていることが示された. 社会階級や社会階層に関する研究は伝統的に, 稼ぎ主である男性の地位が家族や世帯の地位を代表していると仮定し, 実際, その実証的妥当性も確認されてきた (Goldthorpe, 1983; 白波瀬, 2000). しかし, 女性が就業し, それに伴って社会経済的資源を獲得するようになる一方, 性別役割分業を否定し, 個人主義的な価値観が登場したことなどにより, 女性自身の職業階層が夫の社会階層とは独立した形で (少なくとも共働き世帯については) 性別役割分業に変化をもたらしている. 共働き家族が家族生活と職業生活のバランスをどのようにとっているのかを分析するにあたっては, 妻の社会階層を考慮することが重要である.

第2に, これらの知見は妻が非マニュアル労働に従事する家族のなかで生じている多様性に目を向ける必要性も示している. 先行研究によって, ブルー・カラー (マニュアル労働職) の夫は, 家事や育児に参加しないことで男性としてのアイデンティティを保とうとする一方, ホワイト・カラー (非マニュアル労働職) の夫は, 男女平等主義的な考え方をもち, 家事や育児への参加に対するためらいが少ないことが明らかにされている (Oakley, 1974; Blossfeld and Drobnic, 2001b). 夫の職業階層がブルー・カラーであるのか, それともホワイト・カラーであるのかといった対比に加えて, 本章の分析によって, 非マニュアル労働職の家族のなかで家事分担に差異が生じていることが新たに示された. ヒンリクスらは, サービス業で働く人の増加が労働時間の多様性と柔軟性を生み出したことを示しているが (Hinrichs et al., 1991), このような産業構造の変化に伴う職業条件の変化は社会階層によって異なっており, それが家族生活の多様性に影響を及ぼしていると考えられる.

また，ジェンダー論の観点からは，全体として女性は家事の大半を担っている状況が続いているものの，一部の社会階層にはわずかながら変化が見られることが興味深い．女性の高学歴化や就業女性の増加とともに，かつてよりも多くの社会経済的資源を手にする女性が増加している．加えて，社会経済的変化とともに性別役割分業を否定する価値観をもつ女性も多くなっている．女性をとりまくこのような変化のなか，専門管理職やサービス職として女性が働くことによって夫の家事参加は促されている．

　本章での結果は，現代日本の性別役割分業を分析するにあたっては，社会階層の視点をもっておこなう必要性があることを示している．ただし，ここでの分析には2つの限界がある．第1に，既述したように，職業階層によって異なる労働環境などの構造的要因の影響を十分に検討することはできなかった．多くの階層研究によって明らかにされてきているように，価値観そのものも仕事の条件によって規定されていることを併せて考えるならば，社会階層の影響をより具体的に理解するために，就業条件などの構造的要因を含めた分析が必要である．

　第2の限界は，本章で用いたデータが女性のみに限定されている点である．夫婦単位のカップル・データを用いた研究では，家事参加に対する夫の報告と妻の報告が一致せず，通常，夫は妻の回答よりも多くしていると報告する傾向も指摘されている（Kamo, 1997）．女性の分析結果を男性の分析結果やカップル・データの分析結果と比較することにより，社会階層とジェンダーが家事分担に及ぼす影響をより詳細に明らかにすることができるだろう．

第6章

夫婦の意思決定は変化するのか

1. はじめに——新たな意思決定パターンの可能性

　第5章では専門職や管理職，サービス職で妻が働く場合には夫は家事に参加するようになっていること，すなわち妻の職業階層が夫婦の役割関係に影響を及ぼしていることが明らかとなった．つまり全体として見ると，日本では性別役割分業が強固に維持されているが，女性が働くことによって性別役割分業が流動化している面がある．

　本章は，役割関係と並んで夫婦関係の重要な次元として家族社会学で研究がおこなわれてきた勢力関係（夫婦の意思決定パターン）に，女性の就業がどのような影響を及ぼしているのかを検討する．第4章で示されたように，既婚女性が労働によって得る報酬は家計の補助という性格が全体としてみると強く，自己の裁量で用途を自由に決定する余地は相対的に少ない．しかし，夫婦ともに所得の高い共働き世帯や専門職や管理職につく女性の増加とともに，新たな意思決定パターンが出現している可能性が考えられる．女性内分化が進んだ1990年代以降，晩婚化や少子化といった家族形成に関わっても大きな変化が見られる．このような変化をもたらした世代の夫婦には新たな意思決定のあり方が出現しているか否かは興味深い現代的な分析課題である．

　夫婦の意思決定に関する実証研究は，日本でも1960年代から取り組まれており（増田，1965），目新しいテーマではない[1]．しかし，先行研究の大半は1960年代から1970年代にかけて実施された調査に基づくものである（富田・

片岡，1997；松信，2002)．また，理論の発展に対応した分析も極めて少ない(松信，2002)．さらに，初期の研究に限らず，最近の研究においても，複数の要因を同時にコントロールした計量分析はほとんどおこなわれていないという問題が一貫して見受けられる．

そこで本章は，2節で先行研究のレビューをおこなった後，仮説を提示する．3節では本章で用いるデータについて説明したうえで，夫婦の意思決定に見られる基本的特徴や世帯類型による違いを確認する．4節では妻の就業によって夫婦の意思決定にどのような違いが見られるのか，有職女性に限定すると妻の職業階層が高かったり，より多くの収入を得たりすることによって発言力が高まるのか，という2つの課題を多項ロジット分析で検討する．5節では結論と今後の課題を述べる．

2. 夫婦の勢力関係をめぐる理論

2.1 先行研究の検討

分析に先立ち，夫婦の勢力関係の規定要因に関する理論枠組みを簡単に振り返っておこう．主な理論は，①資源理論 (resource theory)，②文化的脈絡における資源理論 (theory of resources in the cultural context)，③交換理論 (exchange theory)，④ジェンダー階層理論 (theory of gender stratification) の4つに大別される．

資源理論は，著名なブラッドとウルフのデトロイト調査に端を発している (Blood and Wolf, 1960)．ブラッドとウルフは夫婦の勢力を「相手の行動に影響を与えることのできる潜在的能力」と定義し，収入や職業，学歴などの資源によって勢力関係が決定されると想定した．ブラッドとウルフによる勢力の操作

---

1) 夫婦の意思決定の現代的特徴を明らかにするためには，過去のデータとの比較が不可欠だが，筆者が調べた限り，全国調査データで類似の質問をおこなっているのは国立社会保障・人口問題研究所が1998年に実施した「第2回全国家庭動向調査」のみであり，その他の調査データは神戸など特定の地域で収集されたという制約がある．また，質問項目のワーディングや選択肢も調査によって異なるため，厳密な比較は難しい．各調査における指標の比較や，先行研究の問題点などについては岩間 (2005) を参照のこと．

的定義は「家庭生活に影響を及ぼす意思決定を行う能力」であり,「購入する車の選択」「家やアパートの選択」「生命保険に加入するか否か」など,家庭内でのさまざまな意思決定に関して,夫と妻のどちらが最終決定をおこなうかで測定されている.分析の結果,資源と勢力の間に正の関係が見出され,その後,この枠組みを用いた調査研究が他の国々でもおこなわれるようになった.

旧西ドイツ,ベルギー,フィンランド,ガーナ,デンマーク,フランス,日本での結果が明らかになるにつれて,文化の違いによって資源理論の有効性が異なる点に関心が向けられるようになった.ロッドマンは先行研究の分析結果をもとに理論的整理をおこない,主に性別役割分業に関わる文化の違いを考慮する必要性を指摘し,文化的脈絡における資源理論(修正版資源理論)を提出する(Rodman, 1967; 1972).参考までにロッドマンが着目した知見を1つ挙げると,夫婦の意思決定に関して相対的に平等主義的な規範が存在しているアメリカとフランスでは資源理論が説明力をもつが,ギリシャやユーゴスラビアといった家父長主義的な文化圏では逆に,資源の大きさ(学歴の高さ)が勢力の弱さと結びつくという負の関係性が見られる.ロッドマンはこのような結果に関して,学歴の高い夫は相対的に平等主義的な考え方を有しており,学歴の低い夫よりも妻に最終決定を譲る傾向が見られるために得られたと解釈している.

1980年代になると交換理論の影響を受けた理論枠組みが新たに登場する.ブラウやホマンズなどによって提唱された交換理論が夫婦の勢力関係研究に及ぼした影響は多岐にわたり,関連する研究も膨大である.紙幅の制約からもすべてを網羅することは難しいため,ここでは分析の目的上,資源理論および文化的脈絡における資源理論に対する批判を中心に取り上げる.

交換理論が夫婦の勢力関係の研究に導入した新たな視点は,(a) 最終的な意思決定だけではなく,そこに至るまでの折衝(negotiation)などの動的プロセスに着目する必要性,(b) 収入などの社会経済的資源に限らず,情緒的資源などの他の資源やジェンダー意識,過去の交渉の経験などに目を向ける必要性という2つである(Scanzoni, 1978; 1979; Scanzoni and Polonko, 1980; Scanzoni and Szinovacz, 1980; McDonald, 1981; Hill and Scanzoni, 1982; Godwin and Scanzoni, 1989a; 1989b).これらは欧米諸国で離婚率が上昇し,夫婦関係がより選択的な性格を強めていったことを背景にしていると考えられるが,そこで

は，夫婦間で生じた葛藤は相互の交渉（barganing）や折衝を通じて解決されるという前提がおかれており，資源理論や文化的脈絡における資源理論のように，意思決定の最終決定者が誰かではなく，最終的な合意（consensus）に至るプロセスとその内容に関心が向けられるようになっている[2]．

1990年頃からは，ジェンダー・イデオロギーやジェンダー階層の問題を組み込む必要があるという指摘がなされるようになった．基本的には資源理論や文化的脈絡における資源理論，交換理論を土台とし，これらにフェミニスト的視点を導入したものである．

もっとも包括的な枠組みを提示した研究の1つとして知られているブルームバーグとコールマンの研究では，妻の経済力を妻の収入，夫と妻の収入比，収入に対する妻の独立したコントロールの3側面から把握する必要性が述べられたうえで，このような妻の全体的経済力が夫婦の勢力関係の規定要因として重要であると指摘されている（Blumberg and Coleman, 1989）．同時に，根強く残る男性支配イデオロギーによって妻の経済力行使が阻害されているという問題にも，目を向ける必要性が主張されている．

ここで，各理論の主な相違点と共通点についてオルソンとクロムウェルの図式に基づいて整理しておこう．オルソンとクロムウェルは，夫婦の勢力関係を総合的にとらえるために「基盤（bases）」「過程（processes）」「結果（outcomes）」の3つを区別する必要性を指摘する（Olson and Cromwell, 1975）．基盤を構成する主な要素は，コントロールを行使する能力を増す可能性のある資源である．過程とは，家族メンバーの相互作用に焦点をあてたものであり，家族での話し合いや意思決定，問題解決，葛藤解決，危機管理などが含まれる．そして，最終的に誰が意思決定するかをあらわすのが結果である．

このモデルに基づいて整理すると（表6-1），資源理論や文化的脈絡における資源理論は基盤と結果を取り上げるものの，中間に位置する過程の考察を欠いている．他方，ここに焦点をあてるのが交換理論である．さらに，交換理論は過程に着目するにあたって，基盤として社会経済的資源以外の多様な資源も取り入れて展開していった．そして，ジェンダー階層理論は基盤や過程におい

---

[2] この点については松信（2002）が丁寧なレビューをおこなっている．

表 6-1　夫婦の意思決定パターンの規定要因に関する理論

	基盤 (bases)	過程 (processes)	結果 (outcomes)
資源理論	◎	×	○
文化的脈絡における資源理論	◎	×	○
交換理論	○	◎	○
ジェンダー階層理論	○	○	○

注：◎は最も重視する要因，○はある程度重視する要因，×は重視しない要因であることをあらわす．

て不平等・不公正な状態を正当化させる「隠れた権力（hidden power）」が発動されていることに目を向けさせた．

　また，各理論の特徴に応じて用いられる研究手法にも違いが見られる．資源理論や文化的脈絡における資源理論では調査票を用いた社会調査，交換理論やジェンダー階層理論ではインタビューや観察法が用いられることが多い．

　このような違いは見られるが，どの理論にも共通しているのは，社会経済的資源が勢力の基盤として重要な位置を占めている点への着目である．後述するように，現代においてもアジアやラテンアメリカでは社会経済的資源がもつ実証的有効性が依然として確認されている．

　また，表には示されていないが，文化的脈絡における資源理論，交換理論，ジェンダー階層理論という3つの理論のいずれでもジェンダー・イデオロギーの重要性が共通して指摘されており，欧米における実証研究ではその有効性が一定程度確認されている．

　現代日本における夫婦の勢力関係を説明するには，どの理論が有効なのか．参考になると考えられるのは，欧米諸国よりも固定的なジェンダー役割がまだ残っており，変化の途上にあるメキシコや台湾といった国や地域では，今なお資源理論（文化的脈絡における資源理論も含む．以下同様）が説明力をもつという分析結果である（Oropesa, 1997；Xu and Lai, 2002）．多変量解析を用いた分析の結果，いずれの国においても，妻の社会経済的資源が多いほど妻の勢力が増すという有意な効果が見出されており，資源理論の有効性が改めて示されている．これらの分析結果は，交換理論が前提とする，夫婦間の交渉や折衝に

よって勢力関係が動的に変化するという性格が相対的に弱い社会では，依然として最終的な意思決定者に着目するアプローチが一定の有効性をもつ可能性を示している．

日本は「先進国」と一般的に分類されるが，ジェンダーの観点から見ると状況は異なり，第3章で確認されたように，ジェンダーに基づく分業が広く見られる社会である．たとえば，2002年度のマクロ統計を使って指数化した国連開発計画（UNDP）の『人間開発報告書（2005年版）』によると，女性の政治・経済分野への進出状況をあらわす「ジェンダー・エンパワーメント指数」（GEM）の日本の順位は，前年度の38位から43位に下降しており，先進国のなかでは際立って低い（内閣府，2006：51）．このように，ジェンダーの面に目を向けると，欧米先進諸国とは異なり，現段階でも資源理論が有効性をもつと考えられる．

以上の検討を経て，本章では資源理論に基づき，2者関係を越えたより広い社会システムと関連づけながら，夫婦の意思決定パターンの規定要因を検討する．さらに，ジェンダー・イデオロギーの影響も大きいことが明らかにされているので，この効果についてもあわせて検討する．

2.2 仮説の提示

2.1項での検討をふまえ，妻の保有する資源として職業の有無，職業階層（有職女性のみ），収入（有職女性のみ）という3つを取り上げ，以下の5つの仮説を構築する．

仮説 1：職業の有無は妻の意思決定力に有意な効果をもち，有職の妻は無職の妻よりも意思決定力が強い．

仮説 2：安定性の高い職業的地位をもつ妻は，不安定な地位で働く妻よりも意思決定力が強い．おおまかな指標ではあるが，ここでは安定性の高低をフルタイム/パートタイムで区別する．

仮説 3：有職者の職業階層については，専門職や管理職といった高い階層の妻は意思決定力がより強い．

仮説 4：有職者の経済資源に関わっては，収入が多い妻ほど，そして，家計

に対する収入の貢献度が多い妻ほど意思決定力が強い．
仮説5：ジェンダー・イデオロギーに関わっては，性別役割分業を肯定する妻は夫がより多くの決定権をもつことを認めやすい．

仮説1から仮説4まではいずれも資源理論に基づく仮説だが，交換理論に着目する立場に基づいて，日本では説明力をもたないという主張がある（富田・片岡，1997；片岡，1997）．これらの研究で用いられたデータは，1963年に神戸で実施された増田による調査との比較を目指して企画・実施された貴重な調査のデータであるが，勢力と資源の間の相関係数を求めたのみで，他の要因がコントロールされていない（片岡，1997），1963年と1995年という母集団の異なるデータを合併してカイ二乗検定をしている（富田・片岡，1997）などの分析手法上の問題があるため，資源理論の有効性を否定していることにはならない．

3．夫婦の意思決定パターン

3.1　分析に用いるデータ

本章で用いるデータは，第5章と同様に毎日新聞社が2004年に実施した「第1回人口・家族・世代世論調査」のデータである（詳細は序章を参照のこと）．分析対象者は制度上も夫婦関係にあり，就業状態が把握できる女性とする．具体的には調査時点で婚姻届を出していて既婚と回答した1,528人（既婚者1,535人のうち婚姻届を出していない7人を除く）のうち，就業状態が不明な37人を除いた1,491人である．

3.2　基本的特徴

調査では，夫婦の意思決定について「a.車や家具など高価なものの購入」「b.家計の管理」「c.貯蓄や資産運用」「d.近所づきあい」「e.子どもの育て方やしつけについて」「f.子どもの教育や進路について」の6項目を尋ねているが，本章では「a.車や家具など高価なものの購入」および「c.貯蓄や資産運用」の

2つを取り上げる[3]．選択肢は「妻」「どちらかというと妻」「2人で一緒に」「どちらかというと夫」「夫」「2人別々に」の6つである．データ上の制約からやむを得ないが，本章で用いたデータは妻側から見た意思決定のデータであり，同じ状況を夫側からとらえた場合には違いが生じる可能性があることをあらかじめ断っておきたい．

　先行研究とは異なる新たな視点は，妻が独自に意思決定する側面についても検討する点である．カップル文化の色彩が強い欧米では，夫婦の意思決定を問題とする場合に「夫婦別々に」という項目は通常用いられていない．しかし，日本のように夫と妻が交際や趣味などの共有をそれほど強く期待されない文化の下では，夫婦が別々に決定するというパターンを想定することによって現実がより的確に把握できると考えられる．特に，資産運用のような経済面に関する意思決定では，夫婦が話し合う際に妻の発言力が増すという形だけではなく，妻が個人の裁量で自由に判断できる領域を保有するという形で妻の意思決定力が増えるパターンも考えられる．本章ではこのような形態も含めた意思決定を取り上げ，就業が及ぼす効果を分析する．

　図6-1で全般的な傾向を確認しておこう．「a. 車や家具など高価なものの購入」は過半数の52.83%が「2人で一緒に」と回答しているが，その後は「どちらかというと夫」と「夫」が続き，両者で約30%に達し，夫の意思決定力が強い傾向が見られる．

　他方，「c. 貯蓄や資産運用」については妻の意思決定力が強く，「妻」という回答は約5割である．「どちらかというと妻」という回答とあわせると約6割

---

[3] これら6指標を用いて斜行解の因子分析をおこなったところ，固有値が1以上の因子が2つ析出された．両者の相関係数は弱いながらも正の有意な関連を持っている．第1因子はd, e, fの因子負荷量が大きく，第2因子は経済面に関するa, b, cの因子負荷量が大きい．第1因子についてこのような結果が得られたのは，子育ての過程では子どもを通して地域社会とつながる必要が生じるためと推測される．また，第1因子の指標となっているd, e, fについては世帯類型との有意な関連は見られず，結婚年数と有意な関連が見られた．このような結果が得られた理由として，日本では性別役割分業が強固に存在しているため，子育てやそれに付随することがらは妻の役割とみなされていることが挙げられる．このような分析結果に基づくと，これらの質問項目は勢力関係というよりは役割関係の指標ととらえるのがより適切である．同様の傾向はb（家計の管理）についても見られたため，本章では経済面に関する意思決定のうち，a（高価なものの購入）とc（貯蓄や資産運用）を分析対象とすることにした．詳細は岩間（2005）を参照．

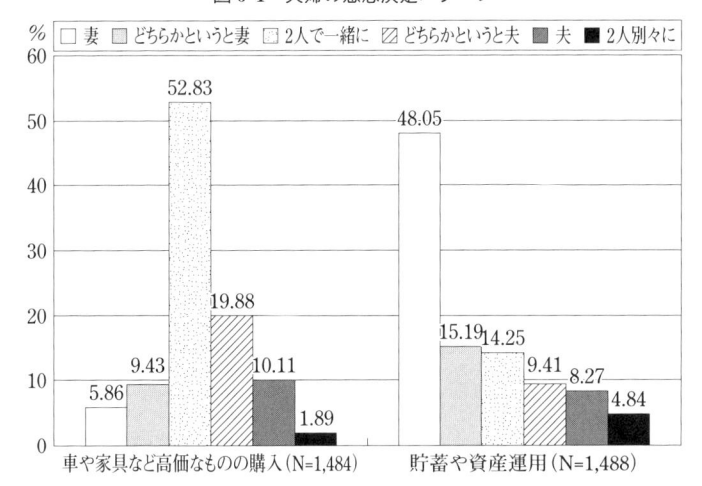

図 6-1　夫婦の意思決定パターン

	妻	どちらかというと妻	2人で一緒に	どちらかというと夫	夫	2人別々に
車や家具など高価なものの購入(N=1,484)	5.86	9.43	52.83	19.88	10.11	1.89
貯蓄や資産運用(N=1,488)	15.19	14.25	48.05	9.41	8.27	4.84

に達する．また，数は少ないものの，「2人別々に」という回答も5％程度になっている．

3.3　世帯類型別の特徴

世帯類型によって夫婦の意思決定パターンはどのように異なるのか．まずは妻の就業状態に基づいて世帯を3分類し，クロス表のカイ二乗検定をおこなう．

世帯類型については，妻が正規の職員・従業員または自営業・自由業として働いている場合を「共働き世帯」（376人），妻がパートタイムやアルバイト，派遣・嘱託，家族従業者として働いている場合を「妻パート世帯」（513人），妻が専業主婦の場合を「専業主婦世帯」（517人）として3つに大別した[4]．世帯類型と意思決定との関連について各々，クロス表分析をおこなった．その結果，いずれについても有意な関連が見られた．

まず，「a.車や家具など高価なものの購入」については，専業主婦世帯で「2人で一緒に」の割合がやや高いものの，際だった関連はほとんど見られない（図6-2）．

---

[4]　学生3名は専業主婦世帯に含めている．また，共働き世帯，妻パート世帯，専業主婦世帯以外の世帯に該当する人が45人いたが，比較の都合上分析から除いた．

図 6-2 世帯類型と「高価なものの購入」

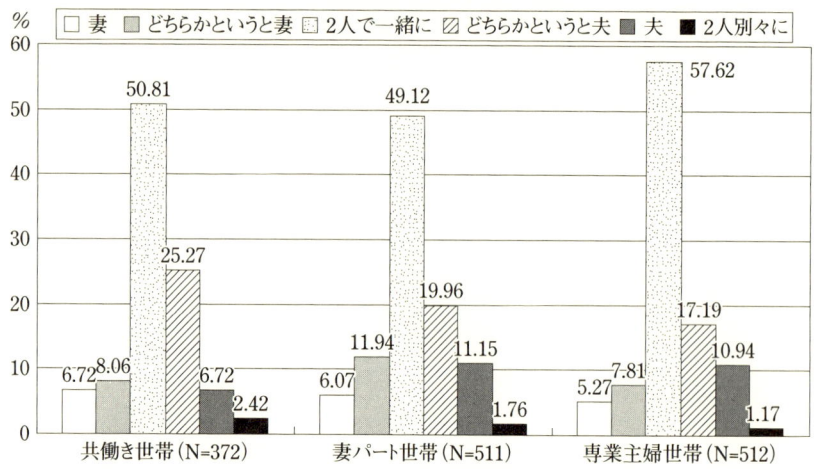

凡例: □ 妻　■ どちらかというと妻　▨ 2人で一緒に　▨ どちらかというと夫　■ 夫　■ 2人別々に

共働き世帯(N=372): 6.72, 8.06, 50.81, 25.27, 6.72, 2.42
妻パート世帯(N=511): 6.07, 11.94, 49.12, 19.96, 11.15, 1.76
専業主婦世帯(N=512): 5.27, 7.81, 57.62, 17.19, 10.94, 1.17

注: $\chi^2=24.31$, d.f.=10, p値=0.0068*** (1%水準で有意).

図 6-3 世帯類型と「貯蓄や資産運用」

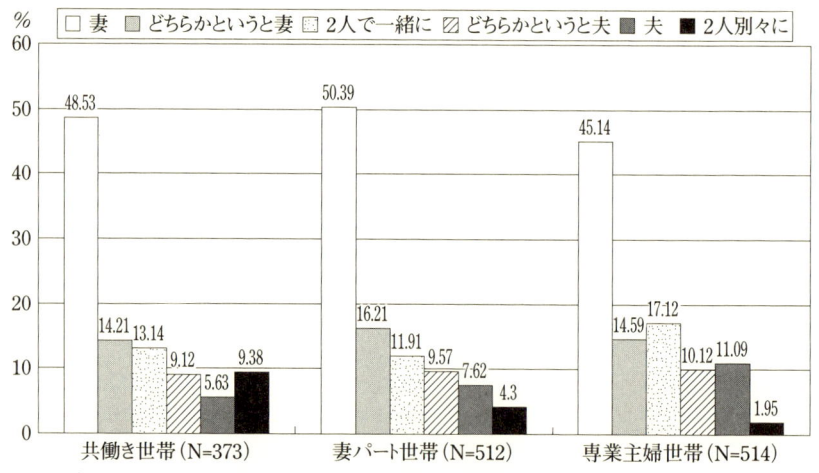

凡例: □ 妻　■ どちらかというと妻　▨ 2人で一緒に　▨ どちらかというと夫　■ 夫　■ 2人別々に

共働き世帯(N=373): -, 14.21, 13.14, 9.12, 5.63, 9.38　※「妻」=48.53
妻パート世帯(N=512): 50.39, 16.21, 11.91, 9.57, 7.62, 4.3
専業主婦世帯(N=514): 45.14, 14.59, 17.12, 10.12, 11.09, 1.95

注: $\chi^2=41.34$, d.f.=10, p値=0.0001*** (1%水準で有意).

図 6-3 の「c. 貯蓄や資産運用」については，「2 人別々に」という回答が共働き世帯では約 1 割に達している．1 割の夫婦がそれぞれ独自に貯蓄や資産運用をおこなっているという結果は，妻パート世帯の 4.30％ や専業主婦世帯の

1.95％と比べると際だって高いと言えるだろう．「妻」と「どちらかというと妻」を合計した割合は共働き世帯62.74％，妻パート世帯66.60％，専業主婦世帯59.73％と若干ではあるが専業主婦世帯で最も少ない．これらのデータは，妻がフルタイムで働くことによって妻が独自に判断できる固有の領域をもつという形で妻の意思決定力が増加している可能性を示している．この点については次節でより詳細に検討する．

4. 妻が働くと夫婦の意思決定は変わるのか

4.1 分析方法

本節では，夫婦の意思決定パターンに及ぼす世帯類型の効果を多項ロジット分析で検討する．多項ロジット分析は，被説明変数が3つ以上のカテゴリーから構成され，かつ，カテゴリー間に順序がない場合に適した手法である．SASのCATMODプロシジャーを用いて推定する[5]．

被説明変数については，基準カテゴリーとして「2人で一緒に」意思決定をしている場合を設定し，それとの比較で妻の意思決定力が強い場合（妻＋どちらかというと妻），夫の決定力が強い場合（夫＋どちらかというと夫），2人別々に決定している場合を比較する．つまり，3つの組み合わせごとに，各説明変数の効果を検討する．

説明変数として世帯類型と性別役割分業観の2変数をモデルに含めるが，世帯類型は仮説1および仮説2を検証するために，性別役割分業観は仮説5の検証のために必要となる．世帯類型については，専業主婦世帯を基準カテゴリーとし，フルタイム世帯とパートタイム世帯を区別するダミー変数をそれぞれ作成する．性別役割分業観は，「結婚後は，夫は外で働き，妻は家庭を守るべき

---

5) SASのCATMODプロシジャーでは，被説明変数のカテゴリー値が最も大きい値を基準カテゴリーとして自動的に設定する（Allison, 1999）．そのため，ここでは解釈がしやすいように「2人で一緒に」に4,「妻」および「どちらかといえば妻」に1,「夫」および「どちらかといえば夫」に2,「2人別々に」に3という値を再割り当てして分析をおこなった．

だ」という質問に対する回答を用いる（1＝まったく反対，2＝どちらかといえば反対，3＝どちらかといえば賛成，4＝まったく賛成，の4段階とした．解釈を容易にするため，調査票とは数値を逆転させた）．

コントロール変数として含めるライフ・コース上の位置については，子どもなし，末子が3歳以下，末子が4歳以上12歳以下，末子が13歳以上18歳以下，末子が19歳以上の5ステージを設定し，末子が3歳以下の場合を基準カテゴリーとして合計4つのダミー変数を作成する．なお，この他に年齢と学歴（教育年数で測定）もコントロール変数として分析に含める．

4.2　妻が働くことで「2人で一緒に」

表6-2と表6-3に示す各々の分析結果について，説明変数の効果別に見てみよう．

まず，妻がフルタイムで働く世帯では，「a. 車や家具など高価なものの購入」にあたって夫が決めるのではなく，2人で一緒に決める確率が高い．同様に「c. 貯蓄や資産運用」に関しても妻が決める，あるいは2人別々に決めるのではなく，2人で一緒に決める確率が高まっている．同様の効果はパートタイムについても基本的に見られることから，妻の就業は，夫婦「2人で一緒に」意思決定をおこなう方向に促す効果をもつことが明らかとなった．

性別役割分業観は，「a. 車や家具など高価なものの購入」には有意な効果をもたないが，「c. 貯蓄や資産運用」に対しては有意な効果が見られる．具体的には，性別役割分業を否定する場合には，2人別々に決定する確率が有意に高まっている．妻の就業が2人別々に決定するというパターンの出現にどのような影響を与えているのかについては，次項でさらに検討する．

ライフ・コース上の位置については，子どもがいない場合のみが有意な効果をもっており，子どもがいない場合には，「a. 車や家具など高価なものの購入」が妻のみあるいは夫のみで決定される確率が高く，同様に「c. 貯蓄や資産運用」についても，妻だけで決定される確率が高い．

4.3　妻の職業階層による影響

仮説3と仮説4を検討するために，有職女性のみを分析対象とし，妻の職業

表6-2 「高価なものの購入」の多項ロジット分析（全データ：N=1,363）

	係数全体の 有意性 （p値）	妻 vs 2人で一緒に	夫 vs 2人で一緒に	2人別々に vs 2人で一緒に
切片	0.140	0.419	－0.828	－6.165**
フルタイム	0.096*	－0.178	－0.194**	－0.274
パートタイム	0.030**	－0.274***	－0.163**	－0.141
性別役割分業観	0.310	－0.107	0.102	－0.109
子どもなし	0.001***	0.507***	0.373***	－0.122
末子年齢4-12	0.941	0.034	0.040	－0.135
末子年齢13-18	0.690	0.165	0.112	－0.019
末子年齢19＋	0.655	－0.047	0.176	－0.009
年齢	0.170	－0.016	0.015	0.068
学歴	0.216	－0.087	－0.071*	0.039
Model χ^2		1924.05		

注：***は1％水準で有意，**は5％水準で有意，*は10％水準で有意であることを示す．

表6-3 「貯蓄や資産運用」の多項ロジット分析（全データ：N=1,367）

	係数全体の 有意性 （p値）	妻 vs 2人で一緒に	夫 vs 2人で一緒に	2人別々に vs 2人で一緒に
切片	0.027	2.104*	－0.046	－1.274
フルタイム	0.000***	－0.242**	0.069	－0.825***
パートタイム	0.000***	－0.310***	－0.061	－0.563**
性別役割分業観	0.073*	0.069	0.068	－0.401**
子どもなし	0.063*	0.369***	0.271	0.198
末子年齢4-12	0.300	0.160	0.050	0.339
末子年齢13-18	0.300	0.241	0.196	0.486*
末子年齢19＋	0.459	0.089	－0.127	0.345
年齢	0.188	0.002	0.030	0.038
学歴	0.381	－0.090*	－0.098	－0.070
Model χ^2		1928.52		

注：***は1％水準で有意，**は5％水準で有意，*は10％水準で有意であることを示す．

階層や収入によって夫婦の意思決定パターンが異なるのか,特に「2人別々に」という個人主義的な意思決定を促す要因は何か,に着目して分析する.4.2項と同様に多項ロジット分析を用いる.

説明変数は,フルタイムかパートタイムかを区別するダミー変数(パートタイムを基準カテゴリーとする),妻の収入(各カテゴリーに中央値を与える),妻の収入の家計に対する貢献度(妻の収入/夫の収入+妻の収入),職業階層については,事務職を基準カテゴリーとして専門管理職,サービス職,マニュアル労働職の3つのダミー変数を作成した.また,コントロール変数としてのライフ・コース上の位置については,末子年齢19歳以上の子どものいる該当者が少ないため,このカテゴリーを末子年齢13歳以上のカテゴリーに含めて合計3つのダミー変数を用いる[6].分析結果は表6-4,表6-5に示すとおりである.

まず注目されるのは,妻収入の家計に対する貢献度がどちらの被説明変数に対しても一貫して有意な効果をもつ点であり,妻の収入的貢献度が高くなるほど,「2人で一緒に」ではなく「2人別々に」意思決定している.この分析結果は,妻が経済資源を獲得することによって妻が自分の裁量で判断できる領域をもつようになるという形で妻の決定力が拡大することを意味しており,先行研究の各理論で重視されてきた社会経済的資源の有効性が,新たな装いで確認されている.

次に,職業階層の効果については,専門管理職として働くことによって「c. 貯蓄や資産運用」を妻が決定する確率が増加する一方,サービス職としての就業は「a. 高価なものの購入」に関して妻だけで判断するのではなく「2人で一緒に」話し合うように促す効果が見られる.職業階層に関して得られたこれらの結果については,2つの解釈が可能である.

1つは「a. 高価なものの購入」は日常的な家計の管理の延長線上にあるとも考えられるため,シフト制や土日の出勤なども他の職業階層以上に求められるサービス職として妻が働く場合には,夫が妻に代わって代替している可能性である.

---

6) なお,年齢や学歴,性別役割分業観を含めたモデルも検討したが,いずれも有意ではなかったため,最終的なモデルには含めなかった.

表6-4 「高価なものの購入」の多項ロジット分析（有職女性：N=588）

	係数全体の 有意性 （p値）	妻 vs 2人一緒に	夫 vs 2人一緒に	2人別々に vs 2人一緒に
切片	0.0001***	−1.825***	−0.374	−3.739***
フルタイム	0.129	0.318	−0.152	0.462
妻収入	0.020**	1.257E−7	−1.67E−7*	3.732E−7
妻収入の家計に対する貢献度	0.033**	0.052	0.664*	2.175**
専門管理職	0.825	−0.086	−0.003	−0.370
サービス職	0.045**	−0.429**	−0.220	−0.729
マニュアル労働職	0.108	−0.362*	−0.096	−0.912*
子どもなし	0.007***	0.781**	0.326	−0.193
末子年齢4-12	0.389	0.075	−0.158	−0.600
末子年齢13+	0.070*	0.466**	−0.014	−0.194
Model χ^2	868.5			

表6-5 「貯蓄や資産運用」の多項ロジット分析（有職女性：N=590）

	係数全体の 有意性 （p値）	妻 vs 2人一緒に	夫 vs 2人一緒に	2人別々に vs 2人一緒に
切片	0.0001***	1.160**	0.679	−2.742***
フルタイム	0.831	0.041	0.171	0.195
妻収入	0.182	−1.45E−8	3.005E−8	2.42E−7*
妻収入の家計に対する貢献度	0.067*	−0.339	−0.469	1.078*
専門管理職	0.047**	0.263*	−0.187	0.162
サービス職	0.093*	−0.071	−0.393	0.472
マニュアル労働職	0.806	0.084	−0.113	0.120
子どもなし	0.035**	0.460**	−0.132	0.433
末子年齢4-12	0.144	0.080	−0.415	0.261
末子年齢13+	0.088*	0.227	−0.313	0.391
Model χ^2	869.41			

注：表6-4, 6-5とも***は1%水準，**は5%水準，*は10%水準で有意であることを示す。

もう1つの可能性は，社会階層によって経済資源が家計にとってもつ意味が異なる点に関わっている．妻が専門管理職として働く世帯では，妻がサービス職として働く世帯よりも経済階層が高く，妻の収入が家計にとって「剰余」的な性格をもつため，その「剰余」部分の運用については妻の裁量に委ねられやすいのではないか．これに対して妻がサービス職として働く世帯では，妻収入は家計にとって必要性のより高いものとして位置づいているため，夫婦が一緒に意思決定をしている可能性が考えられる．

　この点に関してコムターは，オランダで質的調査を実施し，社会階層によって経済面の勢力関係に関する妻の要望は異なることを明らかにしている(Komter, 1989)．社会階層の高い妻は，経済面に関する意思決定について自分1人で独立して判断できる領域の拡大を望むのに対し，社会階層が低い場合には，妻は自分1人でやりくりに苦労するのではなく，夫が一緒に考えてくれることを望むという違いが見られる．コムターの知見は，ここで得られた分析結果と整合的である．

　また，ライフ・コース上の位置に関しては，子どものいない場合は「a.高価なものの購入」であるか「c.貯蓄や資産運用」であるかを問わず，妻あるいは夫のどちらかが決定している．換言すると，子どもが生まれることによって夫婦が「2人で一緒に」判断するようになる．

4.4　仮説の検証

4.2項と4.3項の分析結果を，先に示した5つの仮説にそって整理する．

　「無職の妻よりも有職の妻の方が意思決定力は強い」という仮説1については，妻の就業が「a.高価なものの購入」に関する夫の意思決定力を弱め，「2人で一緒に」決定する方向に促す効果が確認されたが，分析結果全体を見た場合，妻の就業は「2人で一緒に」決定する方向に促す効果としてとらえる方がより適切である．

　「フルタイムの妻はパートタイムの妻よりも意思決定力が強い」という仮説2に関しては，「a.高価なものの購入」についての夫の決定力を弱め，「2人で一緒に」決定する方向に促す有意な効果はフルタイムでより大きいことが表6-2には示されているが，それ以外についてはほとんど違いが見られず，仮説

は一部のみ支持されたにとどまる．

「職業階層が高い妻は意思決定力が強い」という仮説3に関わっては，専門管理職では「c. 貯蓄や資産運用」を（「2人一緒に」ではなく）妻がおこなうようになる効果が確認されていることから，一定程度支持されている．

「経済資源の多さは意思決定力を増加させる」という仮説4については，妻収入の家計に対する貢献度は「a. 高価なものの購入」にも「c. 貯蓄や資産運用」にも有意な効果をもつうえ（具体的には妻の裁量で自立して判断できるように促す効果が見られる），妻の収入も「a. 高価なものの購入」に対して夫の決定力を減らす効果が見られることから，支持されている．

最後に「性別役割分業を肯定するほど妻の意思決定力は弱い」という仮説5に関わっては，性別役割分業の否定は「c. 貯蓄や資産運用」について夫婦それぞれに固有の意思決定領域をもつようにさせる効果が見られるが，「a. 高価なものの購入」について有意な効果は見られず，一部のみ支持された．

5．おわりに──「夫婦独立型」への胎動

本章は，日本における夫婦の意思決定パターンの実態を明らかにするとともに，妻の就業が経済面に関する夫婦の意思決定パターンにどのような影響を与えるのかについて分析を進めてきた．性別役割分業が根強く存在するうえ，欧米のようにカップル単位での行動がそれほど強く期待されない日本社会では，現代においても資源理論が有効であることが明らかとなった．なかでも注目されるのは妻の経済力の効果であり，有職者については，妻の収入の家計に対する貢献が大きくなると妻1人で判断するパターンが有意に増加している（夫婦独立型）．なお，専業主婦世帯を含めた分析結果によると，妻の就業は夫婦どちらかがイニシアティブをとって意思決定するパターン（夫婦分業型）から，夫婦2人で意思決定するパターン（夫婦共同型）へと変化を促す効果が見られる．

ここでの分析結果は，夫婦の意思決定パターンは妻の就業によって「夫婦分業型（妻優位型あるいは夫優位型）→夫婦共同型→夫婦独立型」へと変化する可能性を示している．これが夫婦関係全般にあてはまる夫婦の意思決定の新た

なパターンの出現を意味するのか，それとも特定の領域についてのみ見られるのかについては実証研究の積み重ねが必要であるが，女性の就業が，夫婦関係のありように及ぼす影響の一端が明らかになった．

また，先行研究では夫婦分業型から夫婦共同型への移行がどのような要因によって生み出されるのかという点に関心が寄せられてきたが，今後は夫婦独立型も含めた考察が必要であることが示された．

妻の職業階層が夫婦の意思決定パターンに一定の影響を及ぼすことが確認されたが，調査票の制約もあり，社会階層によって社会経済的資源のもつ意味が違うか否かにふみ込んだ分析はできなかった．また，交換理論が重視する「過程」を含めた分析も別途必要と思われる．これらについては今後の課題としたい．

第7章

子どもをもつことをどう考えるのか

1. はじめに――低下傾向にある夫婦の出生力

日本では1989年の「1.57ショック」以降，夫婦出生力の低下傾向が続いている．合計特殊出生率の変化の要因を調べた研究によると（岩澤，2002；金子，2004），1990年代までの合計特殊出生率低下のほとんどは結婚行動の変化によって説明されるのに対し，1990年代以降では夫婦の出生行動パターンの影響が強まっている．また，2005年に実施された「第13回出生動向基本調査（夫婦調査）」では，結婚後5～19年という出生途上の夫婦で出生のペースが落ちており，1960年代生まれの世代において夫婦出生率が低下していることも明らかにされている（国立社会保障・人口問題研究所，2006）．これらの知見は，子どもをもとうとする意欲そのものが低下している可能性や，意欲はあっても，それを実現させるために必要となる社会経済的諸条件の獲得がより困難になっている可能性を示している．

子どもをもちたいという意欲が直ちに出生行動につながるわけではなく，子どもをもちたいと希望しても，健康上の理由などで妊娠・出産に至らない場合も少なくない．しかし，一般的に，子どもをもとうと決心した夫婦はその実現に向けて具体的な行動をとるため（Miller, 1992; Miller and Pasta, 1995; Thomson and Hoem, 1998），当然のことながら，子どもをもちたくないと考える人々が増加すれば出生率は低下する．また，子どもをもちたいという欲求は前の世代と同水準であったとしても，バブル経済崩壊以降の長引く経済停滞や

雇用の流動化などによって，それを実現するための社会経済的障壁が高くなっている可能性も考えられる．

このようなさまざまな可能性を考慮すると，日本における近年の夫婦出生力の低下がどのような要因によってひきおこされているのかを解明するうえで，子どもをもとうという意欲が，子どもに対する価値観や子育てイメージなどの主観的要因によって規定されているのか，それとも女性の就業など社会経済的要因によって規定されているのかを明らかにすることは，重要な研究課題と考えられる．

また，第4章で明らかになったように，女性の就業行動は3歳以下の子どもがいることによって抑制されているが，格差が拡大するなかで「標準家族」を支える基盤が解体しつつある状況を考えれば，女性の就業を前提とした「福祉レジーム」の構築が不可欠となっている．現在の「男性稼ぎ主」型の「福祉レジーム」からの転換をはかるためには，出生との関係で女性の就業がもつコストがどのようなものであるのかを明らかにしたうえで対応策を考えることが有効である．

横断調査データを用いた先行研究では，出生意欲は出生行動の潜在的な代理変数として広く用いられており（Thomson, 1997），パネル・データの収集・利用が未整備の段階にとどまる日本では，夫婦の出生行動を解明する1つのアプローチとして，出生意欲を取り上げる意義がある．欧米では既に出生意欲の規定要因に関する分析が積み重ねられてきているものの（Waite and Stolzenberg, 1976；Beckman et al., 1983；Miller, 1992），日本では先行研究が少なく，出生意欲の規定要因は必ずしも明らかにされていない．

このような問題意識に基づき，本章では，既婚男女の出生意欲がどのような要因によって規定されているのかについて，特に女性の就業が及ぼす影響に着目して分析を進める．また，世帯収入などの社会階層や子どもに対する価値観や子育てイメージが与える影響についてもあわせて検討する．

本章の特徴の1つは，男女別の比較分析をおこない，子どもをもとうとする意欲を規定する要因がジェンダーによってどのように異なるのかを検討する点である．欧米でもかつては女性のみを対象とした研究が一般的だったが，近年では夫の意思が出生行動に対して妻の意思と同等程度の効果をもつことが明ら

かになっており（Thomson, 1997），男性データや夫婦データの分析の重要性が指摘されている．

性別役割分業が固定的な日本では，子どもを生み育てるプロセスのなかで必要とされるさまざまな資源のうち，女性は自らの時間や労働力を提供することによってケア役割を果たすことが期待され，男性には「稼ぎ主」として経済的資源を獲得することが期待されているため（Brinton 1993；目黒・西岡編，2004；大沢，2002；2007），子どもをもとうとする際に考慮する要因が性別によって異なる可能性が考えられる．たとえば，日本では子育て負担の大半が女性にのしかかり，「仕事と子育ての両立」は主に女性の問題とみなされている．日本の低出生率の背景を理解するうえでは，このような子育て負担のジェンダー差を考慮する必要がある．

第2の特徴は，何番目の子どもに関する出生意欲なのかを区別し，子ども数（パリティ）別にモデルを推定する点である．子どもをもつことによって生じる負担は，既にいる子ども数によって異なると考えられる．実際，次節で述べるように既にいる子ども数によって（追加）出生に影響を及ぼす要因は異なることが先行研究によって明らかにされている．したがって本章でも，現在いる子ども数別に出生意欲の規定要因を検討する．

本章の構成は以下のとおりである．2節では先行研究を検討した後，仮説を提示する．3節では分析に用いるデータと変数について説明した後，子どもをもちたいという意欲が性別によってどのように異なるのかについて子ども数別に比較し，全体的な傾向を確認する．4節では子どもをもとうとする意欲がどのような要因によって規定されているのかを子ども数別，男女別に比較分析する．以上の分析結果に基づいて，5節では結論と今後の課題を示す．

2. 子どもの数を決める要因は何か

2.1 先行研究の検討

先進国における出生意欲または出生行動の規定要因に関する先行研究では，主な要因として，①女性の就業，②世帯収入，③家族に関する価値観，の3つ

が検討されてきた[1]．

　第1に，家庭外での雇用労働が一般化し，子育て役割の遂行が女性に期待されている社会では，女性が就業しながら子育てをすることは一般的に難しく（Brewster and Rindfuss, 2000；福田，2004），また，高学歴化や出産前の就業期間の延長による人的資本の増加とともに，就業中断による機会費用（仮に仕事を中断しなければ得られたはずの収入やキャリアの損失など）も大きくなるため（Becker, 1981），女性の就業は出生行動に対して負の効果をもつと考えられている．実際，スウェーデンやアメリカでは，就業女性の出生率は専業主婦の出生率よりも低い（Hoem and Hoem, 1989；Spain and Bianchi, 1996）．また，出生意欲に関する分析によると，出産後も仕事を継続したいと望む女性は専業主婦の女性よりも出生意欲が低いことが明らかになっている（Waite and Stolzenberg, 1976）．

　第2に，子どもに対する価値観など他の要因の影響を一定にコントロールするならば，世帯収入によって代表される経済力は出生率を高めると理論的には考えられてきた（Becker, 1960）．この理論に関して多くの実証的検討がなされてきたものの，一貫した効果は必ずしも得られていない（White and Kim, 1987）．収入の有意な効果を見出した研究のなかでは，妻の収入が世帯にとって不可欠である場合には出生意欲が低い（Beckman, 1984），子育てにかかる教育費の負担は収入によって異なり，その負担感の違いが出生意欲に影響を及ぼすことが明らかになっている（Rindfuss et al., 1988）．

　第3に，家族に関する価値観については，性別役割分業を肯定し，女性のアイデンティティとして母親役割を重視する価値観をもつ女性ほど出生意欲や出生率が高いと考えられている（Nock, 1987）．実際，性別役割分業を否定する

---

1) 最近では夫婦関係の安定性が及ぼす影響に着目した研究もおこなわれている．夫婦関係の安定性については2つの相反する仮説がある．1つは，夫婦関係が安定的であれば子どもをもとうとするという夫婦関係の安定性が出生意欲や出生行動に対して正の効果をもつという説明である（Lillard and Waite, 1993）．逆に，夫婦関係が不安定であるほど子どもをもつことによってその不安定性を解消しようとするという，夫婦関係の安定性が負の効果をもつと予測する仮説も提出されているが（Friedman et al., 1994），パネル・データを用いた分析では否定されている（Myers, 1997）．なお，結婚の安定性が負の効果をもつと予測する仮説は，主に第1子の出生について構築されている．

非伝統的な家族観をもつ女性ほど出生意欲が低く（Nock, 1987），子ども数も少ないことが明らかにされている（Nock, 1987; White and Kim, 1987; Myers, 1997）.

このように出生意欲や出生行動の規定要因として，主に3つの要因が理論的実証的に検討されてきたが，それぞれの影響の及ぼし方は，既にいる子どもの数によって異なることも明らかにされている（White and Kim, 1987; Hoem and Hoem, 1989; Myers 1997）．たとえば，女性の就業が及ぼす効果については，第1子が生まれ，実際に子育てを経験するなかで女性たちは子育てと仕事の両立の難しさを実感し，追加出生をためらうようになる．また，仕事満足感が高い女性ほど3年後の第1子出生確率が高いといった知見も得られている（White and Kim, 1987）.

日本では，首都圏在住の満20〜49歳の既婚男女を対象に1994年に実施された調査データのうち（生命保険文化センター，1995），40歳未満のデータを用いて出生意欲の規定要因が検討されている（岩間，2004b）．分析の結果，①既にいる子ども数によって出生意欲に影響を及ぼす要因は男女ともに異なる，②出生意欲を規定する要因は性別によって異なり，男性の場合には稼ぎ主役割を果たせるか否か，女性の場合にはケア役割を担えるか否か，という性別役割分業に関わる諸変数が有意な効果をもつ，③「結婚しても必ずしも子どもをもつ必要はない」という価値観をもっているほど出生意欲は低い，④個人主義志向が強い女性は出生意欲が低い，⑤年齢の上昇とともに出生意欲は低くなる，という知見が得られている．しかし，そこで用いられたデータは首都圏に限定されているため，知見の一般化可能性についてはさらなる検討が必要である．また，フルタイムかパートタイムかという女性の就業に関わるより詳細な検討はなされていないという問題がある．このような制約をふまえ，本章では全国データを用いて女性の就業が出生意欲に及ぼす影響についてより詳細に検討する．

2.2 仮説の提示

先行研究の検討に基づき，本章では，以下の4つの仮説を検討する．

仮説1：子どもをもとうとする意欲に影響を及ぼす要因は，すでにいる子ども数によって異なる．

仮説2：女性の就業は，女性自身の出生意欲を下げる効果がある一方，男性にとっては自らの「稼ぎ主役割」を将来的にも軽減する効果をもつため，出生意欲を高める．

仮説3：子育てには一定以上の経済力が必要となるため，世帯収入が低かったり，教育費の負担が大きい場合，出生意欲は低くなる．

仮説4：価値観の効果については，肯定的な子育てイメージをもっていたり，結婚生活において子どもの存在を重視する価値観をもつ人ほど，出生意欲が高い．

仮説2に関わって，既述したように性別役割分業が固定的な日本社会では依然として男性には「稼ぎ主役割」，女性には家事や育児の遂行という「ケア役割」が期待されている．したがって，このようなジェンダーによって異なる役割期待を果たせるか否かによって，出生意欲が規定されていると考えられる．すなわち，男性では「稼ぎ主役割」を果たせるか否か，女性では自分が子育てを中心的に担えるか否かという「ケア役割」に関する変数が有意な効果をもつことが予測される．有職女性は家事や育児の時間を捻出するための時間や人手のやりくりを日々の生活のなかで直接的に担わざるを得ない立場におかれるため（Rindfuss and Brewster 1996），就業は女性の出生意欲を下げる効果があると考えられる．他方，男性にとって妻の就業は自らの「稼ぎ主役割」を将来的にも軽減する効果をもつため，出生意欲を高めると予測される．

3. ジェンダーと出生意欲

3.1 分析に用いるデータと変数

本章では，第4章で用いた「結婚と家族に関する国際比較調査」のデータを用いるが，満20～49歳の既婚男女を分析対象とする（詳細は序章を参照のこと）．社会人口学などでは再生産年齢の上限を49歳に定めることが一般的であ

表 7-1　分析に含める変数の測定

〈被説明変数〉	
①第1子出生意欲 （まだ子どものいない場合）	これから子どもを「ぜひほしい」または「ほしい」と回答した場合に 1．「どちらともいえない」「あまりほしくない」「絶対ほしくない」と回答した場合に 0．
②第2子出生意欲 （既に子どもが1人いる場合）	これからもう1人子どもを「ぜひほしい」または「ほしい」と回答した場合に 1．「どちらともいえない」「あまりほしくない」「絶対ほしくない」と回答した場合に 0．
③第3子出生意欲 （既に子どもが2人いる場合）	これからもう1人子どもを「ぜひほしい」または「ほしい」と回答した場合に 1．「どちらともいえない」「あまりほしくない」「絶対ほしくない」と回答した場合に 0．

〈説明変数〉	
女性の就業（2つのダミー変数） 　①フルタイム就業 　②パートタイム就業	（基準カテゴリーは無職） フルタイム就業は 1．それ以外は 0． パートタイム就業は 1．それ以外は 0． 備考）女性には本人，男性には妻の情報を用いる．
経済階層 世帯年収（4つのダミー変数） 　③世帯年収1 　④世帯年収2 　⑤世帯年収3 　⑥世帯年収4	（基準カテゴリーは 300 万円未満） 夫婦の年収が 300 万円以上 500 万円未満は 1．それ以外は 0． 夫婦の年収が 500 万円以上 700 万円未満は 1．それ以外は 0． 夫婦の年収が 700 万円以上 1,000 万円未満は 1．それ以外は 0． 夫婦の年収が 1,000 万円以上は 1．それ以外は 0．
子育て費用 ⑦1カ月あたりの平均子育て費用（第2子出生意欲，第3子出生意欲のモデルのみに含める）	過去1年間の子育て費用（教育費・学費や習い事のための費用などを含む）の1カ月平均について，各回答カテゴリーの中央値（0円，5,000円，15,000円，25,000円，40,000円，60,000円，85,000円，125,000円，150,000円）を与える．
家族観 ⑧子どもの重要性	「結婚の主な目的は，子どもをもつことである」という質問に対して，「反対（1）」「どちらかといえば反対（2）」「どちらともいえない（3）」「どちらかといえば賛成（4）」「賛成（5）」の5つの選択肢を用意し，1から5の5段階で測定．
⑨子育てイメージ	「（もう1人）子どもがいると仮定すると，生活全体の満足度は現在と比べて，どう変わると思いますか」という質問に対して，「ずっと悪くなる（1）」「少し悪くなる（2）」「変わらない（3）」「少し良くなる（4）」「ずっと良くなる（5）」の5つの選択肢を用意し，1から5の5段階で測定．
⑩年齢	満年齢
⑪学歴	教育年数

り，本章もそれに準拠してこの年齢層の男女を分析対象とする．

出生意欲は，「あなたは，これから子どもが（もう1人）ほしいですか」という質問に対する回答（「ぜひほしい」「ほしい」「どちらともいえない」「あまりほしくない」「絶対ほしくない」）を用いる．3.2項では分析に先立ってジェンダーと出生意欲の関連を確認するため，現在いる子ども数別に男女の回答分布を比較する．4節では，「ぜひほしい」または「ほしい」と回答した場合を出生意欲があるとみなして1を与え，それ以外の回答を出生意欲がないとみなして0とするダミー変数を作成したうえで，被説明変数が2値の場合の分析に適したロジット分析をおこなう．分析には，表7-1に示す説明変数を含める（コントロール変数として，年齢と学歴を含める）．

3.2 男性よりも低い女性の出生意欲

女性は男性以上に出産や育児に関わるコストが高いため，子どもをもつことに対してより消極的であるという知見がアメリカで得られている（Beckman, 1984）．日本の場合にもこのような関係性は見られるのだろうか．ここでは男女別，現在いる子ども数別に，出生意欲がどのように異なるのかを確認する．

図7-1は第1子についての希望を尋ねた結果であるが，「ぜひほしい」およ

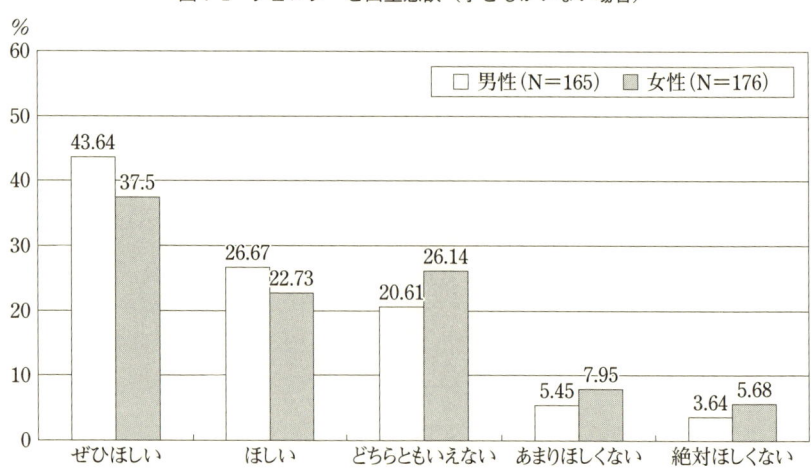

図7-1　ジェンダーと出生意欲（子どもがいない場合）

	男性(N=165)	女性(N=176)
ぜひほしい	43.64	37.5
ほしい	26.67	22.73
どちらともいえない	20.61	26.14
あまりほしくない	5.45	7.95
絶対ほしくない	3.64	5.68

図 7-2　ジェンダーと出生意欲（子どもが 1 人いる場合）

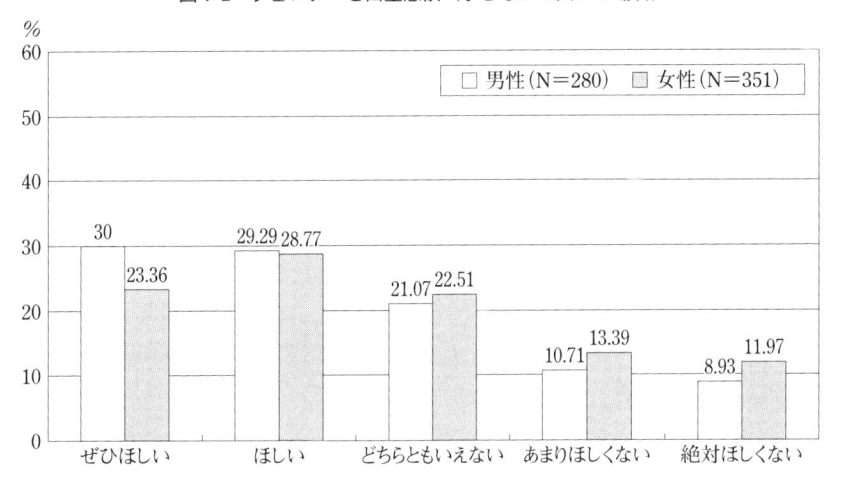

｜男性(N=280)　　女性(N=351)

ぜひほしい：30／23.36
ほしい：29.29／28.77
どちらともいえない：21.07／22.51
あまりほしくない：10.71／13.39
絶対ほしくない：8.93／11.97

図 7-3　ジェンダーと出生意欲（子どもが 2 人いる場合）

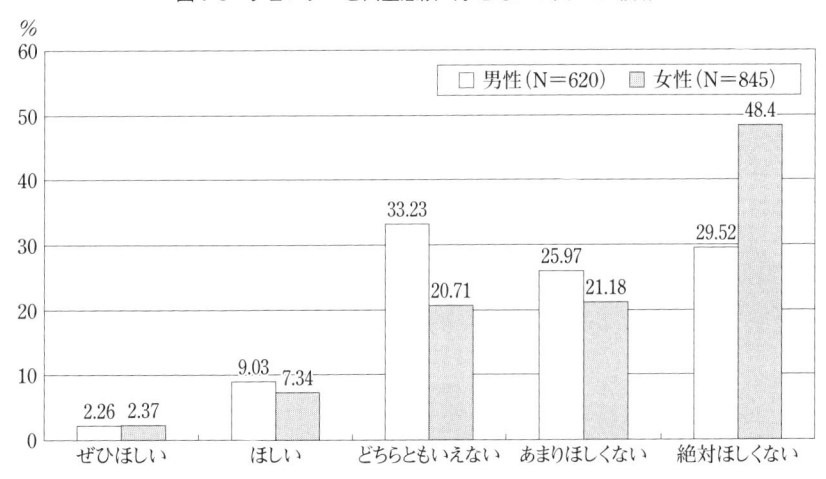

｜男性(N=620)　　女性(N=845)

ぜひほしい：2.26／2.37
ほしい：9.03／7.34
どちらともいえない：33.23／20.71
あまりほしくない：25.97／21.18
絶対ほしくない：29.52／48.4

び「ほしい」の割合は女性よりも男性でそれぞれ 5％ 前後多い．図 7-2 の第 2 子の希望については，「ぜひほしい」について同様の傾向が確認できる．図 7-3 の第 3 子の希望については，男性では「絶対ほしくない」と回答した人が約 3 割であるのに対し，女性では約半数に達しており，男女差が大きい．総じ

第 7 章　子どもをもつことをどう考えるのか

て，女性の出生意欲は男性よりも低い傾向が確認できる．

このような知見は，本章と同じデータを用いて子どもをもつことに対する意識構造のジェンダー差を検討した分析結果と整合的である（福田，2005）．福田は，(a) 生活水準，(b) やりたいことをやる自由，(c) 就職や昇進の機会，(d) 心のやすらぎ，(e) 生活全般の満足度の 5 領域について，「あなたに（もう 1 人）子どもがいると仮定すると，あなたの生活は現在と比べて，どう変わると思いますか」という質問によって得られた回答（選択肢は「ずっと良くなる」「少し良くなる」「変わらない」「少し悪くなる」「ずっと悪くなる」の 5 段階）を潜在クラス・モデルによって分析した．その結果，男女ともに，「悪化型」「中立型」「改善型」という 3 パターンが析出されるものの，男性では子どもをもつことによって生活が改善すると考える「改善型」の割合が相対的に高いのに対し，女性では子どもをもつことによって生活が悪化すると考える「悪化型」の割合が相対的に高いというジェンダー差が明らかになっている．これらの結果は，子育て負担感が女性でより強く感じられている日本の現状を示している．

4. 就業による意欲の変化

何番目の子どもについての出生意欲であるのかを区別するため，以下では現在の子ども数別にロジット分析をおこなう．

4.1　第 1 子出生意欲に及ぼす影響——子育てイメージと年齢

現在子どもがいない男女についての分析結果は，表 7-2 に示すとおりである．まず注目されるのは，男性では妻のフルタイム就業が負の有意な効果をもつ点である．このような結果が得られた背景として 2 つの可能性が考えられる．一般的に，妻がフルタイムで働く場合には，妻の収入が世帯収入に占める割合は高い．したがって，妻がフルタイム就業する世帯では，妻の離職が家計にもたらす経済的損失は相対的に大きく，夫の稼ぎ手としての負担を増大させる見込みも高いため，妻のフルタイム就業が夫の出生意欲を低めている可能性が考えられる．

表 7-2 「第1子出生意欲」のロジット分析

説明変数	〈男性：N＝163〉 回帰係数	〈女性：N＝171〉 回帰係数
切片	6.428**	－0.099
フルタイム就業	－1.513**	0.495
パートタイム就業	－0.905	0.313
世帯年収1（300万円以上500万円未満）	－2.201**	0.280
世帯年収2（500万円以上700万円未満）	－0.872	0.055
世帯年収3（700万円以上1,000万円未満）	－1.663*	－0.186
世帯年収4（1,000万円以上）	－1.090	0.048
子どもの重要性	0.295	0.606***
肯定的子育てイメージ	1.003***	1.008***
年齢	－0.180***	－0.201***
学歴	－0.087	0.150
－2 Log L	200.971	230.648
尤度比（自由度）	63.255（10）***	95.308（10）***

注：***は1％水準で有意，**は5％水準で有意，*は10％水準で有意であることを示す．

　もう1つは，妻がフルタイムで働く共働き世帯では，専業主婦世帯よりも生活における時間的ゆとりが不足していることが推測され，子どもを生み育てることによって，より厳しい状況になる事態を夫が回避しようとする可能性である．

　本章ではこれ以上の検討はできないが，なぜ妻のフルタイム就業が男性の第1子出生意欲を低めるのか，については，今後さらに分析する必要があるだろう．なお，女性の場合には就業や世帯年収は有意な効果をもたない．

　男女ともに有意な効果をもつ変数は，子育てイメージと年齢の2つである．子どもが生まれることによって生活全般の満足感が高まることを期待している人ほど出生意欲が高い．女性の場合には，さらに「結婚の主な目的は，子どもをもつことである」という価値観をもっている人の方が出生意欲は高い．また，子育てが長期にわたって親に時間やお金，労力といった負担を強いる面があることを考えれば当然とも言えるが，年齢が高いほど出生意欲が低いことも確認

された．

　男性のみに有意な効果としては世帯年収がある．世帯年収が300万円以上500万円未満の層，および700万円以上1,000万円未満の層では，300万円未満の層よりも出生意欲が低いという効果が得られた．単純に考えるならば，収入が多いほど子どもをもつことの経済的障壁は低いと考えられるが，このような結果が得られた背景として，子育てにかける（かけようとする）教育費が階層によって異なることが関係しているのではないだろうか．

4.2　第2子出生意欲に及ぼす影響——男女で異なる女性就業の効果

　現在子どもが1人いる男女が2番目の子どもを望むかどうかに関する分析結果は，表7-3に示すとおりである．

　男女ともに女性のフルタイム就業は出生意欲に対して有意な効果をもつが，

表7-3　「第2子出生意欲」のロジット分析

説明変数	〈男性：N=248〉 回帰係数	〈女性：N=313〉 回帰係数
切片	1.156	4.918***
フルタイム就業	1.213**	−1.060***
パートタイム就業	−0.244	−0.051
世帯年収1（300万円以上500万円未満）	1.586***	−0.758
世帯年収2（500万円以上700万円未満）	1.069**	0.356
世帯年収3（700万円以上1,000万円未満）	1.279**	−0.064
世帯年収4（1,000万円以上）	0.244	−0.135
1カ月あたりの平均子育て費用	−6.26E−6	−2.58E−6
子どもの重要性	0.149	0.408**
肯定的子育てイメージ	1.111***	0.983***
年齢	−0.175***	−0.215***
学歴	0.041	−0.043
−2 Log L	335.953	433.651
尤度比（自由度）	107.163（11）	156.371（11）***

注：***は1％水準で有意，**は5％水準で有意であることを示す．

効果の方向性が正反対である点が興味深い．男性の場合には，妻のフルタイム就業は第2子の出生意欲を高める効果をもつのに対し，女性の場合には自分自身のフルタイム就業は出生意欲を低める．なぜこのような正反対の効果が得られたのだろうか．

男性では，世帯年収が300万円以上1,000万円未満の収入階層と比べて，300万円未満の階層で出生意欲が低いという結果とあわせて総合的に考えると，仮説構築の際に指摘したように，性別役割分業が固定的な日本社会では，子どもを育てるプロセスで期待される役割が性別によって異なるため，男性は「稼ぎ主役割」を果たせるか否か，女性は育児を担えるか否かといった「ケア役割」に準拠して子どもをもとうとするかどうかを判断していると考えられる．

一般的にフルタイム就業は，パートタイム就業よりも雇用の安定性が高く，また，将来的にも一定程度の安定的な収入が期待できる見込みが高い．したがって妻のフルタイム就業は夫の「稼ぎ主役割」を軽減し，その結果として男性の第2子出生意欲を高めているのではないだろうか．

他方，女性の場合には，フルタイム就業はパートタイム就業よりも労働時間が長いなど，育児と仕事の競合性がより高くなるため，2人目の子どもをもつことに対する消極的な態度につながっていると考えられる．

また，第1子と同様に第2子についても，子育てイメージは男女ともに有意な効果を及ぼしており，子どもを生み育てることに対する肯定的なイメージが出生意欲の形成に寄与する効果が確認された．

さらに，女性では，第1子出生意欲と同じく，結婚における子どもの意味づけが大きい価値観をもつ人ほど第2子出生意欲も高いことが明らかになった．

第1子出生意欲と同様に，性別に関係なく，年齢の高さは出生意欲を抑制する効果をもっている．

4.3　第3子出生意欲に及ぼす影響――女性は経済要因を重視

現在子どもが2人いる男女が，3番目の子どもを望むかどうかに関する分析結果は表7-4のとおりである．

第3子についても，第1子，第2子の出生意欲と同様に，男女ともに肯定的な子育てイメージが出生意欲を高めることが確認された．男性については，こ

表7-4 「第3子出生意欲」のロジット分析

説明変数	〈男性：N＝580〉回帰係数	〈女性：N＝794〉回帰係数
切片	−0.938	1.805
フルタイム就業	0.146	−0.202
パートタイム就業	0.286	−0.564
世帯年収1（300万円以上500万円未満）	0.571	0.493
世帯年収2（500万円以上700万円未満）	0.232	0.863*
世帯年収3（700万円以上1,000万円未満）	0.116	0.555
世帯年収4（1,000万円以上）	0.334	1.319**
1カ月あたりの平均子育て費用	−5.5E−7	−0.00001***
子どもの重要性	−0.041	−0.025
肯定的子育てイメージ	0.932***	0.741***
年齢	−0.126***	−0.176***
学歴	0.021	0.025
−2 Log L	402.793	518.863
尤度比（自由度）	66.826（11）***	132.911（11）***

注：***は1％水準で有意，**は5％水準で有意，*は10％水準で有意であることを示す．

の他に有意な影響を及ぼす変数は年齢のみであり，年齢が高くなるほど第3子をもとうとする意欲は低下する．

女性では，世帯年収が500万円以上700万円未満の層および1,000万円以上の層では，300万円未満の層よりも出生意欲が高く，また，1カ月あたりの平均子育て費用が多いほど出生意欲が低下することから，全般的に女性の第3子出生意欲は経済的要因によって規定されている．

5．おわりに——女性のフルタイム就業のメリットを高めるために

4節の分析結果を仮説と対応づけながら整理すると，予想通り何番目の子どもに関する出生意欲であるかによって規定要因が異なり，仮説1は実証的に支持されている．

日本社会が「男性稼ぎ主」型の「福祉レジーム」であることをふまえて構築した仮説2についても，分析結果全体としてみると支持されている．女性自身がフルタイム就業する場合，就業は第2子の出生を躊躇させる要因となっており，子育て負担が女性にのしかかる状況の改善がなければ，働きながら2人目を産むことは難しいと感じられている．男性では，第2子出生意欲に対して世帯年収が与える影響は大きく，また，妻のフルタイム就業が夫の第2子出生意欲を高める効果をもつこととあわせて考えるならば，男性にとっての共働きのメリットは自らの「稼ぎ主役割」の負担軽減であり，そのことが子どもをもちたいという意欲につながっている．

　仮説3に関わっては，男性では年収300万円未満の層では他の収入階層と比べて第2子出生意欲が低いことが確認された一方，女性では第3子出生意欲が世帯年収だけではなく，子育て費用によっても規定されている．つまり，男性の場合には第2子をもつかどうか，女性の場合には第3子をもつかどうかを考えるにあたって経済的要因の影響が大きい．

　また，男女ともに肯定的な子育てイメージは，何番目の子どもであるかに関わりなく出生意欲を高めることに寄与しており，仮説4も支持されている．

　このほかに，年齢はすべての出生意欲に対して男女ともに有意な効果を及ぼしており，年齢が高くなるほど出生意欲は低下することが明らかになった．晩婚化による出生タイミングの遅れが，結果的に少子化につながる可能性が示されている[2]．

　以上の分析結果は，「標準家族」を支える基盤が解体し始め，女性の就業を

---

[2] 年齢とともにコントロール変数として加えた学歴については有意な効果は得られなかった．教育年数の代わりに，中学校卒を基準カテゴリーとした4つのダミー変数（高校卒，専門学校卒，短大卒，大学卒）を加えたモデルも，第1子出生意欲，第2子出生意欲，第3子出生意欲の各々について検討したが，いずれのモデルでも学歴の有意な効果は得られなかった．また，2002年に実施された「第12回出生動向基本調査（夫婦調査）」のデータを集計した研究によって，結婚持続期間が5年以上で結婚5年未満に第1子を出生した初婚どうしの夫婦では，両親からの育児援助を受けた就業継続女性の方が，両親からの育児援助を受けなかった就業継続女性よりも，平均出生子ども数が多い可能性が示されている（岩澤，2004）．このような育児援助が及ぼす影響を検討するため，本章でも，親を含めた親族からの育児援助が出生意欲に与える効果を別途検討したが，多変量解析を用いた分析では有意な効果は見出されなかったため，最終的なモデルには含めていない．

組み込んだ「福祉レジーム」の構築が求められている日本にとって，どのような政策的課題の必要性を示しているのだろうか．

2人目の子どもをもとうとする夫婦にとって，女性のフルタイム就業にはメリットとデメリットの両面がある．フルタイムで就業する女性にとっては，もう1人子どもが生まれることで，仕事と子育ての両立がさらに難しくなることがデメリットとして感じられており，2人目の子どもをもつことに対して消極的になっている．他方，男性にとって妻の安定的な雇用や収入は，自らの「稼ぎ主」役割の負担を軽減するメリットがあり，もう1人子どもをもとうとする意欲を高めている．以上の知見は，特に，2人の子どもを育てているフルタイム共働き世帯を対象に，女性の子育て負担を軽減する政策の必要性を示している．

なお，本章では検討できなかったが，フルタイム就業の女性は，パートタイム就業の女性よりも仕事に対するコミットメントが相対的に高いことが予想され，このようなキャリア志向の高さが出生意欲の低さにつながっている可能性も考えられる．子育てと就業の両立が困難と予測される場合，フルタイムで一定期間働き，仕事を通じて一定程度の社会的評価や経済的報酬を既に獲得している女性にとって出産よりも就業継続を優先させることが現実的な選択肢になっているのではないか．女性の子育て負担を軽減する政策の拡充とあわせて，労働市場の柔軟性を高める政策が少子化政策としても重要である．

また，第2子，第3子をもつかに対しては，世帯収入や教育費が影響を及ぼしていることから，2人目以降の子どもに対する経済的支援の拡充が求められている．たとえば，現行の児童手当の支給額は3歳未満までは一律10,000円，3歳以上については第1子と第2子で同額の5,000円，第3子からは10,000円となっているが（所得制限あり），格差の拡大傾向がみられることを考慮するならば，子どもをもちたい人々が経済的理由によって断念せざるをえない状況が生じないように，長期的展望をもった政策的対応が必要である．また，教育費の負担が重い状況の改善も重要である．

最後に，子どもをもつことによって生活全般の満足度は上がるだろうという期待は出生意欲を高めており，子どもを産み育てることの楽しさに触れることの重要性が示されているが，実際の子育てが負担感の少ない，楽しみをより多

く感じられるものでなければ肯定的な子育てイメージの形成は難しい．女性に負担感がより多く感じられている現在の子育て環境の改善を急がなければ，否定的な子育てイメージが若い世代で広まり，第1子出生意欲さえ低下する可能性も考えられる．迅速な政策的対応が求められている．

終 章
「標準家族」の解体を出発点として

　本書は，日本社会が大きな構造転換期にあり，女性の就業の重要性が家庭内外で相対的に高まっている現状を見据えたうえで，女性の就業が家族のすがたをどのように階層分化させているのかについて，計量社会学的手法を用いて解明することを目指してきた．この研究課題はどの程度達成されたのか．この点に関わって，まずこの終章の1節では，第Ⅱ部の各章で得られた分析結果の要約をもとに，女性の就業が家族の形をどのように変えているのかの見取り図を提示する．2節ではこのような家族の変化を，社会階層論とジェンダー論の観点から読み解く．最後に3節では，格差拡大の兆しが見られるなかで女性の就業と家族のゆくえを考え，「男性稼ぎ主」型モデルからの転換をはかる道筋を展望する．

1. 構造化される女性の就業，階層分化する家族

　女性の就業によって家族のありようが階層分化している可能性を検討するのに先だって，そもそもどのような女性が働いているのかをふまえる必要がある．そこで，第4章では既婚女性の就業行動が社会階層と家族要因によってどのように影響を受けているのかを分析した．ロジット分析の結果が示すように，夫の収入が低く，住宅ローンを抱えている女性ほど就業する．さらに，年齢階層別の分析では，20代や30代では子ども数が多いことは就業を抑制するのに対し，50代ではむしろ子どもの数が多いほど就業が促されていることが明らか

になった.このように年代によって異なる子ども数の効果は,子どもが小さいうちは育児に専念すること,そして教育費や老後の資金を貯蓄する必要が高まると働くことが期待されている既婚女性の現状を示している.

全体としてみると,現代日本における既婚女性の就業行動は個人の「選択」というよりも,「男性稼ぎ主」型社会保障システムや格差社会を所与の条件として,家族要因や社会階層によって構造的に強いられたものである.

第5章では共働き家庭における家事分担の問題を取り上げ,女性の就業によって家事分担パターンに変化が生まれているのかを女性の社会階層に着目して検討した.トービット分析の結果,妻が専門管理職やサービス職で働く家庭では,夫がより多く家事に参加していることが明らかになった.また,このような分析結果が得られた背景をさぐる一連の補足的分析によって,専門管理職の妻は性別役割分業を否定する価値観をもち,夫婦2人で話し合って決めるパートナーシップを重視した意思決定をしていることが,夫の家事参加を促している側面も明らかとなった.他方,サービス職の妻は性別役割分業を肯定するなど保守的な家族観をもっていることから,専門管理職の女性で見られたような文化的要因ではなく,不規則な労働時間などの構造的要因によって,夫の家事参加が促されている可能性が示された.

女性の就業が夫婦の経済的な意思決定パターンに及ぼす効果を,多項ロジット分析で検討した第6章の分析結果によると,専業主婦と比べて,パートタイムであれフルタイムであれ,有職女性は夫と相談しながら意思決定をおこなっているという特徴が見られる.また,妻の収入が家計に占める割合が高い家庭では,妻が自立的に判断している一方,専門管理職の妻は貯蓄や資産運用に関する決定力が大きいことも明らかとなった.全体としてみると,経済面に関する夫婦の意思決定は,妻の就業によって「夫婦分業型(妻優位型あるいは夫優位型)」から「夫婦共同型」へ変化し,さらに妻の社会経済的資源が多ければ「夫婦独立型」に向かう方向性が示されている.

第7章では女性の就業が子どもをもとうとする意欲に及ぼす影響に関して,男女別の比較分析をおこなうことによって,女性の就業がもつコストとベネフィットがどのあたりにあるのかをさぐった.既にいる子どもの数によって出生意欲の規定要因は異なるが,最も注目されるのは,女性の就業が第2子出生意

欲に及ぼす影響は性別によって正反対な点である．妻のフルタイム就業は妻自身の第2子出生意欲を低下させることとは対照的に，夫の第2子出生意欲を高めている．このような分析結果が示しているのは，第1子の出産後もフルタイムで働く妻にとって，第2子の誕生は仕事と育児の両立をより困難にするものと認識されているのに対し，夫にとって妻のフルタイム就業は長期的に経済的ゆとりを期待できるメリットとみなされている現状である．世帯年収が300万円未満の場合には男性の第2子出生意欲が低いことを併せて考えると，「稼ぎ主」としての役割を果たすことが困難な立場におかれている男性にとって「男性稼ぎ主」型社会保障システムは負担が重いものになっている．同時に，女性が家事や育児を担うことを想定している「男性稼ぎ主」型社会保障システムのもとでは，女性がフルタイムで働きながら2人の子どもを育てることは難しい．

以上の分析結果は，既婚女性の就業の必要性が家族の経済的地位によって異なると同時に，女性の就業が家族生活にもたらす変化には階層差が見られることをあらわしている．

さて，本書は家族のありようが社会階層によってどのように異なるのか，という社会階層論と家族社会学の接点に関わる問題を取り上げ，女性の就業が及ぼす影響に焦点をあてながら全国調査データを用いて分析してきたが，第II部の分析に関わって3つの限界がある．

第1の限界は，本書で用いるデータは一時点で収集された横断調査データであり，同じ集団に対して2回以上の調査を実施するパネル・データとは異なり，因果関係を直接検討できていないということである．たとえば，二時点で収集されたパネル・データを用いて女性の就業の規定要因を検討する場合には，1回目の調査時点（first wave）における夫の収入や住宅ローンの有無などを説明変数とし，2回目の時点（second wave）での妻の仕事の有無を被説明変数とすることによって，社会階層が既婚女性の就業に及ぼす因果関係を直接検討できる．また，三時点以上のデータがあれば，夫の収入の変化が妻の就業行動を促したか否かを明らかにすることができる．しかし，横断調査データでは，説明変数と被説明変数のいずれも同一の調査時点のデータであるため，実際の分析では夫の収入が高い層と低い層に，同様に住宅ローンのある層とない層に

分けたうえで既婚女性が就業しているか否かを比較するといった形で擬似的に因果関係を検討している．したがって，第II部でおこなった分析では，厳密な意味で因果関係を検討したことにはならない．しかし，日本でパネル・データ収集への関心が高まったのは近年のことであり，利用できるパネル・データはまだ限られている．第4章と第7章で用いた「結婚と家族に関する国際比較調査」は，パネル調査を前提に実施された第1回目の調査に相当し，2007年3月に第1回調査の回答者を対象に2回目の調査が実施された．本書の成果をふまえつつ，稿を改めてパネル・データを用いた検討をおこないたい．

第2に，本書で明らかになった社会階層が家族の多様化に及ぼす影響をより具体的に理解するためには，社会階層によって労働条件がどのように異なるのか，といった観点からの検討が必要であるが，今回用いたデータには労働条件や労働時間などに関する詳細な質問項目が含まれていないため，検討できなかった．この点についても機会を見て取り組みたい．

また，第II部の分析では夫と妻の社会階層の効果を独立に検討したが，欧米では夫妻の社会階層の組み合わせが家族のありように影響を及ぼす効果についても検討がおこなわれている（e.g. Perry-Jenkins and Folk, 1994）．ブロスフェルドとドロブニックによると，夫と妻が異なる社会階層に属する場合，共働きであっても「夫が稼ぎ主である」というイメージを保つためにさまざまな戦略が用いられている（Blossfeld and Drobnic, 2001b）．すなわち，妻の社会階層が夫の社会階層より高い場合であっても，性別役割分業が社会のなかで肯定的に受けとめられていれば，理想とされている家族イメージを維持するように分業がおこなわれているという．夫婦の社会階層の組み合わせが家族のありように及ぼす影響を検討することによって，性別役割分業を維持させている，より潜在的な構造的側面が見えてくる可能性がある．共働き世帯が増加している日本においても，夫婦の社会階層の組み合わせを考慮した分析が求められている．

2. 女性の就業によるジェンダー構造の変容

以上の分析結果を社会階層とジェンダーに着目して別の角度から整理するならば，女性の就業は性別役割分業に代表されるジェンダー構造を少しずつ解体

しつつあるが，すべての階層で解体の方向に向かっているわけではないということである．

　専門管理職で働く女性は，性役割にとらわれない結婚や生き方を求める家族観をもち，その価値観と整合するように夫はより多く家事に参加し，事案によっては女性自身が自立的に判断しつつも夫婦が相談しながら意思決定をおこなっている．他の職業階層と比べて仕事の自立性が高く，学歴に代表される人的資本も高い恵まれた専門管理職層においては，女性のケア役割が軽減される方向に家族は変化している．

　サービス職で働く女性の夫の家事参加率も専門管理職層と同様に高いものの，サービス職で働く女性は性別役割分業を支持する保守的な家族観をもっていることから，夫婦関係の変化の方向性は必ずしも妻自身が望んでいるものではない．サービス経済化の進行によってサービス職で働く人々にはこれまで以上に長時間労働や厳しいシフト制が強いられているが，このような構造的な労働条件が性別役割分業に変化をもたらしている可能性が高い．

　事務職で働く女性の場合，専門管理職層やサービス職と比較して，夫の家事参加や夫婦の意思決定に際だった特徴は見られず，家庭内の役割が依然として女性にのしかかっている．マニュアル労働に従事する女性は性別役割分業を肯定し，それにそった形で家庭内役割を引き続き担っている．ジェンダー構造は，事務職やマニュアル労働職で働く女性の家庭でより温存されている．

　本書は女性自身の社会階層を測定するにあたって職業階層を重要な指標として用いてきたが，この点に関わって2つの重要な示唆が得られている．第1に，女性の社会階層を扱った多くの先行研究では夫の職業階層で女性の階層的地位を測定する方法が用いられてきたが，本書の分析が示すように，女性自身の職業階層に着目することによって家族の変化がとらえられるようになっているのであり，就業する女性の増加とともに女性の職業階層を用いたアプローチの重要性が増している．

　第2に，職業階層の効果は線型ではないということである．社会階層論ではマニュアル労働職，サービス職，事務職，専門管理職といった順に職業階層が高くなることを想定したうえで，このような序列に基づいて階層意識やライフスタイルなどの違いを解釈することが一般的であったが，本書の分析によれば，

家事分担パターンに変化が見られるのは専門管理職とサービス職であり，事務職では性別役割分業が依然として維持されている．社会階層論が想定してきた職業階層の序列とジェンダー構造の変容に見られるこのような非線型の関係性についてはさらなる検討が必要である．

社会階層がジェンダー構造の変容に及ぼす影響に加えて，第 II 部の分析結果を通じて示されているのは，働く必要性が社会階層によって異なるだけではなく，既婚女性が仕事をもつことによって得られる，あるいは失うものが階層によって異なるという，仕事の意味に見られる階層差の存在である．既婚女性は出産や子どもの教育段階，住宅ローンなどに応じて調整弁のように労働市場と家庭とをいったりきたりしているが，仕事をして収入を得たからといって，必ずしも自らの望む形の家族像を実現できるわけではない．このように女性が働くことの意味は，社会階層によって異なるという現実がある．

また，夫の年収や世帯年収といった経済的地位が家族のありように及ぼす影響も見逃せない．既婚女性の就業は，夫の年収が相対的に低かったり，住宅ローンがあることによって促されている一方，世帯年収によって子どもをもとうとする意欲も異なる．また，妻が働くことによって得る経済的資源は家事分担には影響を及ぼさないものの，自立的な意思決定パターンを生み出しつつある．

男性に対して安定した雇用や年功序列型賃金，企業福祉を提供することを通じて妻や子どもたちの生活も保障するといった「標準家族」を支えてきた社会的基盤の消失とともに，家族は階層分化しているのである．格差の拡大傾向が続くなかで，今後は豊かな家族と貧しい家族の階層分化がより顕著になる可能性も考えられる．

このような家族の階層分化やそれによってもたらされる問題に制度的に対応するためには，「男性稼ぎ主」型社会保障システムからの転換が急務の課題である．日本は今後，どのような福祉モデルを目指すべきなのか．そして「男性稼ぎ主」型モデルから新たなモデルへの転換をはかるにあたってはどのような道筋があるのか．「男性稼ぎ主」型モデルに代わる新たな福祉モデルを模索する一環として武川 (1999) や大沢 (2002)，ファウ＝エッフィンガー (Pfau-Effinger, 2000) といった先行研究を検討したうえで，日本の現状をふまえれば「修正市場指向」型の福祉モデルがより現実的であることを次節で示す．

3.「男性稼ぎ主」型モデルからの脱却を目指して

「男性稼ぎ主」型モデルの前提となっているのは,夫が外で働き,妻が家庭責任を担うことによって2人の子どもを産み育てるという「標準家族」である.「標準家族」の問題を検討するにあたってはジェンダーの視点が不可欠だが,この点に関わって武川は,福祉国家の類型を(脱)資本制と(脱)家父長制の2つの軸でとらえることが可能であるという見方を示している(武川,1999:155-157).ここでの脱資本制とは,エスピン゠アンデルセンが言うところの「脱商品化」であり,市場に委ねず国家が福祉提供を担うことを意味する.武川が指摘するように,グローバル化や国際競争圧力に対して,より敏感に反応するのは「商品化―脱商品化」の軸であり,人々の価値観に関わる「家父長制化―脱家父長制化」の変化はより遅い.日本の企業がバブル経済崩壊をきっかけとして,それまで担ってきた企業福祉から早々に撤退し,家族もそれに対応すべく変化し始めていることとは対照的に,家父長制というイデオロギーに基づく「男性稼ぎ主」型社会保障システムが依然として続いていることからも,この点は確認できる.

武川によると,資本制と家父長制の各々の程度を組み合わせることによって,福祉国家は次の4つに類型できる(図終-1).まず,脱商品化と脱家父長制化がともに実現されている類型Ⅰ(スウェーデンをはじめとした北欧諸国が典型),脱商品化は実現されているものの依然として家父長制が残る類型Ⅱ(ドイツな

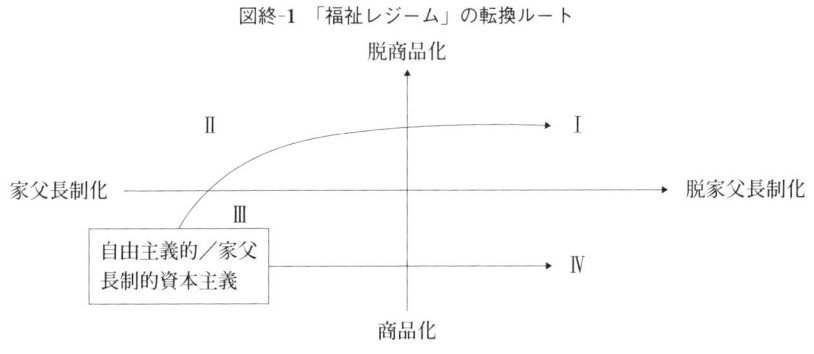

図終-1 「福祉レジーム」の転換ルート

出典:武川(1999:159).

ど），脱商品化および脱家父長制化のいずれの傾向も弱い類型 III（日本やアイルランド），脱商品化は進んでいないが脱家父長制化は進んでいる類型 IV（アメリカが典型）という 4 類型である．これら 4 類型のなかで少子化が特に進行しているのは類型 III の国々であり（イタリアやスペイン，ポルトガルなどの南欧諸国もここに含まれると考えられる），だからこそ，これらの国々では，脱家父長制化が社会の存続を考えるうえで避けて通れない課題となっているのである．

　脱商品化の程度も脱家父長制化の程度も弱い類型 III の国家が，類型 I または類型 IV といった脱家父長制化をはかった類型に移行するにあたっては，図終-1 の矢印に示すように，2 つのルートが考えられる（武川，1999：158-160）．1 つは，国家が福祉の提供を市場に任せずに脱商品化をはかることを優先させた類型 II の段階を経た後に，家族機能についても国家が代替する類型 I に到達するルートである．もう 1 つのルートは，国家が脱商品化をはからないまま，脱家父長制化を進める類型 IV に直接到達するルートである．どちらのルートをとるかという問題は，国家による福祉提供を拡大させることによって脱商品化を進める北欧諸国のような類型 I を目指すのか，それとも「小さな政府」を維持したまま，市場に委ねるアメリカのような類型 IV を目指すのか，という目指すべき社会像の問題でもある．

　武川によると，アメリカは対 GNP 比で見た社会支出がヨーロッパ諸国よりも小さく，社会保障の脱商品化の程度も低い一方，女性労働力率が高く，男女間の賃金格差が先進諸国のなかで低いという特徴をもつ．このような特徴を本書が重視する社会階層とジェンダーという 2 つの視点から整理すると，アメリカではジェンダー構造の解体を進め，女性の就業を促す形で中間層の家族の安定をそれなりにはかっていると言える．しかし，母子世帯の高い貧困率に象徴される，格差や貧困に関わる社会問題が広く見られることからも明らかなように，ジェンダー構造の解体だけで人的資本が乏しい低階層の人々が不平等から脱出することはきわめて難しい．したがって，政府が階層問題の解決に果たす役割はやはり重要である．

　これら 2 つのルートのうち，日本が現実的にとるのはどちらのルートなのか．大沢真理は国家が中心的な役割を果たす北欧型の「両立支援」型社会保障シス

テムへの移行(武川の類型Ⅰに相当)を提唱している(大沢,2002).現存する社会システムのなかで,社会階層やジェンダーに基づく不平等をもっとも抑制し,階層やジェンダー,家族構成などに関わりなく,個人としての選択権をもっとも保障している北欧型のモデルは魅力的にうつる.

しかし,国と地方をあわせた政府の債務残高は2007年6月末に過去最高の836兆5,213億円に達し,国民1人あたりで約658万円にものぼっており(朝日新聞,2007),「大きな政府」の実現は財政的に極めて難しい.また,日本では中曽根政権以降,一貫して「小さな政府」をよしとする路線が追求されてきたことを思い起こせば,増税や財政負担を伴う抜本的な方針転換が人々や政府の支持を得ることはかなり難しいと考えられる.「男性稼ぎ主」型社会保障システムではもはや安定的な福祉提供ができなくなっているうえ,さらに進む少子化への対応を考えても現状を打破するために残された時間は少ない.このような時間的制約もあわせて考えると,国家が脱商品化をはかった後に脱家父長制化を進める第1のルートは,現実的な選択肢とはなりえないのではないか.

より現実的な選択肢となりうるのは,国家が福祉機能を脱商品化しないまま,脱家父長制化をはかっていくという第2のルートであり,こちらのルートをあゆむ可能性が高いことを見据えて社会保障システムの構築を早急に進める必要がある.家族が国家や企業からの福祉提供を期待できず,市場から福祉サービスを購入することを迫られる状況は,女性の就業をさらに促すと考えられるため,女性の就業を前提とした社会保障システムの構築は,この観点からも検討される必要がある.

同時に進めなければならないのは,市場に委ねることによって生じる貧困家庭の増大や教育機会の不平等化なども視野に入れた格差問題への対応である.賃金や待遇の面での正規雇用と非正規雇用の間の格差や男女間格差を是正すると同時に,健康上の理由などによって就業が難しい層に対する一定の生活保障の提供も追求されなければならない.

女性の就業を組み込んだ形で「男性稼ぎ主」型社会保障システムからの転換を考えるにあたって参考になるのはファウ=エッフィンガーの研究である(Pfau-Effinger, 2000:126-128).ファウ=エッフィンガーは,女性の就業形態とケア役割を担う主体の2つに着目して,次の6つの家族類型を提示してい

る[1]．武川の分類との違いは，脱家父長制の中身がより詳細な点である．

　①家族経済ジェンダーモデル（The family economic gender model）：男女が助け合って起業し，子どもも労働者として事業を助けるという農場や手工業のような伝統的セクターで見られるモデル．
　②男性稼ぎ主/女性ケアモデル（The male breadwinner/female carer model）：女性が専業主婦となってケア役割を担う．
　③男性稼ぎ主/女性パートタイム・ケアラー・モデル（The male breadwinner/female part-time carer model）：女性はパートタイム労働をしてケアも担う．共稼ぎ型への移行期に見られる．
　④2人稼ぎ主/国家ケアラー・モデル（The dual breadwinner/state carer model）：男女ともに稼ぎ主として働けるよう，国家がケアの提供主体となる．
　⑤2人稼ぎ主/2人ケアラー・モデル（The dual breadwinner/dual carer model）：家族がケアを担いつつ，男女ともに稼ぎ主として働く．
　⑥男女共稼ぎ/女性ケアラーの市場化（The dual earner/marketised female carer model）：市場にケアを任せつつ，男女ともに働く．

　これらのうち，女性の就業を前提とした「共稼ぎ家族」のモデルは④，⑤，⑥の3つであり，ケアの担い手の違いによって異なる類型となっている．なお，日本の現状は③の段階にあると考えられる．
　先に指摘したように，「小さな政府」を目指す日本が類型④の道をあゆむ可能性は，財政の抜本的な改善や社会保障システムに関する理念の大きな転換がない限り，現実的に極めて低いと考えられるため，男性もケア役割を分担する類型⑤，または企業が提供する商品やサービスを購入することによって女性のケア役割を軽減する類型⑥のいずれかの選択肢が現実的である．
　これら2つのモデルを実現するために必要な条件について，各モデルを実現

---

[1] 1999年の論文では5類型が提示されているが（Pfau-Effinger et al., 1999），2000年の論文では，新たに類型⑥が追加されている．以下の議論では，2000年の論文で示されている6類型に準拠する．

している国の状況を手がかりに考えてみたい．男性もケア役割を分担しながら男女ともに稼ぎ主として働く⑤の「2人稼ぎ主/2人ケアラー・モデル」を実現しているのはオランダである．オランダでは，非正規雇用の労働者にも正規雇用の労働者と同等の時間給と雇用を保障するとともに，労働者に労働時間の選択を可能な限り認めている（フェーガン・ワード，2003；大沢，2006)[2]．

これに対して，市場からケアを購入することによって男女ともに働く⑥の「男女共稼ぎ/女性ケアラーの市場化」を実現しているのはアメリカである．アメリカでは，正規雇用と非正規雇用の区別が少なく，転職が不利になりにくいなどといった点で労働市場の柔軟性が高いことで知られている．また，第2章で既に指摘したように，アメリカは国家が福祉提供に果たす役割は極めて小さく，エスピン＝アンデルセンの類型では「自由主義」レジームに分類されている．

大沢真知子は，仕事と家庭生活の調和を目指すワーク・ライフ・バランス政策に関してオランダとアメリカを含めた国際比較の事例をもとに，日本でワーク・ライフ・バランス政策を導入するにあたって必要な条件を検討しているが，特に着目するのは「働き方の柔軟性」である（大沢，2006)[3]．大沢が指摘するように，経済のグローバル化やサービス経済化によって柔軟に活用できる労働者への需要が増加しているが，国によって異なる対応策がとられている．日本では正規雇用者を手厚く保護する代わりに，低賃金で社会保障もほとんど与えられない非正規雇用者の数を増やすことで労働市場全体としての柔軟性を確保しているが，このやり方では社会保障制度を利用できない人々が増加し，格差の拡大が問題となる．

大沢によると，オランダでは正規雇用と非正規雇用で生じる賃金の違いが原則として労働時間のみに由来するように，労働時間単位の賃金を同一にする政

---

2) なお，エスピン＝アンデルセンが1980年頃のヨーロッパの状況をふまえて作成した「福祉レジーム」の類型によると，オランダは家族の役割が大きな「保守主義」レジームに含まれる（Esping-Andersen, 1990＝2001）．1980年代以降，オランダ政府は雇用を生み出すためにパートタイム就業を積極的に奨励する政策を展開してきたが，社会民主主義的な要素を取り入れつつも，依然として「保守主義」に分類されている（Esping-Andersen, 1999＝2000）．

3) 柔軟な働き方に関する各国の具体的な取り組みについては大沢・ハウスマン編（2003）や，大沢（2006），労働政策研究・研修機構（2006）が詳しい．

策を導入することによって格差の拡大を抑えるとともに，経済資源と時間資源の配分に関する労働者の選択権を認めることによって働き方の柔軟性を確保している[4]．他方，アメリカでは政策的介入は少ないものの，正規雇用と非正規雇用の区別が緩やかであり，両者の間の移動も可能である．また，派遣という就業形態が，正規に労働者を採用する前の選抜の機会として設けられていることが多いといった形でも，働き方の柔軟性がはかられているという．

オランダやアメリカの実例で共通して示されているのは，正規雇用と非正規雇用の格差の是正であり，ジェンダーによる差別を縮小していくことの重要性である．オランダのような「2人稼ぎ主/2人ケアラー・モデル」を実現するためには，時間資源を男性にも保障する必要があり，男性の長時間労働が解消されなければ実現は不可能である．男性の労働時間減少によって生じる収入の低下に家族が対応できるように，多くの既婚女性が働く非正規雇用者の待遇改善も同時に進めなければならない．

もしアメリカ型の「男女共稼ぎ/女性ケアラーの市場化」を目指すのであれば，各家庭が市場で必要なサービスを購入できるように，女性が労働の対価として得る賃金が男性労働者と比較して不利にならないような賃金格差の是正が必要である．同時に，市場に委ねることによって生じる貧困や格差の問題への対処も不可欠となる．

1990年代半ば以降，経済のグローバル化やサービス化，情報化などの産業構造の変化によって柔軟に働ける労働者が求められるようになっている．日本では，このような変化に対応するという名目で派遣労働の規制緩和などの新自由主義的な経済政策の導入が進められてきた．このような変化のなかで「標準家族」を支えてきた経済的基盤は崩れつつある．それを受けて日本の家族のありかたも変化せざるを得ず，その変化に格差が伴っていることを見逃してはならない．格差の問題に対応するためにも「標準家族」を前提に設計されてきたさまざまな社会制度の修正が求められているのである．

---

[4] オランダがこのようなモデルを実現できた重要な要因として社会民主主義的な価値観や諸制度が社会のなかで支配的であったことが挙げられる（フェーガン・ワード，2003：86-88）．なお，人口規模が小さいうえ，労働組合を通じた労使の交渉がしやすいことも有利に働いたと考えられている（大沢，2006：158）．

初出一覧

第 II 部の各章の初出は以下の通りである．いずれについても加筆修正をしている．

第 4 章：「女性の就業が家族機能の変容に及ぼす影響——就業・家事分担・子ども」(2006)，西岡八郎編『厚生労働科学研究費補助金　政策科学推進研究事業　国際比較パネル調査による少子社会の要因と政策的対応に関する総合的研究（課題番号 H17-政策-一般-021）平成 17 年度総括研究報告書』, 133-157.

第 5 章："Social Stratification and the Division of Household Labor in Japan : The Effect of Wives' Work on the Division of Labor among Dual-earner Families," (2005a), *International Journal of Japanese Sociology*, 14 : 15-31.

第 6 章：「女性の就労と夫婦の勢力関係」(2005)，毎日新聞社人口問題調査会編『超少子化時代の家族意識——第 1 回人口・家族・世代世論調査報告書』毎日新聞社, 247-276 頁.

第 7 章：「女性の就業が出生意欲に及ぼす影響のジェンダー比較」(2006)，『人口問題研究』62(1-2): 20-34.

あとがき

　わたしが「社会階層論」という研究分野にはじめて触れたのは，大学の3年次に選択した白倉幸男先生のゼミにおいてであった．

　北海道の地方都市で育ち，公立の小中学校で教育を受けた後，「進学校」と呼ばれる公立高校に進学すると，父親の職業に多様性があった中学校までと比べ，高校では父親の職業の大半がホワイト・カラーで占められていることに気づいた．地元を離れて大学に進学すると，その傾向はさらに顕著になった．また，家庭の経済的事情で高校進学や大学進学を断念した友人も身近にいた．こうした経験から，社会のなかにはある種の選抜の仕組みがあり，そこにはどうやら家族の経済的豊かさや家庭環境といったものが関わっているらしい，という思いを漠然ともつようになった．

　ゼミのテキストとして最初に読んだのが，当時，欧米の社会学界で関心を集めていたメルビン・コーンらによる *Work and Personality* (1983) だった．社会階層によってパーソナリティや子どもに望む価値観が異なること，このような違いを生み出す要因として，社会階層によって異なる仕事の条件があることが計量分析によって鮮やかに示されていて，とても興味深かった．

　振り返ってみると，社会学を本格的に学ぶ前に漠然と頭の中にあった社会に対するイメージが「社会階層」という概念でとらえられ，学問的に追究していけること，そして，データに基づいて仮説を検証するという，より「客観的」なアプローチがとられていることにも惹きつけられたように思う．また，このようなアプローチによる分析は，機会の平等な社会を実現していくために，役に立つような気もした．

　ゼミで勉強する半年前の2年次後期には，コーンらの見出した知見が日本でもあてはまるかどうかを調べる調査を白倉先生が実施されていた．わたしは，この調査にアルバイト調査員として関わったが，ランダム・サンプリングで選

ばれた見ず知らずの方々とお会いし，インタビューをするというのが調査員としての仕事だった．雪が降るなか，何度訪ねても対象者の方は不在で，ようやくお会いできても断られることもあったが，さまざまな人生の一端に触れることができた，新鮮な経験だった．

　Work and Personality の次には，*American Sociological Review* や *American Journal of Sociology* などアメリカの社会学の主要雑誌に掲載された論文が，ゼミで読む文献として取り上げられた．

　専門書や論文を読みこなせるだけの英語力も統計学の知識も不足していたため，毎日，予習や復習に追われ，授業についていくのに必死だったし，助手の先生や大学院生の先輩たちも交えた議論で理解できなかったことも少なくなかった．それでも，毎週のゼミは知的刺激に富んだ充実した時間だった．

　白倉先生はわたしが博士後期課程１年を終えた段階で大阪大学に転出されたが，その後も研究会などを通じて引き続きご指導を賜った．先生の厳しくもあたたかいご指導のおかげで，研究者としてやっていくための基礎を身につけることができたように思う．先生がわたしを指導してくださっていた年齢に自分自身が近づくにつれて，先生の偉大さを改めて感じている．多くのエネルギーと時間を学生・大学院生の指導に割かれ，いつもあたたかく見守ってくださっていたこと，そして，大学院生が研究に集中できる研究環境の整備にご尽力されていたことに感謝の気持ちでいっぱいである．

　一緒に指導を受けた先輩や後輩のみなさんには現在でもお世話になっている．自由な精神で率直に議論しあえる研究者仲間の存在は，白倉先生が残してくださった大切な宝物である．

　その後，先生は病に倒れられ，現在も静養中でいらっしゃる．先生のご快復を心より願っている．

　本書は，北海道大学大学院文学研究科に提出した学位請求論文『現代日本における女性の就業と家族の変容に関する社会学的研究——社会階層とジェンダーの視点から』に大幅に加筆・修正を加えたものである．博士論文の執筆から本書の刊行に至るまでの過程で，多くの方々からご指導・ご厚情を賜っている．

　大学院修了後は，国立社会保障・人口問題研究所で研究員として仕事をさせ

ていただいたが，退職後も，同研究所の元所長，阿藤誠先生（現早稲田大学人間科学学術院教授）と，人口構造研究部部長である西岡八郎先生から多くのご指導とご厚情をいただいている．本書で利用させていただいた2つの調査データは，阿藤先生が中心となって進められたプロジェクトによって収集されたが，このような大規模な研究プロジェクトに参加する機会を与えてくださったうえ，本書の出版にあたっても人口学的観点から草稿に貴重なコメントをいただくなど，さまざまなお力添えを賜った．阿藤先生に心より感謝申し上げる．西岡先生とは退職後も継続的にプロジェクトや学会の仕事をご一緒させていただいているが，西岡先生のお仕事ぶりを通して，研究者として誠実に仕事をすることの大切さなど，多くのことを学ばせていただいている．また，博士論文の執筆から本書の刊行に至るまでのプロセスを通じて，あたたかく励まし続けてくださったことに深くお礼を申し上げる．

職場の同僚のユ・ヒョヂョン（劉孝鐘）先生（和光大学現代人間学部現代社会学科教授）には日ごろからさまざまなご指導・ご支援をいただいているが，本書の出版に際してもたいへんお世話になった．博士論文としてこれまでの成果を早くまとめるように，そして，それをもとにした出版を目指すように，と常にあたたかく励まし続けてくださった．目の前の仕事に追われて何度もくじけそうになったが，身近で励ましてくださる先生の存在はとても大きかった．また，お忙しい合間を縫って，議論の相手となってくださったことにも深く感謝申し上げる．幅広い視野と，社会や人間に対する深い洞察力をお持ちのユ先生との対話を通じて，未整理のアイディアが言語化・相対化されていったことも少なくなかった．

現代社会学科のそのほかの同僚のみなさんにも日頃からたいへんお世話になっている．小規模学科ではあるが，民族や国籍，受けた教育，世代などの面で多様な背景をもつ同僚と仕事をするなかで，自分自身の視野が広げられていった．大学をめぐる状況がますます厳しくなっているからこそ，原点に戻り，「大学とはどうあるべきか」「教育とはどうあるべきか」をめぐって議論を重ねることを尊び，学科が掲げた教育理念の実現に向けてともに努力する過程を共有できる同僚に恵まれたことに感謝している．今後，「社会階層と家族」に関する問題に対してより複眼的に迫るためには，自分の専門性に立脚し，より高

度な統計モデルを用いた分析を積み重ねることが必要だが，同時に，歴史的研究や質的調査によって明らかにされていることと照らし合わせる作業も重要だと考えている．これらのことは，さまざまな学問分野の同僚との議論を通じてリアルに気づかされたことである．

　図表の作成や資料の整理などでは，ユ先生と一緒に編者をつとめた『マイノリティとは何か――概念と政策の比較社会学』(2007年，ミネルヴァ書房) に引き続き，中安千里さんにお世話になった．細やかなお心遣いとサポートに心より感謝申し上げる．

　本書のもとになった博士論文の審査にあたって主査をつとめてくださった櫻井義秀先生，副査の平澤和司先生，水溜真由美先生にも厚くお礼を申し上げる．審査の過程でいただいた貴重なコメントによって，本書の射程を明確にし，SSM調査型の階層研究をより相対化することが可能になった．また，櫻井先生にはご多忙ななか，博士論文の提出や審査に関わるさまざまな調整にも快く対応してくださったことに重ねて感謝申し上げたい．

　本書の企画段階から出版に至るまでのすべての過程で，的確な支援をしてくださった東京大学出版会の佐藤一絵さんに心よりお礼申し上げる．佐藤さんのご理解とご尽力がなければ，博士論文の完成からさほど時間をおかずに出版することは不可能だった．

　本書の出版は，和光大学から「2007年度学術図書刊行助成」の支援を得たことによって可能となった．和光大学ならびに選考にあたってくださった選考委員の方々にもこの場をお借りしてお礼を申し上げる．

　最後に，私ごとで恐縮だが，「大学院で研究を続けたい」という意思を尊重し，物心両面で支援してくれた両親，そして，励まし続けてくれた弟と2人の妹に本書を捧げることをお許しいただきたい．両親やきょうだいにとって，ささやかではあるものの，本書の出版がよろこんでもらえるものとなればうれしく思う．

　首都圏で仕事をするようになって10余年が過ぎ，日本社会「全体」を対象とした研究をすることが多くなったが，そのなかには，当然のことながら，さまざまな暮らしの営みがある．自分自身が体験したことは，ある特定の時代状

況のもとでのある特定の地域での暮らしにすぎないが，日本社会「全体」を論じるときに，地方都市で「非標準家族」として高校を卒業するまで暮らした経験は自分の原点としてあり，そこでの暮らしを続けている友人たちとのつながりを介して見えてくる少子高齢化時代，格差社会における地方都市での暮らしの実態も，日本社会を相対化するうえでさまざまな示唆を与えてくれている．

　ここでお名前を挙げられなかった方々も含め，多くの方からのご支援とご厚情のおかげでここまで研究を続けてこられたことに心より感謝申し上げるとともに，今後も微力ながら精進していきたい．

東京郊外の研究室にて

2008 年 1 月

岩間　暁子

参照文献（アルファベット順）

Acker, Joan (1973), "Women and Social Stratification: A Case of Intellectual Sexism," *American Journal of Sociology,* 78 (4): 936-945.

赤川学 (2000),「女性の階層的地位はどのように決まるか？」盛山和夫編『日本の階層システム4 ジェンダー・市場・家族』東京大学出版会, 47-63.

Allison, Paul D. (1999), *Logistic Regression Using the SAS System: Theory and Application,* N. C.: SAS Institute.

荒牧草平 (2000),「教育機会の格差は縮小したか——教育環境の変化と出身階層間格差」近藤博之編『日本の階層システム3 戦後日本の教育社会』東京大学出版会, 15-35.

朝日新聞 (2007),「国の借金, 最高836兆円 6月末」『朝日新聞』(8月25日付朝刊).

阿藤誠 (1996),「先進諸国の出生率の動向と家族政策」阿藤誠編『先進諸国の人口問題——少子化と家族政策』東京大学出版会, 11-48.

Baxter, Janeen (1997), "Gender Equality and Participation in Housework: A Cross-National Perspective," *Journal of Comparative Family Studies,* 28(3): 220-247.

Becker, Gary S. (1960), "An Economic Analysis of Fertility," *Demographic and Economic Change in Developed Countries: A Conference of the Universities-National Bureau Committee for Economic Research,* Princeton: Princeton University Press, 209-231.

Becker, Gary S. (1981), *A Treatise on the Family,* Mass.: Harvard University Press.

Beckman, Linda J., Rhonda Aizenberg, Alan B. Forsythe and Tom Day (1983), "A Theoretical Analysis of Antecedents of Young Couples' Fertility Decisions and Outcomes," *Demography,* 20(4): 519-533.

Beckman, Linda J. (1984), "Husbands' and Wives' Relative Influence on Fertility Decisions and Outcomes," *Population and Environment,* 7: 182-197.

Berardo, Donna H., Constance L. Shehan and Gerald R. Leslie (1987), "A Residue of Tradition: Jobs, Careers, and Spouses' Time in Housework," *Journal of Marriage and the Family,* 49(2): 381-390.

Biblarz, Timothy J. and Adrian E. Raftery (1999), "Family Structure, Educational Attainment, and Socioeconomic Success: Rethinking the 'Pathology of Matriarchy'," *American Journal of Sociology,* 105(2): 321-365.

Blair, Sampson L. and Daniel T. Lichter (1991), "Measuring the Division of Household Labor: Gender Segregation of Housework among American Couples," *Journal of Family Issues,* 12(1): 91-113.

Blau, Peter M. and Otis Dudley Duncan (1967), *The American Occupational Structure*, New York: Wiley.

Blood, Robert O. and Donald M. Wolf (1960), *Husbands and Wives: The Dynamics of Married Living*, N. Y.: Free Press.

Blossfeld, Hans-Peter (1987), "Labor-Market Entry and the Sexual Segregation of Careers in the Federal Republic of Germany," *American Journal of Sociology*, 93(1): 89-118.

Blossfeld, Hans-Peter and Sonja Drobnic (2001a), "A Cross-National Comparative Approace to Couples' Carrers," Blossfeld, Hans-Peter and Sonja Drobnic (eds.), *Careers of Couples in Contemporary Societies: From Male Breadwinner to Dual-Earner Families*, Oxford: Oxford University Press, 3-15.

Blossfeld, Hans-Peter and Sonja Drobnic (2001b), "Theoretical Perspective on Couples' Careers," Blossfeld, Hans-Peter and Sonja Drobnic (eds.), *Careers of Couples in Contemporary Societies: From Male Breadwinner to Dual-Earner Families*, Oxford: Oxford University Press, 16-50.

Blossfeld, Hans-Peter and Sonja Drobnic eds. (2001), *Careers of Couples in Contemporary Societies: From Male Breadwinner to Dual-Earner Families*, Oxford: Oxford University Press.

Blumberg, Rae Lesser and Marion Tolbert Coleman (1989), "A Theoretical Look at the Gender Balance of Power in American Couples," *Journal of Family Issues*, 10(2): 225-250.

Bonoli, Giuliano (2003), "Social Policy Through Labor Markets: Understanding National Differences in the Provision of Economic Security to Wage Earners," *Comparative Political Studies*, 36(9): 1007-1030.

Bott, Elizabeth (1957), *Family and Social Network: Roles, Norms, and External Relationships in Ordinary Urban Families*, London: Tavistock Publication.

Bourdieu, Pierre (1979), *La Distinction: Critique Sociale du Jujegment*, Paris: Editions de Minuit (=1990, 石井洋二郎訳『ディスタンクシオン1——社会的判断力批判』『ディスタンクシオン2——社会的判断力批判』藤原書店).

Breen, Richard (2003), "Book Review: Hans-Peter Blossfeld and Sonja Drobnic (eds.): Careers of Couples in Contemporary Society, Oxford: Oxford Press," *European Sociological Review*, 19(1): 112-113.

Brewster, Karen L. and Ronald R. Rindfuss (2000), "Fertility and Women's Employment in Industrialized Nations," *Annual Review of Sociology*, 26: 271-296.

Brinton, Mary C. (1993), *Women and the Economic Miracle: Gender and Work in Postwar Japan*, Berkeley: University of California Press.

Burtless, Gary (1999), "Effects of Growing Wage Disparities and Changing Family Composition on the U. S. Income Distribution," *European Economic Review,* 43(4-6): 853-865.

Bussemaker, Jet and Kees van Kersbergen (1994), "Gender and Welfare States: Some Theoretical Reflections," Sainsbury, Diane (ed.), *Gendering Welfare States,* London: Sage Publications, 8-25.

Cancian, Maria and Deborah Reed (1999), "The Impact of Wives' Earnings on Income Inequality: Issues and Estimates," *Demography,* 36(2): 173-184.

Crompton, Rosemary (1998), *Class and Stratification: An Introduction to Current Debates* (2nd edition), Cambridge: Polity Press.

Crompton, Rosemary (2003), "Reviewed Work(s): Careers of Couples in Contemporary Society: From Male Breadwinner to Dual-Earner Families by Hans-Peter Blossfeld; Sonja Drobnic," *Contemporary Sociology,* 32(1): 38-39.

Crompton, Rosemary (2006), *Employment and the Family: The Reconfiguration of Work and Family Life in Contemporary Societies,* Cambridge: Cambridge University Press.

Dahrendorf, Ralf (1979), *Lebenschacen: Anlaufe zur Sozialen und Politischen Theorie,* Frankfurt am Main: Suhrkamp Verlag (=1987, 吉田博司・田中康夫・加東秀治郎共訳『新しい自由主義——ライフチャンス』学陽書房).

Delphy, Cristine (1981), "Women in Stratification Studies," Roberts, Helen (ed.), *Doing Feminist Research,* London: Routledge, 28-39.

Duncan, Greg J. and Jeanne Brooks-Gunn eds. (1997), *Consequences of Growing Up Poor,* N. Y.: Russell Sage Foundation.

Duncan, Greg J., W. Jean Yeung, Jeanne Brooks-Gunn and Judith R. Smith (1998), "How Much Does Childhood Poverty Affect the Life Chances of Children?" *American Sociological Review,* 63(3): 406-423.

Duncan, Otis Dudley, David L. Featherman and Beverly Duncan (1972), *Socioeconomic Background and Achievement,* New York: Seminar Press.

Dworkin, R. J. (1981), "Presitige Ranking of the Housewife Occupation," *Sex Roles,* 7(1): 59-63.

Erikson, Robert (1984), "Social Class of Men, Women and Families," *Sociology,* 18(2): 500-514.

Erikson, Robert and John H. Goldthorpe (1993), *The Constant Flux: A Study of Class Mobility in Industrial Societies,* Oxford: Oxford University Press.

Esping-Andersen, G. (1990), *The Three Worlds of Welfare Capitalism,* Cambridge: Polity

Press(＝2001, 岡沢憲芙・宮本太郎監訳『福祉資本主義の三つの世界——比較福祉国家の理論と動態』ミネルヴァ書房).

Esping-Andersen, G. (1996), *Welfare States in Transition: National Adaptations in Global Economics,* London: Sage Publications(＝2003, 埋橋孝文監訳『転換期の福祉国家——グローバル経済下の適応戦略』早稲田大学出版部).

Esping-Andersen G. (1999), *Social Foundations of Postindustrial Economics,* Oxford: Oxford University Press(＝2000, 渡辺雅男・渡辺景子訳『ポスト工業経済の社会的基礎——市場・福祉国家・家族の政治経済学』桜井書店).

Evers, Adalbert and Jean-Louis Laville (2004), "Defining the Third Sector in Europe," Evers, Adalbert and Jean-Louis Laville (eds.), *The Third Sector in Europe,* U.S.A.: Edward Elgar Publishing, 12-42(＝2007, 内山哲朗・柳沢敏勝訳「欧州サードセクターの定義」『欧州サードセクター——歴史・理論・政策』日本経済評論社, 15-58).

フェーガン・コレット/ケビン・ワード(2003),「イギリスとオランダの非典型労働——両国の法規制は統合に向かうのか」大沢真知子/スーザン・ハウスマン編『働き方の未来——非典型労働の日米欧比較』日本労働研究機構, 59-93.

Felson, Marcus and David Knoke (1974), "Social Status and the Married Woman," *Journal of Marriage and the Family,* 36(3): 516-521.

Friedman, Debra, Michael Hechter and Satoshi Kanazawa (1994), "A Theory of the Value of Children," *Demography,* 31(3): 375-401.

藤見純子・西野理子(2004),「親族と家族認知」渡辺秀樹・稲葉昭英・嶋﨑尚子編『現代家族の構造と変容——全国家族調査［NFRJ98］による計量分析』東京大学出版会, 387-412.

福田亘孝(2004),「出生行動の特徴と決定要因——学歴・ジェンダー・価値意識」渡辺秀樹・稲葉昭英・嶋﨑尚子編『現代家族の構造と変容——全国家族調査［NFRJ98］による計量分析』東京大学出版会, 77-97.

福田亘孝(2005),「子どもに対する意識構造のジェンダー比較——潜在クラス・モデルによる分析」『季刊社会保障研究』41(2): 83-95.

舩橋惠子(1996),「家族研究の現状と課題」井上俊・上野千鶴子・大澤真幸・見田宗介・吉見俊哉編『〈家族〉の社会学』岩波書店, 237-256.

布施晶子(1982),「労働者の家庭生活における諸問題——生産・労働——生活史・誌と家族」布施鉄治編著『地域産業変動と階級・階層——炭都・夕張/労働者の生産・労働——生活史・誌』御茶の水書房, 599-662.

布施鉄治編著(1982),『地域産業変動と階級・階層——炭都・夕張/労働者の生産・労働——生活史・誌』御茶の水書房.

Ganzeboom, Harry B. G., Donald J. Treiman and Wout C. Ultee (1991), "Comparative Intergenerational Stratification Research: Three Generations and Beyond," *Annual Review of Sociology*, 17: 277-302.

Godwin, Deborah D. and John Scanzoni (1989a), "Couple Decision Making," *Journal of Family Issues*, 10(3): 291-310.

Godwin, Deborah D. and John Scanzoni (1989b), "Couple Consensus during Marital Joint Decision Making: A Context, Process, Outcome Model," *Journal of Marriage and the Family*, 51(4): 943-956.

Goldthorpe, John H. in collaboration with Catriona Llewellyn and Clive Payne (1980), *Social Mobility and Class Structure in Modern Britain*, Oxford: Clarendon Press.

Goldthorpe, John H. (1983), "Women and Class Analysis: In Defense of the Conventional View," *Sociology*, 17(4): 465-488.

後藤道夫・吉崎祥司・竹内章郎・中西新太郎・渡辺憲正 (2007),『格差社会とたたかう——〈努力・チャンス・自立〉論批判』青木書店.

Hakim, Catherine (2000), *Work-Lifestyle Choices in the 21st Century: Preference Theory*, Oxford: Oxford University Press.

Hakim, Catherine (2003), *Models of the Family in Modern Societies: Ideas and Realities*, Aldershot: Ashgate.

Hakim, Catherine (2004), *Key Issues in Women's Work: Female Diversity and the Polarisation of Women's Employment* (2nd Edition), London: The Glasshouse Press.

濱名篤 (1990),「女性における学校利用層の分析」菊池城司編『現代日本の階層構造3　教育と社会移動』東京大学出版会, 85-106.

原純輔編 (1990),『現代日本の階層構造2　階層意識の動態』東京大学出版会.

原純輔・肥和野佳子 (1990),「性別役割意識と主婦の地位評価」岡本英雄・直井道子編『現代日本の階層構造4　女性と社会階層』東京大学出版会, 165-186.

原純輔・盛山和夫 (1999),『社会階層——豊かさの中の不平等』東京大学出版会.

原純輔編 (2000),『日本の階層システム1　近代化と社会階層』東京大学出版会.

橋本健二 (2007),「格差拡大とジェンダー——女性内部の格差拡大と貧困層の集積」『女性労働研究』51号: 26-40.

樋口美雄 (1991),『日本経済と就業行動』東洋経済新報社.

樋口美雄 (1995),「「専業主婦」保護政策の経済的帰結」八田達夫・八代尚弘編『「弱者」保護政策の経済分析』日本経済新聞社, 185-219.

樋口美雄 (2001),「家計は企業リストラにどう対応しようとしているのか——所得格差・消費行動・就業行動・能力開発の変化」樋口美雄編『雇用と失業の経済学』日

本経済新聞社,155-196.

樋口美雄・太田清・家計経済研究所編 (2004),『女性たちの平成不況——デフレで働き方・暮らしはどう変わったか』日本経済新聞社.

Hill, W. and John Scanzoni (1982), "An Approach for Assessing Marital Decision-Making Processes," *Journal of Marriage and the Family,* 44(4): 927-941.

Hinrichs, Karl, William Roche and Carmen Sirianni (1991), *Working Time in Transition: The Political Economy of Working Hours in Industrial Nations,* Philadelphia: Temple University.

平沢和司 (2004),「家族と教育達成——きょうだい数と出生順位を中心に」渡辺秀樹・稲葉昭英・嶋﨑尚子編『現代家族の構造と変容——全国家族調査［NFRJ98］による計量分析』東京大学出版会,327-346.

Hoem, Britta and Jan M. Hoem (1989), "The Impact of Women's Employment on 2nd and 3rd Births in Modern Sweden," *Population Studies,* 43(1): 47-67.

居神浩 (2003),「福祉国家動態論への展開——ジェンダーの視点から」埋橋孝文編著『比較のなかの福祉国家』ミネルヴァ書房,43-67.

今田幸子 (1990),「地位達成過程」岡本英雄・直井道子編『現代日本の階層構造4 女性と社会階層』東京大学出版会,39-62.

今田高俊・原純輔 (1979),「社会的地位の一貫性と非一貫性」富永健一編『日本の階層構造』東京大学出版会,161-197.

今田高俊 (1989),『社会階層と政治』東京大学出版会.

今田高俊 (2000a),「はしがき」今田高俊編『日本の階層システム5 社会階層のポストモダン』東京大学出版会,vii-xi.

今田高俊 (2000b),「ポストモダン時代の社会階層」今田高俊編『日本の階層システム5 社会階層のポストモダン』東京大学出版会,3-53.

今田高俊編 (2000),『日本の階層システム5 社会階層のポストモダン』東京大学出版会.

稲葉昭英 (1998),「どんな男性が家事・育児をするのか？——社会階層と男性の家事・育児参加」渡辺秀樹・志田基与師編『階層と結婚・家族』(1995年SSM調査シリーズ Vol. 15),1-42.

井上寛 (2000),「脱―階層志向の状況と構造」今田高俊編『日本の階層システム5 社会階層のポストモダン』東京大学出版会,57-81.

International Labour Organization (2005), *Year Book of Labour Statistic 2005.*

犬伏由子・椋野美智子・村木厚子編 (2000),『女性学キーナンバー』有斐閣.

Ishii-Kuntz, Masako (1993), "Japanese Fathers: Work Demands and Family Patterns,"

Hood, Jane C. (ed.), *Men, Work and Family,* Newbury Park : Sage Publication, 45-67.

石井クンツ昌子（2004），「共働き家庭における男性の家事参加」渡辺秀樹・稲葉昭英・嶋﨑尚子編『現代家族の構造と変容――全国家族調査［NFRJ98］による計量分析』東京大学出版会，201-214.

岩井八郎（1990），「女性のライフコースと学歴」菊池城司編『現代日本の階層構造3 教育と社会移動』東京大学出版会，155-184.

岩井八郎（2000），「近代階層理論の浸透――高度成長期以降のライフコースと教育」近藤博之編『日本の階層システム3　戦後日本の教育社会』東京大学出版会，199-220.

岩井八郎・真鍋倫子（2000），「M字型就業パターンの定着とその意味――女性のライフコースの日米比較を中心に」盛山和夫編『日本の階層システム4　ジェンダー・市場・家族』東京大学出版会，67-91.

岩井紀子・稲葉昭英（2000），「家事に参加する夫，しない夫」盛山和夫編『日本の階層システム4　ジェンダー・市場・家族』東京大学出版会，193-215.

岩間暁子（2004a），「日本の母子世帯の社会階層と貧困に関する現状と政策的課題」『和光大学人間関係学部紀要』第8号第1分冊：3-24.

岩間暁子（2004b），「既婚男女の出生意欲にみられるジェンダー構造」目黒依子・西岡八郎編『少子化のジェンダー分析』勁草書房，124-149.

岩間暁子（2005），「女性の就労と夫婦の勢力関係」毎日新聞社人口問題調査会編『超少子化時代の家族意識――第1回人口・家族・世代世論調査報告書』毎日新聞社，247-276.

Iwama, Akiko (2005a), "Social Stratification and the Division of Household Labor in Japan : The Effect of Wives' Work on the Division of Labor among Dual-earner Families," *International Journal of Japanese Sociology,* 14 : 15-31.

Iwama, Akiko (2005b), "Wife's Employment and Marital Power : The Case of Japan," Mainichi Shinbunsya Jinkou Mondai Tyousakai (The Population Problems Research Council of the Mainichi Newspapers, ed.), *Tyou syousika jidai no kazoku isiki* (*Changing Family Norms among Japanese Women in an Era of Lowest-Low Fertility*), Tokyo : Mainichi Shinbunsya, 109-116.

岩間暁子（2006），「女性の就業が出生意欲に及ぼす影響のジェンダー比較」『人口問題研究』62(1-2)：20-34.

岩間暁子（2008），「〈格差論〉の現在と家族・労働・福祉――「中流論争」との比較から」『和光大学現代人間学学部紀要』第1号（印刷中）.

岩本健良（2000），「新しい市民社会の高等教育――市民による市民のための大学」髙

坂健次編『日本の階層システム6　階層社会から新しい市民社会へ』東京大学出版会, 73-93.

岩永雅也 (1990), 「アスピレーションとその実現」岡本英雄・直井道子編『現代日本の階層構造4　女性と社会階層』東京大学出版会, 91-118.

岩澤美帆 (2002), 「近年の期間TFR変動における結婚行動および夫婦の出生行動変化の寄与について」『人口問題研究』58(3): 15-44.

岩澤美帆 (2004), 「妻の就業と出生行動——1970年—2002年結婚コーホートの分析」『人口問題研究』60(1): 50-69.

神野直彦・宮本太郎編 (2006), 『脱「格差社会」への戦略』岩波書店.

家計経済研究所編 (1995), 『消費生活に関するパネル調査(第1年度)平成6年版』大蔵省印刷局.

鎌田とし子・鎌田哲宏 (1983), 『社会諸階層と現代家族——重化学工業都市における労働者階級の状態』御茶の水書房.

Kamo, Yoshinori (1988), "Determinants of Household Division of Labor: Resources, Power, and Ideology," *Journal of Family Issues,* 9(2): 177-200.

Kamo, Yoshinori (1997), "Discrepancy between Husband's and Wife's Responses in Division of Household Labor," 石原邦雄編『公共利用ミクロデータの活用による家族構造の国際比較——アメリカNSFH調査データの利用を通して』, 45-58.

神原文子 (1996), 「夫婦関係の緊張と挑戦」野々山久也・袖井孝子・篠崎正美編著『いま家族に何が起こっているのか——家族社会学のパラダイム転換をめぐって』ミネルヴァ書房, 69-87.

金子隆一 (2004), 「少子化の人口学的メカニズム」大淵寛・高橋重郷編著『少子化の人口学』原書房, 15-36.

片岡栄美 (2000), 「文化的寛容性と象徴的境界——現代の文化資本と階層再生産」今田高俊編『日本の階層システム5　社会階層のポストモダン』東京大学出版会, 181-220.

片岡佳美 (1997), 「現代夫婦の勢力関係についての一考察——バーゲニング・モデルの提示」『家族社会学研究』9: 57-66.

家庭問題研究所 (1996), 『夫婦の勢力関係に関する調査研究報告書』兵庫県長寿社会研究機構家庭問題研究所.

川口章, (2002), 「ダグラス＝有澤法則は有効なのか」『日本労働研究雑誌』No. 501 (April): 18-21.

川島武宜 (1950), 『日本社会の家族的構成』日本評論社.

Kerckhoff, Alan C. ed. (1996), *Generating Social Stratification: Toward a New Research*

Agenda, Colorado: Westview Press.

吉川徹（2000），「大衆教育社会のなかの階層意識」近藤博之編『日本の階層システム3　戦後日本の教育社会』東京大学出版会，175-195.

菊池城司編（1990），『現代日本の階層構造3　教育と社会移動』東京大学出版会.

木村邦博（2000），「労働市場の構造と有配偶女性の意識」盛山和夫編『日本の階層システム4　ジェンダー・市場・家族』東京大学出版会，177-192.

木下栄二（1996），「親子関係研究の展開と課題」野々山久也・袖井孝子・篠崎正美編著『いま家族に何が起こっているのか――家族社会学のパラダイム転換をめぐって』ミネルヴァ書房，136-158.

岸本重陳（1978），『「中流」の幻想』講談社.

北明美（1997），「ジェンダー平等――家族政策と労働政策の接点」岡沢憲芙・宮本太郎編『比較福祉国家論――揺らぎとオルタナティブ』法律文化社，178-204.

小林淳一・鹿又伸夫・山本努・塚原修一（1990），「社会階層と通婚圏」直井優・盛山和夫編『現代日本の階層構造1　社会階層の構造と過程』東京大学出版会，65-81.

小原美紀（2001），「専業主婦は裕福な家庭の象徴か？――妻の就業と所得不平等に税制が与える影響」『日本労働研究雑誌』No. 493（August）: 15-29.

Kohn, Melvin L. and Carmi Schooler（1983），*Work and Personality: An Inquiry into the Impact of Social Stratification,* N. J.: Ablex Publishing Corporation.

国立社会保障・人口問題研究所（2003a），『第2回全国家庭動向調査報告書』国立社会保障・人口問題研究所.

国立社会保障・人口問題研究所編（2003b），『第12回出生動向基本調査（結婚と出産に関する全国調査）第Ⅰ報告書　わが国夫婦の結婚過程と出生力』国立社会保障・人口問題研究所.

国立社会保障・人口問題研究所（2006），『第13回出生動向基本調査（結婚と出産に関する全国調査）　夫婦調査の結果概要』国立社会保障・人口問題研究所.

国立社会保障・人口問題研究所（2007），『人口統計資料集2007』国立社会保障・人口問題研究所.

Komter, Aafke（1989），"Hidden Power in Marriage," *Gender & Society,* 3(2): 187-216.

近藤博之（1990），「「学歴メリトクラシー」の構造」菊池城司編『現代日本の階層構造3　教育と社会移動』東京大学出版会，185-208.

近藤博之編（2000），『日本の階層システム3　戦後日本の教育社会』東京大学出版会.

Korpi, Walter（2000），"Faces of Inequality: Gender, Class, and Patterns of Inequalities in Different Types of Welfare States," *Social Politics,* 7(2) Summer 2000: 127-191.

髙坂健次編（2000），『日本の階層システム6　階層社会から新しい市民社会へ』東京

大学出版会.

厚生労働省雇用均等・児童家庭局編 (2005), 『平成 16 年版　女性労働白書——働く女性の実情』財団法人 21 世紀職業財団.

厚生労働省雇用均等・児童家庭局編 (2007), 『女性労働の分析　2006 年——働く女性の状況と女性の起業』財団法人 21 世紀職業財団.

熊沢誠 (2000), 『女性労働と企業社会』岩波書店.

熊沢誠 (2007), 「「格差社会」の若者と女性」『女性労働研究』51 号: 7-25.

Lenski, Gerhard E. (1966), *Power and Priviledge: A Theory of Social Stratification,* New York: McGraw-Hill.

Lewis, Jane (1992), "Gender and the Development of Welfare Regimes," *Journal of European Social Policy,* 2(3): 159-173.

Lewis, Jane (2004), "The State and the Third Sector in Welfare States: Independence, Instrumentality, Partnership," Evers, Adalbert and Jean-Louis Laville (eds.), *The Third Sector in Europe,* U.S.A.: Edward Elgar Publishing, 167-187 (=2007, 内山哲朗・柳沢敏勝訳「現代福祉国家における政府とサードセクター——自律性・道具性・パートナーシップ」『欧州サードセクター——歴史・理論・政策』日本経済評論社, 225-253).

Lillard, Lee A. and Linda J. Waite (1993), "A Joint Model of Marital Childbearing and Marital Distribution," *Demography,* 30(4): 653-681.

Lipset, Seymour M. and Reinhard Bendix (1959), *Social Mobility in Industrial Society,* Berkeley: University of California Press (=1969, 鈴木広訳『産業社会の構造』サイマル出版会).

Machonin, Pavel (1970), "Social Strarification in Contemporary Czechoslovakia," *American Journal of Sociology,* 75(5): 725-741.

毎日新聞社人口問題調査会編 (2005), 『超少子化時代の家族意識——第 1 回人口・家族・世代世論調査報告書』毎日新聞社.

Mare, Robert D. and Meichu D. Chen (1986), "Further Evidence on Sibship Size and Educational Stratification," *American Sociological Review,* 51(3): 403-412.

増田光吉 (1965), 「現代都市家族における夫婦及び姑の勢力構造——神戸の場合」『甲南大学文学会論集 (社会科学編)』27: 49-66.

松田茂樹 (2004), 「男性の家事参加——家事参加を規定する要因」渡辺秀樹・稲葉昭英・嶋﨑尚子編『現代家族の構造と変容——全国家族調査 [NFRJ98] による計量分析』東京大学出版会, 175-189.

松信ひろみ (1995), 「二人キャリア夫婦における役割関係」『家族社会学研究』7: 47-

松信ひろみ（2002），「夫婦の勢力関係再考──勢力過程への着目とフェミニスト的視点の導入」『新潟ジェンダー研究』4：31-46.

McDonald, Gerald W. (1981), "Structural Exchange and Marital Interaction," *Journal of Marriage and the Family,* 43(4): 825-839.

McLanahan, Sara S. (1997), "Parent Absence or Poverty: Which Matters More?" Duncan Greg J. and Jeanne Brooks-Gunn (eds.), *Consequences of Growing Up Poor,* N. Y.: Russell Sage Foundation, 35-48.

目黒依子（1987），『個人化する家族』勁草書房.

目黒依子（2007），『家族社会学のパラダイム』勁草書房.

目黒依子・西岡八郎編（2004），『少子化のジェンダー分析』勁草書房.

Miller, Warren B. (1992), "Personality Traits and Development Experiences as Antecedents of Childbearing Motivations," *Demography,* 29(2): 265-284.

Miller, Warren B. and David J. Pasta (1995), "Behavioral Intentions: Which Ones Predict Fertility Behavior in Married Couples?" *Journal of Applied Social Psychology,* 25: 530-555.

三浦まり（2003），「労働市場規制と福祉国家──国際比較と日本の位置づけ」埋橋孝文編著『比較のなかの福祉国家』ミネルヴァ書房，109-133.

宮本太郎（2003），「福祉レジーム論の展開と課題──エスピン-アンデルセンを越えて」埋橋孝文編著『比較のなかの福祉国家』ミネルヴァ書房，11-41.

宮本太郎（2006），「ポスト福祉国家のガバナンス　新しい政治対抗」『現代思想』983：27-47.

森岡清美（1993），『現代家族変動論』ミネルヴァ書房.

村上泰亮（1984），『新中間大衆の時代──戦後日本の解剖学』中央公論社.

牟田和恵（1991），「家族の社会史から家族社会学へ──アプローチの統合をめざして」『家族社会学研究』3：50-60.

牟田和恵（1998），「家族制度・変動論の家族社会学における意味と意義」『家族社会学研究』10（1）：111-138.

Myers, Scott M. (1997), "Marital Uncertainty and Childbearing," *Social Forces,* 75(4): 1271-1289.

永井暁子・石原邦雄（1994），「大都市における有配偶女性の家事意識と家事遂行」『総合都市研究』53：123-138.

内閣府（2003），『平成15年版　男女共同参画白書』国立印刷局.

内閣府（2004），『平成16年版　男女共同参画白書』国立印刷局.

内閣府（2006），『平成18年版　男女共同参画白書』国立印刷局.

内閣府男女共同参画局 (2005),『少子化と男女共同参画に関する社会環境の国際比較報告書』国立印刷局.

中井美樹・赤池麻由子 (2000),「市場参加/社会参加――キャリア・パターンの多様性とその背景」盛山和夫編『日本の階層システム4 ジェンダー・市場・家族』東京大学出版会, 111-131.

中村高康 (2000),「高学歴志向の趨勢――世代の変化に注目して」近藤博之編『日本の階層システム3 戦後日本の教育社会』東京大学出版会, 151-173.

直井優 (1990),「序論――社会階層研究の成果と課題」直井優・盛山和夫編『現代日本の階層構造1 社会階層の構造と過程』東京大学出版会, 1-14.

直井優・川端亮・平田周一 (1990),「社会的地位の構造」岡本英雄・直井道子編『現代日本の階層構造4 女性と社会階層』東京大学出版会, 13-37.

直井優・盛山和夫編 (1990),『現代日本の階層構造1 社会階層の構造と過程』東京大学出版会.

直井道子 (1990),「階層意識」岡本英雄・直井道子編『現代日本の階層構造4 女性と社会階層』東京大学出版会, 147-164.

日本経済新聞 (2000),「企業年金の解散加速,昨年度最高の3603件,老後の保障細る――倒産増加や運用難」『日本経済新聞』(8月18日付朝刊).

日本経済新聞 (2001a),「厚生年金解散最多に,積み立て金不足が拡大――2000年度見通し,前払い式に転換も」『日本経済新聞』(1月12日付朝刊).

日本経済新聞 (2001b),「企業年金,マイナス利回りの逆風――中小企業で解散急増も」『日本経済新聞』(4月5日付朝刊).

日本金融新聞 (2002),「連続マイナス利回りの衝撃――企業年金の解散に拍車」『日本金融新聞』(4月11日付).

Nilson, Linda B. (1978), "The Social Standing of a Housewife," *Journal of Marriage and the Family,* 40(3): 541-548.

Nishioka, Hachiro (1998), "Men's Domestic Role and the Gender System: Determinants of Husband's Household Labor in Japan,"『人口問題研究』54(3): 56-71.

西岡八郎編 (2005),『「世代とジェンダー」の視点からみた少子高齢社会に関する国際比較研究』(厚生労働科学研究費補助金〔政策科学推進研究事業〕課題番号H14-政策-036,平成16年度総括報告書) 厚生労働省.

Nock, Steven (1987), "The Symbolic Meaning of Childbearing," *Journal of Family Issues,* 8(4): 373-393.

野々山久也 (1996),「家族新時代への胎動――家族社会学のパラダイム転換に向けて」野々山久也・袖井孝子・篠崎正美編著『いま家族に何が起こっているのか――家族

社会学のパラダイム転換をめぐって』ミネルヴァ書房,285-305.
野々山久也・袖井孝子・篠崎正美編著(1996),『いま家族に何が起こっているのか——家族社会学のパラダイム転換をめぐって』ミネルヴァ書房.
Oakley, Anne (1974), *The Sociology of Housework*, New York : Pantheon.
小尾恵一郎 (1980),「労働需給」熊谷尚夫・篠原三代平編集委員代表編『経済学大辞典(第2版)II』東洋経済新報社,13-28.
落合恵美子 (1994),『21世紀家族へ——家族の戦後体制の見かた・超えかた』有斐閣.
OECD (2004), *Income Distribution and Poverty in OECD Countries in the Second Half of the 1990s* (http://www.oecd.org/dataoecd/48/9/34483698.pdf).
OECD (2006), *OECD Economic Surveys-Japan 2006*, Vol. 2006/13, OECD Publishing.
荻野博司 (2004a),「企業と保険 「事業主負担」のあり方を考える」『朝日総研レポート』第172号:2-15.
荻野博司 (2004b),「事業主負担のあり方を考える(承前)」『朝日総研レポート』第173号:102-114.
尾嶋史章 (1990),「教育機会の趨勢分析」菊池城司編『現代日本の階層構造3 教育と社会移動』東京大学出版会,25-55.
尾嶋史章 (2000),「「理念」から「日常」へ——変容する性別役割分業意識」盛山和夫編『日本の階層システム4 ジェンダー・市場・家族』東京大学出版会,217-236.
尾嶋史章・近藤博之 (2000),「教育達成のジェンダー構造」盛山和夫編『日本の階層システム4 ジェンダー・市場・家族』東京大学出版会,27-46.
岡本英雄 (1990),「序論」岡本英雄・直井道子編『現代日本の階層構造4 女性と社会階層』東京大学出版会,1-12.
岡本英雄・直井道子編 (1990),『現代日本の階層構造4 女性と社会階層』東京大学出版会.
岡本英雄・直井優・岩井八郎 (1990),「ライフコースとキャリア」岡本英雄・直井道子編『現代日本の階層構造4 女性と社会階層』東京大学出版会,63-89.
Olson, David H. and Ronald E. Cromwell (1975), "Power in Families," Cromwell, R. and D. Olson (eds.), *Power in Families*, CA : Sage, 3-11.
Oppenheimer, Valerie Kincade (1994), "Women's Rising Employment and the Future of the Family in Industrial Societies," *Population and Development Review*, 20(2): 293-342.
Oppenheimer, Valerie Kincade (1997), "Women's Employment and the Gain to Marriage : The Specialization and Trading Model," *Annual Review of Sociology*, 23 : 431-53.
Orloff, A. S. (1993), "Gender and the Social Rights of Citizenship : State Policies and Gender Relations in Comparative Research," *American Sociological Review*, 58(3): 303-

328.

Oropesa, R. S. (1997), "Development and Marital Power in Mexico," *Social Forces,* 75(4): 1291-1318.

大沢真知子 (2005), 毎日新聞社人口問題調査会編『超少子化時代の家族意識――第1回人口・家族・世代世論調査報告書』毎日新聞社, 149-179.

大沢真知子 (2006),『ワークライフバランス社会へ――個人が主役の働き方』岩波書店.

大沢真知子/スーザン・ハウスマン編 (2003),『働き方の未来――非典型労働の日米欧比較』日本労働研究機構.

大沢真理 (2002),『男女共同参画社会をつくる』NHK出版.

大沢真理 (2007),『現代日本の生活保障システム――座標とゆくえ』岩波書店.

太田清 (2005),「日本の経済格差は広がっているか」『経済セミナー』607号:14-17.

大竹文雄 (1994),「1980年代の所得・資産分配」『季刊理論経済学』第45巻第5号: 385-402.

大竹文雄 (2000),「90年代の所得格差」『日本労働研究雑誌』No. 480 (July): 2-11.

大竹文雄 (2005a),『日本の不平等――格差社会の幻想と未来』日本経済新聞社.

大竹文雄 (2005b),「日本の所得格差のパズルを解く」『経済セミナー』607号:18-22.

小沢雅子 (1985),『新「階層消費」の時代――消費市場をとらえるニューコンセプト』日本経済新聞社.

Payne, Geoff and Pamela Abbott (1990), *The Social Mobility of Women: Beyond Male Mobility Models,* London: Falmer Press.

Perry-Jenkins, Maureen and Karen Folk (1994), "Class, Couples, and Conflict: Effects of the Division of Labor on Assessments of Marriage in Dual-Earner Families," *Journal of Marriage and the Family,* 56(1): 165-180.

Pfau-Effinger, B. et al. (1999), "The Modernization of Family and Motherhood in Western Europe," Crompton, R. (ed.), *Restructuing Gender Relations and Employment: The Decline of the Male Breadwinner,* Oxford: Oxford University Press.

Pfau-Effinger, B. (2000), "Gender and European Welfare States: Context, Structure and Agency" Duncan, S. and B. Pfau-Effinger (ed.), *Gender Economy and Culture in the European Union,* London: Routledge, 115-142.

Presser, Harriet B. (1989), "Can We Make Time for Children? The Economy, Work Schedules, and Child Care," *Demography,* 26(4): 523-542.

Reiss, A. J. Jr. (1961), *Occupation and Social Status,* New York, Free Press.

Rindfuss, Ronald R., S. Philip Morgan and Gray Swicegood (1988), *First Births in America:*

Changes in the Timing of Parenthood, Berkeley : University of California Press.

Rindfuss, Ronald R. and Karin L. Brewster (1996), "Childrearing and Fertility," Casterline, John B., Ronald D. Lee and Karen A. Foote (eds.), *Fertility in the United States : New Patterns, New Theories,* New York : The Population Council, 258-289.

Rodman, Hyman (1967), "Marital Power in France, Greek, Yugoslavia and U. S. : A Cross-National Discussion," *Journal of Marriage and the Family,* 29 (2) : 320-324.

Rodman, Hyman (1972), "Marital Power and the Theory of Resources in Cultural Context," *Journal of Comparative Family Studies,* 3 : 50-67.

労働政策研究・研修機構 (2006),『ビジネス・レーバー・トレンド』2006 年 1 月号.

Ross, Catherine E. (1987), "The Division of Labor at Home," *Social Forces,* 65 (3) : 816-833.

Sainsbury, D. ed. (1994), *Gendering Welfare State,* London : Sage Publications.

Sainsbury, D. (1996), *Gender, Equality and Welfare States,* Cambridge : Cambridge University Press.

Sainsbury, D. ed. (1999), *Gender and Welfare State Regimes,* Oxford : Oxford University Press.

桜間真 (1998),「夫婦の就業パターンと夫の家事参加——夫婦フルタイム共働き世帯における夫の家事参加の規定要因について」白倉幸男編『1995 年 SSM 調査シリーズ No. 17 社会階層とライフスタイル』1995 年 SSM 調査研究会, 293-308.

Salamon, L. M. and K. Anheiter (1998), "Social Origins of Civil Society : Explaining the Nonprofit Sector Cross-nationally," *Voluntas,* 9 (3) : 213-248.

佐藤俊樹 (2000),『不平等社会日本——さよなら総中流』中央公論新社.

Scanzoni, John H. (1978), *Sex Roles, Women's Work and Marital Conflict,* Lexington Books.

Scanzoni, John H. (1979), "Social Processes and Power in Families," Wesley, R. Burr, Reuben Hill, F. Ivan Nye and Ira L. Reiss (eds.), *Contemporary Theories About the Family : General Theories and Theoretical Orientations,* N. Y. : Free Press, 1 : 295-316.

Scanzoni, John H. and Karen Polonko (1980), "A Conceptual Approach to Explicit Marital Negotiation," *Journal of Marriage and the Family,* 42 (4) : 31-44.

Scanzoni, John H. and Maximilliane Szinovacz (1980), *Family Decision-Making : A Developmental Sex Role Model,* CA : Sage.

生命保険文化センター (1995),『夫婦の生活意識に関する調査——夫婦の相互理解を求めて』生命保険文化センター.

盛山和夫・直井優・佐藤嘉倫・都築一治・小島秀夫 (1990),「現代日本の階層構造とその趨勢」直井優・盛山和夫編『現代日本の階層構造 1 社会階層の構造と過程』東京大学出版会, 15-50.

盛山和夫・都築一治・佐藤嘉倫・中村隆（1990），「職歴移動の構造――労働市場の構造とキャリア・パターン」直井優・盛山和夫編『現代日本の階層構造 1　社会階層の構造と過程』東京大学出版会，83-108.
盛山和夫（1994），「階層研究における「女性問題」」『理論と方法』9(2): 111-126.
盛山和夫（2000），「ジェンダーと階層の歴史と論理」盛山和夫編『日本の階層システム 4　ジェンダー・市場・家族』東京大学出版会，3-26.
盛山和夫・原純輔・今田高俊・海野道郎・髙坂健次・近藤博之・白倉幸男（2000），「刊行のことば」原純輔編『日本の階層システム 1　近代化と社会階層』東京大学出版会，i-v.
盛山和夫編（2000），『日本の階層システム 4　ジェンダー・市場・家族』東京大学出版会．
Sewell, William H. and Robert M. Hauser（1975）, *Education, Occupation and Earnigs : Achivement in the Early Carrer,* New York : Academic Press.
Shelton, Beth Anne and John Daphne（1993）, "Does Marital Status Make a Difference ? Housework among Married and Cohabiting Men and Women," *Journal of Family Issues,* 14(3): 401-420.
Shelton, Beth Anne and John Daphne（1996）, "The Division of Household Labor," *Annual Review of Sociology,* 22 : 299-322.
志田基与師・盛山和夫・渡辺秀樹（2000），「結婚市場の変容」盛山和夫編『日本の階層システム 4　ジェンダー・市場・家族』東京大学出版会，159-176.
志水宏吉（1990），「学歴・結婚・階層再生産」菊池城司編『現代日本の階層構造 3　教育と社会移動』東京大学出版会，107-126.
新・日本的経営システム等研究プロジェクト（1995），『新時代の「日本的経営」――挑戦すべき方向とその具体策』日本経営者団体連盟．
新村出編（1998），『広辞苑　第五版』岩波書店．
白波瀬佐和子（2000），「女性の就業と階級構造」盛山和夫編『日本の階層システム 4　ジェンダー・市場・家族』東京大学出版会，133-155.
白波瀬佐和子（2004），「社会階層と世帯，個人――個人化論の検証」『社会学評論』54(4): 370-385.
白波瀬佐和子（2005），『少子高齢社会のみえない格差――ジェンダー・世代・階層のゆくえ』東京大学出版会．
白波瀬佐和子（2006），「不平等化日本の中身――世帯とジェンダーに着目して」白波瀬佐和子編『変化する社会の不平等――少子高齢化にひそむ格差』東京大学出版会，47-78.

白波瀬佐和子編 (2006), 『変化する社会の不平等――少子高齢化にひそむ格差』東京大学出版会.
白倉幸男・岩本健良 (1990), 「現代の階層構造における自営業の位置」直井優・盛山和夫編『現代日本の階層構造1　社会階層の構造と過程』東京大学出版会, 109-126.
白倉幸男 (2000), 「ライフスタイルと生活満足」今田高俊編『日本の階層システム5　社会階層のポストモダン』東京大学出版会, 151-180.
Siaroff, A. (1994), "Work, Welfare and Gender Equality," Sainsbury, Diane (ed.), *Gendering Welfare States*, London: Sage Publications, 82-100.
Smith, Thomas Ewin and Patricia B. Graham (1995), "Socioeconomic Stratification in Family Research," *Journal of Marriage and the Family*, 57(4): 930-940.
袖井孝子 (1987), 「女性の地位とは何か」袖井孝子・矢野眞和編『現代女性の地位』勁草書房, 1-34.
総務庁統計局 (2003), 『社会生活基本調査報告』日本統計協会, 1(1).
Sorensen, Annemette (1994), "Women, Family and Class," *Annual Review of Sociology*, 20: 27-47.
Sorensen, Annemette (2005), "Family Structure, Gender Roles, and Social Inequality," Svallfors, Stefan (ed.), *Analyzing Inequality: Life Chances and Social Mobility in Comparative Perspective*, Stanford: Stanford University Press, 108-128.
Sorensen, Annemette and Sara McLanahan (1987), "Married Women's Economic Dependency, 1940-1980," *The American Journal of Sociology*, 93(3) (Nov.): 659-687.
Spain, Daphne and Suzanne M. Bianchi (1996), *Balancing Act: Motherhood, Marriage, and Employment among American Women*, N. Y.: Russell Sage Foundation.
菅野剛 (1998), 「社会的ネットワークの趨勢――75年と95年における社会階層の効果の変遷」白倉幸男編『1995年SSM調査シリーズNo. 17　社会階層とライフスタイル』1995年SSM調査研究会, 271-292.
杉野勇・米村千代 (2000), 「専業主婦層の形成と変容」原純輔編『日本の階層システム1　近代化と社会階層』東京大学出版会, 177-195.
橘木俊詔 (1998), 『日本の経済格差――所得と資産から考える』岩波書店.
橘木俊詔 (2005), 『企業福祉の終焉――格差の時代にどう対応すべきか』中央公論社.
橘木俊詔 (2006), 『格差社会――何が問題なのか』岩波書店.
武田清子 (1970), 『比較近代化論』未來社.
武川正吾 (1999), 『社会政策のなかの現代――福祉国家と福祉社会』東京大学出版会.
武内真美子 (2004), 「女性就業のパネル分析――配偶者所得効果の再検証」『日本労働研究雑誌』No. 527 (June): 76-88.

武内真美子 (2006),「『ダグラス=有澤法則』に関する一考察」(OSIPP Discussion Paper: DP-2006-J-003. Rev).

田中重人 (2000),「性別役割分業を維持してきたもの——郊外型ライフスタイル仮説の検討」盛山和夫編『日本の階層システム4 ジェンダー・市場・家族』東京大学出版会, 93-110.

Thomson, Elizabeth (1997), "Couple Childbearing Desires, Intentions, and Births," *Demography,* 34(3): 343-354.

Thomson, Elizabeth and Jan M. Hoem (1998), "Couple Childbearing Plans and Births in Sweden," *Demography,* 35(3): 315-322.

富永健一 (1979a),「序文」富永健一編『日本の階層構造』東京大学出版会, i-v.

富永健一 (1979b),「社会階層と社会移動へのアプローチ」富永健一編『日本の階層構造』東京大学出版会, 3-29.

富永健一 (1979c),「結論」富永健一編『日本の階層構造』東京大学出版会, 475-488.

富永健一編 (1979),『日本の階層構造』東京大学出版会.

富田和広・片岡佳美 (1997),「現代日本の夫婦の権威配分パタンについて——1963年と1995年の神戸調査の比較から」『兵庫県長寿社会研究機構研究年報』兵庫県長寿社会研究機構, 2: 61-70.

辻村江太郎・佐々木孝男・中村厚史 (1959),『景気変動と就業構造』至誠堂.

Tsuya, Noriko O. and Larry L. Bumpass (1998), "Time Allocation between Employment and Housework in Japan, South Korea and the United States," Mason Oppenheimer, Karen, Noriko O. Tsuya and Minja Kim Choe (eds.), *The Changing Family in Comparative Perspective: Asia and the United States,* Honolulu: East-West Center, 83-104.

上野千鶴子 (1994),『近代家族の成立と終焉』岩波書店.

海野道郎編 (2000),『日本の階層システム2 公平感と政治意識』東京大学出版会.

牛島千尋 (1995),『ジェンダーと社会階級』恒星社厚生閣.

埋橋孝文 (1999),「福祉国家の日本モデル——拙著『現代福祉国家の国際比較』(日本評論社, 1997年6月) の書評に答えて」『大阪市立大学経済学雑誌』99(5・6): 104-116.

Velsor, Ellen V. and Leonard Beeghley (1979), "The Process of Class Identification among Employed Married Women: A Replication and Reanalysis," *Journal of Marriage and the Family,* 41(4): 771-778.

Waite, Linda J. and Ross M. Stolzenberg (1976), "Intended Childbearing and Labor Force Participation of Young Women: Insights from Non-recursive Models," *American Sociological Review,* 41(2): 235-251.

脇坂明・富田安信編（2001），『大卒女性の働き方——女性が仕事を続けるとき，やめるとき』日本労働研究機構．

Warren, Tracey (2003), "Class-and Gender-Based Working Time? Time Poverty and the Division of Domestic Labour," *Sociology*, 37(4): 733-752.

渡辺秀樹・近藤博之（1990），「結婚と階層結合」岡本英雄・直井道子編『現代日本の階層構造4 女性と社会階層』東京大学出版会，119-145．

渡辺秀樹・稲葉昭英・嶋﨑尚子（2004），「戦後日本の家族研究とNFRJ98」渡辺秀樹・稲葉昭英・嶋﨑尚子編『現代家族の構造と変容——全国家族調査［NFRJ98］による計量分析』東京大学出版会，3-13．

渡辺秀樹・稲葉昭英・嶋﨑尚子編（2004），『現代家族の構造と変容——全国家族調査［NFRJ98］による計量分析』東京大学出版会．

渡辺憲正（2007），「格差社会論を読みなおす」後藤道夫・吉崎祥司・竹内章郎・中西新太郎・渡辺憲正『格差社会とたたかう——〈努力・チャンス・自立〉論批判』青木書店，217-255．

White, Lynn K. and Hyunju Kim (1987), "The Family-Building Process: Childbearing Choices by Parity," *Journal of Marriage and the Family*, 49(2): 271-279.

Willmott, Peter and Michael Young (1960), *Family and Class in a London Suburb*, London: Routledge.

Wright, Erik O., Karen Shire, Shu-Ling Hwang, Maureen Dolan and Janeen Baxter (1992), "The Non-effects of Class on the Gender Division of Labor in the Home: A Comparative Study of Sweden and the United States," *Gender and Society*, 6(2): 252-282.

Xie, Yu (1997), "Reviewed Work(s): Generating Social Stratification: Toward a New Research Agenda by Alan C. Kerckhoff," *Contemporary Sociology*, 26(6): 707-708.

Xu, Xiaohe and Shu-Chuan Lai (2002), "Resources, Gender Ideologies, and Marital Power: The Case of Taiwan," *Journal of Family Issues*, 23(2): 209-245.

山田昌弘（1994），『近代家族のゆくえ——家族と愛情のパラドックス』新曜社．

山田昌弘（2005a），「「妊娠先行型結婚」の周辺」毎日新聞社人口問題調査会編『超少子化時代の家族意識——第1回人口・家族・世代世論調査報告書』毎日新聞社，181-193．

山田昌弘（2005b），『迷走する家族』有斐閣．

大和礼子（2004），「介護ネットワーク・ジェンダー・社会階層」渡辺秀樹・稲葉昭英・嶋﨑尚子編『現代家族の構造と変容——全国家族調査［NFRJ98］による計量分析』東京大学出版会，367-385．

安田三郎（1971），『社会移動の研究』東京大学出版会．

保田時男（2004），「親子のライフステージと世代間の援助関係」渡辺秀樹・稲葉昭英・嶋﨑尚子編『現代家族の構造と変容――全国家族調査〔NFRJ98〕による計量分析』東京大学出版会，347-365．
米澤彰純（2000），「市場に立脚する正統文化――クラシック・コンサートに集う人々」今田高俊編『日本の階層システム 5　社会階層のポストモダン』東京大学出版会，221-254．
行武憲史・大橋勇雄（2004），「既婚女性の労働供給行動――横断面と時系列」『Hi-stat Discussion Paper Series（一橋大学）』No. 17：1-21．

索　引

■人名（アルファベット順）

A
Acker, Joan　32, 43
赤川学　35, 37, 42
阿藤誠　70

B
Baxter, Janeen　132
Becker, Gary S.　172
Beeghley, Leonard　34
Bendix, Reinhard　22, 30
Blau, Peter M.　23, 30, 44, 45
Blood, Robert O.　152
Blossfeld, Hans-Peter　7, 18, 31, 34, 39-41, 46-49, 113, 114, 122, 124, 148, 190
Bott, Elizabeth　47, 136
Bourdieu, Pierre　28, 132
Brinton, Mary C.　133, 147
Brooks-Gunn, Jeanne　45
Bumpass, Larry L.　133

C & D
Cromptom, Rosemary　7, 10, 47, 96, 106-108, 130
Dahrendorf, Ralf　43
Daphne, John　131, 134
Drobnic, Sonja　7, 18, 31, 34, 39-41, 46-48, 114, 122, 124, 148, 190
Duncan, Greg J.　45, 46
Duncan, Otis Dudley　23, 30, 44, 45

E & F & G
Erikson, Robert　33-36, 43
Esping-Andersen, G.　6, 11, 41, 45, 60-62, 76-86, 91, 193, 197
Felson, Marcus　33-34, 36
布施晶子　51
布施鉄治　49-51
舩橋惠子　56
Ganzeboom, Harry B. G.　7, 30, 39
Goldthorpe, John H.　30, 34, 43, 148
Graham, Patricia B.　8, 57, 58

H & I
Hakim, Catherine　47, 57, 96, 106, 107
原純輔　9, 10, 23-25, 29, 33, 36
橋本健二　95, 96, 100
樋口美雄　114-116, 118
今田幸子　36
今田高俊　4, 23-25, 27, 38
稲葉昭英　37, 49, 133-136
石井クンツ昌子（Ishii-Kuntz, Masako）　133, 136
岩井八郎　36-38
岩井紀子　37, 49, 133-136
岩間暁子　45, 108, 152, 158, 173
岩澤美帆　13, 169, 183

K
鎌田とし子　49, 50
鎌田哲宏　49, 50
Kamo, Yoshinori　131, 149
金子隆一　13, 66, 169
片岡佳美　152, 157

川島武宜　55
Kerckhoff, Alan C.　39, 40
菊池城司　24
木下栄二　55
岸本重陳　4, 108
Knoke, David　33, 34, 36
小原美紀　114-116
Kohn, Melvin L.　130, 132
Komter, Aafke　166
近藤博之　24, 25, 36, 37
髙坂健次　25

L & M & N
Lipset, Seymour M.　21, 30
Machonin, Pavel　23
増田光吉　151, 157
松田茂樹　133, 135, 136, 147
松信ひろみ　99, 100, 152
McLanahan, Sara　18, 42, 45
目黒依子　8, 53, 56, 69, 171
宮本太郎　62, 81
村上泰亮　4, 108
牟田和恵　7, 55
直井優　20, 24, 36
直井道子　11, 24, 35, 36, 42
西岡八郎（Nishioka, Hachiro）　13, 69, 133-134, 147, 171
野々山久也　7, 56

O & P & R
Oakley, Anne　47, 148
落合恵美子　4, 58
岡本英雄　24, 35-36
大沢真知子　73, 197-198
大沢真理　1, 5, 12, 60-62, 68, 77-79, 82-87, 91, 92, 171, 192, 194
大竹文雄　1, 3, 95, 96, 98, 99, 115
小沢雅子　4
尾嶋史章　36, 37, 49

Pfau-Effinger, B.　192, 195
Rodman, Hyman　153

S
桜間真　133, 135-137
佐藤俊樹　1, 28, 29, 95
佐藤嘉倫　24, 29
Schooler, Carmi　130, 132
盛山和夫　9-11, 24-26, 29, 36-39, 48
Shelton, Beth Anne　129, 131, 132, 134
白波瀬佐和子　1, 11, 33, 35, 37, 39, 42, 44, 49, 59, 95, 99, 133, 136, 148
白倉幸男　24, 38
Smith, Thomas Ewin　8, 57-58, 131
袖井孝子　11, 35, 39
Sorensen, Annemette　18, 42, 44, 96

T
橘木俊詔　1, 2, 87-90, 95, 97, 98
武川正吾　192-195
武内真美子　12, 116
富永健一　20, 21, 23, 25
富田和広　151, 157
津谷典子（Tsuya, Noriko O.）　133, 134, 136

U & V & W & Y
海野道郎　25
牛島千尋　11, 39
Velsor, Ellen V.　33, 34
Warren, Tracey　130, 132-133, 144-145
渡辺秀樹　8, 9, 36, 37, 49, 53, 54
Willmott, Peter　47
Wolf, Donald M.　152
Wright, Eric O.　31, 47, 131, 132, 137-139
山田昌弘　2, 4, 8, 58, 70
安田三郎　21
Young, Michael　47

■**事項**（五十音順）

あ行
家 53, 55
　――制度 7, 55
育児援助 183
意思決定パターン 12, 13, 192
一億総中流社会 4, 19, 90, 95, 98, 108
イデオロギー／性役割説（the ideology/sex role explanation） 129, 130, 135, 136, 139, 147
SSM 型調査研究 50, 51

か行
階層帰属意識 6, 21, 23, 33-35
階層再生産 28, 30
階層的リスク 79
学歴同類婚 115, 124
隠れた権力（hidden power） 155
家事分担 5, 11, 12, 52, 66, 127, 129, 131, 132, 140, 188
　――パターン 132, 188, 191, 192
家族観 141-144, 173, 175
家族主義 71, 78, 82, 114
家族の黄金時代（the golden age of family） 18
家族の標準化 58
家族変動 53
　――論 55
カップル文化 158
家父長制 193
　――化 193, 194
　――的な家族モデル 25
環境制約 133
企業福祉 2, 62, 84, 86-90, 93, 192, 193
近代家族 7, 11, 43, 55, 59
交換理論（exchange theory） 152-157, 168
個人化 7, 56, 58

個人主義的アプローチ 7, 41, 46, 53-56
個人的アプローチ 32
子育てイメージ 174, 175, 179, 181, 183-185
子育て費用 175, 183

さ行
産業化命題 17
サード・セクター（third sector） 78, 83-84, 86
サポート源 122, 124
ジェンダー
　――・イデオロギー 155-157
　――化 133
　――階層 154
　――階層理論（theory of gender stratification） 152, 155
　――関係 49
　――規範 92
　――研究 26, 68
　――構造 5, 31, 37, 52, 58, 190, 191
　――構造の解体 194
　――構造の変容 192
　――差 171, 178
　――差別 26
　――視点 49
　――に基づく不平等 27
　――による差別 198
　――役割 155
　――論 148, 187
時間制約説（time constraints explanation） 129, 130, 134, 135, 137, 139, 147
資源理論（resource theory） 152-157, 167
市場指向型 61, 78, 84-86
　修正―― 192
ジニ係数 3, 45, 96-99, 102, 103
資本制 193
社会階級 9, 10, 107, 131, 132, 148
社会的経済（social economy） 78, 79, 83-

86
社会的リスク　79, 80
社会保障システム　89
社会民主主義レジーム　46-48, 77, 80, 81, 83, 114
集団論的アプローチ　53, 54
自由主義　84
　　——レジーム　45, 47, 77, 80, 81, 83, 197
出生意欲　5, 13, 52, 170-174, 176, 178-184, 188
商品化　193
生産関係における不平等　24, 25
性別役割分業
　　——意識　37, 49
　　——型の家族　1, 2
　　——観　130, 131, 134-141, 145-147, 161-163, 164
　　——パターン　132, 133
勢力関係　151-155, 158, 166
世代間移動　30, 44
世代間リスク　79
世代内移動　30
専業主婦型家族　18, 42, 86
選好理論（preference theory）　106
選別主義　82
全国家族調査（NFRJ98）　8, 9, 53, 54, 56, 135, 136
相対的資源説（the relative resources explanation）　129-131, 133, 135-137, 139, 148

た行
代替的マンパワー説　134, 137, 139, 147
ダグラス＝有澤の法則　113-118
脱家族化　81
脱家父長制　193, 195
　　——化　193-195
脱資本制　193
脱商品化　193-195

男性稼ぎ主型　12, 61, 62, 78, 84-86, 89-92, 95, 96, 111, 124, 170
　　——の福祉レジーム　13, 183
　　——社会保障システム　89-93, 114, 188, 189, 192-193, 195
　　——モデル　13, 82, 89-91, 187, 192, 193
地位借用モデル　33-35
地位達成　7, 22, 30, 46
　　——過程　40
　　——研究　39
　　——メカニズム　46
　　——モデル　23, 44, 45
地位独立モデル　33, 35
地位の非一貫性　22, 23
地位分有モデル　33-35
地位優越モデル　35
中流意識　4
中流論争　4
伝統的アプローチ　32-33, 35
統計的差別　41
共稼ぎ家族　196
共働き型家族　92

な・は行
ニーズ説　135
標準家族　1, 2, 4, 5, 18, 57, 67, 86, 90, 91, 108, 170, 183, 187, 192, 193, 198
　　——の解体　187
夫婦共同型　167, 168, 188
夫婦独立型　167, 168, 188
夫婦の意思決定　11, 191, 143, 144, 151-153, 157, 158, 168, 191
　　——パターン　5, 13, 142-144, 151, 156, 159, 161, 164, 167, 168
夫婦分業型　167, 168, 188
夫婦別姓　142
フェミニズム　7, 18, 25, 33, 41, 48
福祉ガヴァナンス　62
福祉レジーム3類型　61

福祉レジーム類型　11, 41, 62, 77-79, 107, 113
福祉レジーム論　6, 60-62, 76, 77, 86
普遍主義　81, 82
文化資本　25, 27, 28
文化的再生産　26, 28
文化的脈絡における資源理論（theory of resources in the cultural context）　152-155
保守主義　84, 197
　　──レジーム　47, 77, 78, 80-82, 114, 197
母子世帯　24, 46, 194

ま行

毎日新聞社人口問題調査会　14
マルクス主義　10, 27, 50
　　──経済学　108
　　──的階級論　32
　　──的観点　49, 50
　　──的調査研究　51
　　──的な階級概念　79
　　──的な理論枠組み　9
　　──フェミニズム　47
身分階層　20

や・ら・わ行

役割関係　151
安田の開放性係数　21
優位者選択アプローチ　33, 35
リスク　2, 41, 42, 80
　　ライフコースにおける──　79, 80
両立支援型　61, 78, 84-86, 92
　　──社会保障システム　194
ワーク・ライフ・バランス政策　197

著者略歴

1968年　北海道に生まれる．
1991年　北海道大学文学部卒業．
1996年　北海道大学大学院文学研究科博士課程単位取得満期退学．
　国立社会保障・人口問題研究所研究員，和光大学現代人間学部准教授などを経て，
現　在　立教大学社会学部教授．
　　　　博士（文学，北海道大学）．
専　攻　社会学（社会階層論，家族社会学，計量社会学）．

主要著書・論文

『マイノリティとは何か——概念と政策の比較社会学』（ユ・ヒョヂョンとの共編著，ミネルヴァ書房，2007年）．
「ジェンダーと子育て負担感——日独伊3カ国比較分析」（阿藤誠ほか編『少子化時代の家族変容——パートナーシップと出生行動』東京大学出版会，2011年）．
「ジェンダーと社会参加」（斎藤友里子・三隅一人編『現代の階層社会3　流動化のなかの社会意識』東京大学出版会，2011年）．

女性の就業と家族のゆくえ
——格差社会のなかの変容

2008年3月26日　初　版
2012年8月31日　第2刷

［検印廃止］

著　者　岩間暁子（いわま あきこ）

発行所　財団法人　東京大学出版会

代表者　渡辺　浩

113-8654　東京都文京区本郷7-3-1 東大構内
http://www.utp.or.jp/
電話 03-3811-8814　Fax 03-3812-6958
振替 00160-6-59964

印刷所　株式会社三陽社
製本所　牧製本印刷株式会社

ⓒ 2008 Akiko Iwama
ISBN 978-4-13-056103-7　Printed in Japan

Ⓡ〈日本複製権センター委託出版物〉
本書の全部または一部を無断で複製複写（コピー）することは，著作権法上での例外を除き，禁じられています．本書からの複写を希望される場合は，日本複製権センター（03-3401-2382）にご連絡ください．

国立社会保障・人口問題研究所編	社会保障制度改革 　日本と諸外国の選択	A5判・280頁	3800円
白波瀬　佐和子	日本の不平等を考える 　少子高齢社会の国際比較	四六判・310頁	2800円
白波瀬　佐和子	少子高齢社会のみえない格差 　ジェンダー・世代・階層のゆくえ	A5判・224頁	3800円
白波瀬　佐和子 編	変化する社会の不平等 　少子高齢化にひそむ格差	四六判・256頁	2500円
野々山　久也	現代家族のパラダイム革新 　直系制家族・夫婦制家族から合意制家族へ	A5判・328頁	4300円
渡辺・稲葉 嶋﨑　編	現代家族の構造と変容 　全国家族調査〔NFRJ98〕による計量分析	A5判・480頁	7800円
武川　正吾	連帯と承認 　グローバル化と個人化のなかの福祉国家	A5判・280頁	3800円
武川　正吾 白波瀬　佐和子 編	格差社会の福祉と意識	A5判・226頁	3700円

ここに表示された価格は本体価格です．御購入の際には消費税が加算されますのでご了承下さい．